BLOCH-ALMANACH

10. Folge

1990

Eine Veröffentlichung des Ernst-Bloch-Archivs
der Stadtbibliothek Ludwigshafen

Herausgegeben von
Karlheinz Weigand

Druck: Nomos Verlagsgesellschaft Baden-Baden
Schrift: Linotype-Garamond
ISSN 0721-3743

Printed in Germany
ISBN 3-923966-10-5

Auslieferung: Stadtbibliothek
Bismarckstr. 44–48
D-6700 Ludwigshafen

INHALT

Adressen der Autoren	4
Vorwort	5
Ernst-Bloch-Preis der Stadt Ludwigshafen am Rhein 1991. Ausschreibung	7
Nachschrift für Dolf Sternberger. Von *Joachim Fest*	9
Schellings Erfahrung der Offenbarung und Blochs Fahrt nach Utopien. Mit einem ungedruckten Brief Ernst Blochs zur dynamischen Physik des jungen Schelling. Von *Horst Folkers*	13
Ernst Bloch zu Ludwig Feuerbach. Auf der »deutschen Heilslinie« von Hegel zu Marx. Von *Matthias Meyer*	45
Zion – Ein u-topos auf der Landkarte der Welt. Zur Zionismuskritik Ernst Blochs. Von *Elke Kruttschnitt*	67
Ernst Bloch und Bertolt Brecht. Neue Dokumente ihrer Beziehung. Von *Erdmut Wizisla*	87
Erinnerungen an Ernst Bloch. Von *Ruth Römer*	107
Bibliographische Mitteilungen aus dem Bloch-Archiv Ludwigshafen (Teil 7): Nachtrag zur Sekundärliteratur-Bibliographie der Aufsätze. Zusammengestellt von *Karlheinz Weigand*	163
Corrigenda	191

ADRESSEN DER AUTOREN

Joachim Fest, Frankfurter Allgemeine Zeitung, Hellerhofstr. 2–4, D-6000 Frankfurt a. M. 1

Dr. Horst Folkers, Universität Heidelberg, Philosophisches Seminar, Augustinergasse 15, D-6900 Heidelberg

Elke Kruttschnitt, Universität Tübingen, Katholisch-Theologisches Seminar, Abteilung Fundamentaltheologie, Liebermeisterstr. 12, D-7400 Tübingen

Matthias Meyer, Grünewaldstr. 2, D-6800 Mannheim 1

Prof. Dr. Ruth Römer, Universität Bielefeld, Fakultät für Linguistik und Literaturwissenschaft, Universitätsstraße, D-4800 Bielefeld 1

Dr. Karlheinz Weigand, Stadtbibliothek, Ernst-Bloch-Archiv, Bismarckstraße 44–48, D-6700 Ludwigshafen

Erdmut Wizisla, Bertolt-Brecht-Archiv, Chausseestr. 125, DDR-1040 Berlin

VORWORT

Mit der vorliegenden Folge erscheint der Bloch-Almanach im zehnten Jahrgang. Dafür, daß diese Kontinuität möglich wurde, allen Beteiligten – sei es in der Stadtverwaltung, seien es die Autoren, die Druckerei und, last but not least, die Abonnenten – ein herzlicher Dank!

Die Stadt Ludwigshafen wird *1991 zum dritten Mal den Ernst-Bloch-Preis* vergeben, darum die Ausschreibung auch hier im Almanach. Der Festakt der Übergabe der beiden Preise wird voraussichtlich im September 1991 stattfinden.

Am 27. Juli 1989 starb Professor Dolf Sternberger, der erste Preisträger des Ernst-Bloch-Preises (1985). Aus den zahlreichen Nachrufen zum Tod dieses Schriftstellers, Philosophen und Politikwissenschaftlers hier die »*Nachschrift für Dolf Sternberger*« von *Joachim Fest*, dem journalistischen Kollegen, Freund und Bewunderer.

Zu Beginn der Aufsätze *zur Philosophie Blochs* steht *Horst Folkers*, der sich – in Fortsetzung seines einführenden Beitrags im letzten Almanach und ausgehend von einer neuen Dissertation zu seinem Thema – grundlegend und auf hohem Niveau mit dem Verhältnis Bloch-Schelling befaßt.

Schellings Bedeutung für Bloch kann kaum überschätzt werden. Im Licht der neuesten Schelling-Forschung, zumal im Zusammenhang mit der beginnenden historisch-kritischen Akademieausgabe, werden Tragweite und Aktualität seines ganzen Denkens jetzt erst richtig sichtbar, und Hegels Wort »Schellings Philosophie muß noch in ihrer Evolution begriffen angesehen werden« ist ebenso für Bloch gültig.

Ernst Blochs Verhältnis zu Ludwig Feuerbach arbeitet *Matthias Meyer* heraus. Auf der ›deutschen Heilslinie‹ von Hegel zu Marx gerät hier Feuerbachs anthropologischer Materialismus in den Blick. Theologische, philosophische und politische Einflüsse, Abhängigkeiten und Optionen Blochs verdichten sich in der Frage, ob Bloch Feuerbach redivivus genannt werden kann. Zentrale Interpretationsgrundlage sind dabei Blochs Ausführungen zu den Elf Thesen von Marx zu Feuerbach.

(Leider wurden weitere zugesagte Beiträge zur Philosophie Blochs nicht eingereicht, unter anderem die thematisch vielversprechenden von Luciana Palazzetti über Bloch und Heidegger und von Luigi Ippolito zum Verhältnis Blochs zu Franz Rosenzweig. Sie sollen zu einem späteren Zeitpunkt erscheinen.)

Das Thema ›Bloch und das Judentum‹ wurde bislang von der Forschung sträflich vernachlässigt. Einen bedeutsamen Aspekt beleuchtet *Elke Kruttschnitt:* Blochs ›u-topischen Zionismus‹, der sich stringent aus seinem Verständnis des (wahren) Judentums ergibt. Ein erster Einstieg in dieses unbegangene Terrain.

Nun ein Aufsatz zum ›literarischen‹ Bloch. Zum ersten Mal beteiligt sich ein Autor aus der DDR am Almanach: *Erdmut Wizisla* vom Bertolt-Brecht-Archiv der Akademie der Künste in Ostberlin liefert mit neuen Dokumenten Bausteine zur Geschichte des Verhältnisses Bloch/Brecht, das schon 1921 begonnen hat und dessen Analyse erstaunlicherweise immer noch zu leisten ist. Bei Wizisla jedenfalls schon wird die im allgemeinen Bewußtsein doch eher einseitige Vorliebe Blochs für Brecht durch Dokumente zur gegenseitigen erweitert. Herrn Dr. Siegfried Unseld (Suhrkamp) sei für die Abdruckgenehmigung der bisher unpublizierten Briefe herzlich gedankt.

Den Bloch der Leipziger Jahre in seiner politischen Zwiespältigkeit (»Vieles stand quer zur SED, vieles war vereinbar.«) hat Sohn Jan Robert Bloch im letztjährigen Almanach ausführlich gezeichnet. Aus ähnlicher Nähe intensiven persönlichen Umgangs geben *Ruth Römers* Erinnerungen ein Porträt mehr noch des Menschen Bloch mit seiner Faszination und seinen Schwächen. Neues, Überraschendes, auch für Bloch-Kenner. Solche Erinnerungen der Studenten und Freunde des Philosophen werden uns wohl noch öfter begegnen; in Leipzig sitzt jetzt so mancher über seinem Zeugenbericht, seiner Selbstbefragung.

Die *Bibliographischen Mitteilungen aus dem Bloch-Archiv* enthalten diesmal einen Nachtrag von rd. 400 Eintragungen zur Sekundärliteratur-Bibliographie (Aufsätze), die in den Almanachen 1983, 1986 und 1987 veröffentlicht worden war.

Ludwigshafen, 13. Juli 1990   Karlheinz Weigand

ERNST-BLOCH-PREIS
DER STADT LUDWIGSHAFEN AM RHEIN

AUSSCHREIBUNG

Der Rat der Stadt Ludwigshafen am Rhein hat in seiner Sitzung am 8. 6. 1970 Professor Dr. Ernst Bloch die Ehrenbürgerschaft zuerkannt. Im Andenken und zur Ehrung seines Werkes wurde der Ernst-Bloch-Preis (Hauptpreis und Förderpreis) gestiftet.

1. Mit dem **Hauptpreis** zeichnet die Stadt Ludwigshafen am Rhein herausragendes wissenschaftliches oder literarisches Schaffen mit philosophischer Grundhaltung aus, das für unsere Kultur in kritischer Auseinandersetzung mit der Gegenwart bedeutsam ist. Den **Förderpreis** vergibt die Stadt Ludwigshafen am Rhein zur Förderung eines jungen Autors/einer jungen Autorin, von dem/von der aufgrund seiner/ihrer bisherigen Leistung weitere qualifizierte wissenschaftliche oder literarische Arbeiten im Sinne von Satz 1 zu erwarten sind.

2. Der Ernst-Bloch-Preis wird alle drei Jahre vergeben.

3. Eine Preisverleihung an dieselbe Person ist nur einmal möglich.

4. Mit dem Hauptpreis ist eine finanzielle Zuwendung von 20 000 DM verbunden, beim Förderpreis sind es 5 000 DM.

5. Der Preis wird in einer Feierstunde übergeben. Der Preisträger erhält eine Urkunde mit der Unterschrift des Oberbürgermeisters der Stadt Ludwigshafen am Rhein.

Veröffentlichte und unveröffentlichte Arbeiten können **bis zum 31. 1. 1991 an** das Bloch-Archiv der Stadtbibliothek Ludwigshafen am Rhein (Bismarckstraße 44–48, D-6700 Ludwigshafen am Rhein) eingereicht werden.

Prof. Dr. Dolf Sternberger (28. Juli 1907–27. Juli 1989). Erster Preisträger des Bloch-Preises der Stadt Ludwigshafen (1985)

NACHSCHRIFT FÜR DOLF STERNBERGER

Von Joachim Fest*

Wer ihm begegnete und mehr noch, wer ihn näher kannte, war sich immer bewußt, daß er eine Ausnahme war. Die Erscheinung von präsidialem Zuschnitt, die Mischung aus Herzlichkeit, Gesprächslust und Integrität machten ihn, wo er auch stand, zum Mittelpunkt. Er war ein Gelehrter, der bezeichnenderweise keine Schule, aber eine Vielzahl einflußreich gewordener Schüler ausgebildet hat. Zugleich ein politischer Literat, der das deutschen Ressentiment gegen die Politik nicht teilte, den Gegensatz von »Geist und Macht« kurzangebunden verneinte und statt dessen von »Staatsfreundschaft« sprach. Auch ein Journalist, der ebensoviel Leidenschaft wie Kategorienstrenge besaß. Gedanklichen Scharfsinn verband er mit Leichtigkeit und literarischer Eleganz, er formulierte, bei aller selbstbewußten Gravität, auch im Schwierigen einfach und vollkommen hell. Aber am bewunderungswürdigsten bleibt, daß er sechzig Jahre lang schreibend und kommentierend eine Zeit begleitete, die viele Zugeständnisse zu erzwingen schien. Er hat nie ein Wort zurücknehmen müssen.

Dabei war er in allem Geschriebenen immer mit ganzer Person anwesend. Man konnte seinen Gesprächston, das knarrend Hessische, das er ins Weltläufige verfeinert hatte, aus jeder Zeile noch heraushören: eine unverwechselbare Verbindung aus Entschiedenheit und Respekt vor anderen Meinungen.

Er liebte die Auseinandersetzung, das Glück des Austauschs und des geistvollen Streits, und er wußte seinem Ernst die Form des Liebenswürdigen zu geben. Das Schreiben sei nur eine andere, konzentriertere Art der intelligenten Konversation, hat er bei Gelegenheit bemerkt, seine Worte waren immer an ein vorgestelltes Gegenüber gerichtet. In seinen Abhandlungen und gelehrten Traktaten wird man daher keine Zeile in jenem Wissenschaftsjargon finden, der sich mit den Dingen zu quälen vorgibt und doch nichts anderes als ein Ausdruck der Verachtung des Lesers ist.

* Zuerst in: Frankfurter Allgemeine 28. 7. 1989. Hier leicht gekürzt.

Das Genie der Freundlichkeit, das ihm bei allen herrischen Zügen eigen war, hat auch die Richtung seines Denkens bestimmt. Nie vergaß er, daß die Theorie nur ein Erkenntnismittel war, nicht die Sache selbst. In seinen wissenschaftlichen Abhandlungen, den Analysen von Macht, Staat und Verfassung, stand im Vordergrund immer der konkrete Mensch als Gegenstand und Ziel aller Politik. Er hielt daran fest, daß über den Gedanken erst die Praxis das Urteil fälle. Diese Unbeirrbarkeit hat ihn nicht nur von allen totalitären Gedankenspielen der Zeit ferngehalten, sondern zugleich die Trennungslinie zu so unterschiedlichen Geistern wie Martin Heidegger oder, trotz persönlicher Sympathie, Ernst Bloch gezogen.

Im Grunde maß er die Politik an strikt moralischen Kriterien. Aber nicht aus jener hochmütigen Distanz zur Wirklichkeit, die er zu den Ursachen des deutschen Elends zählte. Er verstieg sich nie ins Schrille oder Extreme, sondern versuchte unablässig zu zeigen, wie sehr das Vernünftige dem bloß Originellen überlegen ist. Auch darin eine Ausnahme. Er traf ganz einfache Unterscheidungen, die er für unbezweifelbar hielt. Der Gegensatz von Gut und Böse, schrieb er im letzten Band seiner Gesammelten Schriften, tauche in den Arbeiten seines Lebens immer wieder als »ein unverlierbares Merkmal der menschlichen Existenz auf«. Die Erfahrung unseres Jahrhunderts habe »das Phantasma einer moralischen Emanzipation gründlich und endgültig widerlegt. Jenseits von Gut und Böse ist in Wahrheit nichts anderes zu erfahren als noch mehr Böses«.

Stets war er sich bewußt, ein wie halsbrecherisches und überaus gefährdetes Unternehmen ein demokratisches Gemeinwesen ist. Den Zusammenhang von Freiheit und Verantwortung, von Glück und Pflicht hielt er für unaufhebbar. Nie könne das eine ohne den Sinn für das andere Bestand haben. Daß diese Einsicht verlorengehe, war eine Sorge, die ihn zunehmend erfüllte.

Der Schritt ins Pragmatische, den er spät tat, ins Nachdenken über den Staat, über Verfassungsprobleme und Wahlrechtsfragen mutet umso erstaunlicher an, als er ganz unpolitisch begonnen hatte, ein Mann der akademischen Insularität, wo ihm, wie er im Blick auf die frühen Heidelberger Jahre bei Jaspers und Viktor von Weizsäcker gern bekannte, »einmal doch das Glück begegnet« war. Der Wechsel von der Philosophie mitsamt den Möglichkeiten des freien Beobachtens und Beschreibens zum gebundenen Denken der Politik ist ihm nicht leicht gefallen. Erst die Zeit hat ihn dazu gedrängt. Die in ihrer ganzen Widerwärtigkeit erlebten Jahre der NS-Herrschaft haben ihn das Politische als das buchstäblich Notwendige begreifen lassen.

Vielleicht gibt es doch die Formel, die das eine mit dem anderen verknüpft und sogar versöhnt. Denn im Grunde setzte er im Deutschen die Tradition der französischen Moralisten fort, deren Philosophieren weder auf geschlossene Gedankensysteme noch auf Weltentwürfe zielte, sondern nichts anderes im Sinn hatte, als die Menschen das Leben zu lehren: im Politischen wie im Privaten. Wie sehr er sich selber in dieser Nachfolge sah, hat er in den Satz gefaßt, er schreibe das Wort »Essay«, um eine Schuldigkeit und ein Vorbild anzudeuten, in der französischen Schreibweise »essai«.

Von der freien, spielerisch wirkenden Art des Denkens der Moralisten hat er sich in seinen publizistischen Arbeiten mit Vorliebe inspirieren lassen. Er hatte alle Vergangenheiten abrufbereit, sie waren nur eine andere Gegenwart für ihn. Das befähigte ihn, hinter beiläufigen, auch trivialen Erscheinungen tiefere historische Zusammenhänge aufzuspüren und im Alltäglichen das geschichtlich Besondere zu erfassen. So hat er in einem berühmt gewordenen Buch aus den sogenannten Panoramabildern, den Rundgemälden, die das neunzehnte Jahrhundert liebte, charakteristische Elemente zur Physiognomie der Epoche herausgelesen oder Marlene Dietrich zur Schlüsselfigur einer hintergründigen Zeitdeutung gemacht. Hier und an vielen anderen Stücken, die sein Vergnügen am Bunten und Lebendigen offenbarten, konnte man lernen, daß das Wesen auch am scheinbar Belanglosen anschaubar werden kann und daß es keine banalen Erscheinungen, sondern nur den banalen Blick auf sie gibt.

Mit den französischen Moralisten verband ihn auch das unausgesetzte Nachdenken über den Tod, der schon der Gegenstand seiner Doktorarbeit gewesen war. Wenn die Philosophie das Leben lehren sollte, dann das Sterben auch. Doch stieß der Gedanke da an eine unübersteigbare Grenze. An der Tatsache des Todes, meinte er, scheitere zuletzt alle Philosophie.

Auch im hohen Alter war er ganz und gar nicht, was in der Sprache der Bibel »lebenssatt« heißt. Er wünschte, es möge noch lange weitergehen. Seine Lust am Beobachten, Schreiben, Erkennen war ungestillt. In seinen Arbeiten, auch in Gesprächen hat er verschiedentlich die Wendung Montaignes von der »visage ordinaire« erwähnt, mit der

Sokrates dem Tod entgegengetreten sei. Nichts anderes als diese philosophische Gelassenheit, hieß das, erhoffte er für sich, auch wenn er sie in der Philosophie selber nicht gefunden hatte.

SCHELLINGS ERFAHRUNG DER OFFENBARUNG UND BLOCHS FAHRT NACH UTOPIEN

Mit einem ungedruckten Brief Ernst Blochs zur
dynamischen Physik des jungen Schelling

Von Horst Folkers

Wenn nach dem Abschluß der Moderne die Frage gestellt wird, in wessen Namen ihr Denken, also auch Blochs Denken, in der Zukunft ein Heimatrecht habe, dann dürfte sich Schelling als ihr großer Schutzpatron herausstellen. In seiner Philosophie ist der Ablöseprozeß der Moderne von der Geschichte in seiner spezifischen Unvermeidlichkeit, damit aber der moderne Begriff der Freiheit, Auszug, ja Ausbruch aus der – in die ewige Vernunft, sei es Gottes oder der Natur, eingekapselten – Vergangenheit zu sein, zuerst zum Austrag gekommen. Wer der Moderne eine Zukunft wünscht und darum auch dem Zukunftsdenken Blochs, wird deshalb mit Interesse ein Buch in die Hand nehmen, das von der »Bedeutung der Spätphilosophie Schellings für die Ontologie Ernst Blochs« handelt.[1]) Es gibt Anlaß, sich der grundsätzlichen Nähe Blochs zum späten Schelling erneut zu versichern. Das soll hier in dreifacher Hinsicht geschehen, indem der Ansatz der Philosophie Blochs, mit dem Prius des Seienden vor der Logik in der Übereinstimmung mit seiner ersten Formulierung in der positiven Philosophie des späten Schelling erörtert, die daraus folgende unhegelische Fassung der Dialektik betrachtet und schließlich der das Ganze tragende Theismus-Atheismus, damit aber der persönliche Gott Schellings und die Gott-Materie Blochs mit Zielpunkt der »sich selber, ohne Entfremdung, erfassenden Menschen«[2]) kritisch verglichen wird. In diesem Zusammenhang ist der Beitrag der Arbeit Wüstehubes zur Blochforschung zu betrachten.[3])

I. *Daß und Was, Existenz und Wesen*

1. Zum Ansatz

Seit Kant in der »Kritik der reinen Vernunft« den ontologischen (cartesischen) Gottesbeweis durch den Nachweis widerlegt hat, daß die Existenz eines Wesens nicht unter seine Bestimmungen gezählt werden kann[4]), lassen sich das »Daß« und das »Was« eines Wesens nicht mehr »so zu sagen in Einem Atem ... setzen«.[5]) Das jedenfalls ist die Überzeugung des späten Schelling, der es der reinen Vernunfterkenntnis zuschreibt, das Was eines Wesens zu erkennen, aber einer die Vernunft wie immer überschreitenden Erfahrung vorbehält, sein Daß aufzufassen. Der späte Bloch wird nicht müde, eben diese irreduzible Zweiheit von Daß und Was, die er zum Fundament seiner Kategorienlehre macht, zu betonen, »in jeder Kategorie ist die Relation von thelisch energetischem Daß und prädiziert logischem Was am Werk«.[6]) Greift aber, wie Bloch und Schelling bestätigen, Kants Kritik durch, so ist der Grundsatz der neuzeitlichen Metaphysik, daß die Vernunft das höchste Sein »per causam sui«, also im Begriff der Ursache seiner selbst erkennen könne, »cuius essentia involvit existentiam«[7]), dessen Wesen seine Existenz einschließt, gescheitert. Damit zugleich scheitert, wie nicht immer bemerkt, der neuzeitliche Versuch, die Vernunft aus ihrer alten Rolle zu befreien, nur nachträglich das aus Offenbarung zu empfangende Übersinnliche einsehen zu sollen. Eine Vernunft, die der Einsicht in die Existenz nicht mächtig ist, kann sich auch der Einsicht in das unbedingt Notwendige, den letzten Grund der Existenz, der auch ihr eigener sein könnte, denkend nicht versichern.

Die frühen Idealisten, Schelling und Hegel, versuchten den kantischen Fauxpas gegen die Suffizienz aufklärerischer Vernunft spekulativ zu korrigieren. In Hegels Logik ist dann die Subordination der Existenz unter die Logik des Wesens ausdrücklich festgestellt, wenngleich der Begriff als das Freie, der als eine neue Existenz der Substanz entspringt, auch eine andere Perspektive eröffnete. Der späte Schelling hingegen kehrt zu Kant zurück, gegen Hegels und seine eigene frühere Position, er zieht die Konsequenz daraus, daß nach Kants Kritik die Gottesfrage wieder offen ist, und zwar zugunsten Gottes, mit dessen Zukunft es noch nicht vorbei ist, dessen Sein die Notwendigkeit (Wesenhaftigkeit) der Vernunft noch immer überholen kann. In dieser Atmosphäre des zukünftigen Gottes wittert Bloch Morgenluft, sein eigenstes Neues meldet sich, hier öffnet Schelling die Tür zur Zukunft durch die von ihm aufgenommene, entscheidende Unterscheidung von Daß und Was. Fruchtbar macht er diese Unterscheidung, indem er sie nicht in das luftige Reich des Unerforschlichen, in dem das Wissen aufhört und der Glaube nicht Fuß faßt[8]), versetzt, sondern sie entschieden in den ontologischen Prozeß eines ersten Grundes, eines Anfangs des Seins rückt. Denn daß überhaupt etwas ist, das ist das erklärungsbedürftige Faktum, über das die Vernunft sich nicht beruhigen läßt, sei es um ihres Zieles, sei es um ihrer Herkunft willen. Schelling begründet in der Unterscheidung von Daß und Was eine prozessuale Ontologie, in der – seit der Freiheitsschrift – das »nach der ewigen Tat der Selbstoffenbarung«[9]) enthüllte Wesen Gottes seine Auseinandersetzung mit seinem Grund, der strebt, sich zu erhalten, »damit immer ein Grund bleibe«[10]), noch nicht abgeschlossen hat. Mit dieser Ontologie aber kommt Geschichte, als eine, die nicht, wie die Hegelsche, in der Vernunft schon vollendet ist, die vielmehr in ihrer Zukunft noch unerfahren Neues zu gewärtigen hat, ins Spiel, damit aber die Moderne, die in noch unerschöpften Ressourcen, der Existenz, der gesellschaftlichen Arbeit, des Übermenschen oder der utopischen Materie den Grund findet, eine noch unerschlossene Zukunft des Humanum zu fordern und zu erwarten.

2. Dialektischer Materialismus in Schellings Münchener Vorlesung 1827/28?

Nur anhand einer einzigen, Bloch wichtig gewordenen Stelle[11]) soll der Ansatz der Schellingschen Spätphilosophie näher betrachtet werden. 1827/28, in seiner Münchener Vorlesung, gibt Schelling im philosophiegeschichtlichen Rückblick auf die Anfänge seiner Identitätsphilosophie von 1801 dieser eine Gestalt, in der sie die dynamische Ontologie seiner Spätphilosophie erkennen läßt.[12]) Das System der Philosophie nimmt seinen Ausgang von einem Begriff, der, seinerseits nicht weiter ableitbar, den Beginn eines notwendigen Prozesses einsichtig macht. Dieses Unbedingte, von dem alles Wissen ausgeht, nannte Schelling in seiner »Darstellung« die »absolute Vernunft«[13]), aus ihr wird jetzt das »*unendliche* Subjekt«[14]), gemäß der durch die Freiheitsschrift eingeleiteten Dynamisierung seiner Ontologie, nach der das unendliche Subjekt ein sichselbstbewegendes ist, das aber »*nie aufhören kann Subjekt zu sein, nie im Objekt untergehen*« kann. Dieses unendliche Subjekt, in seiner reinen Abstraktion gedacht, ist zwar »**nicht nichts**«, es ist aber auch (noch) nicht seiend, es ist »*als* nichts«. Deshalb ist es »ihm gleichsam natürlich, sich selbst *als* Etwas, und demnach als Objekt zu wollen«.[15]) Darin, daß Schelling das ursprüngliche Sein in der Form eines unendlichen Subjekts als Wollen bestimmt, liegt eine erste Attraktion für Bloch.

Tritt das unendliche Subjekt aus dem Wollen heraus, so ist der Anfang »natürlich das erste sich zu etwas Machen, das erste objektiv-Werden«.[16]) Aber sein »gegenständliches Sein«[17]) ist nicht sein ursprüngliches. Zwar macht es sich zu etwas, oder, wie Schelling auch sagt, zieht es sich »sich selbst«[18]) an, aber dieses Etwas ist ein »Hinzugekommenes, . . . in gewissem Betracht Zufälliges«.[19]) Das ursprüngliche Sein wird, indem es sich zu etwas macht, ein anderes. »*Als das, was* es ist, kann sich das Subjekt nie habhaft werden, denn eben im sich-Anziehen *wird* es ein anderes, dies ist der Grund-Widerspruch, wir können sagen, das Unglück in allem Sein.... Das erste *Seiende*, dieses primum Existens, ... ist also zugleich das erste Zufällige (Urzufall).«[20])

Mit diesem Schritt des unendlichen Subjekts in das erste Seiende begründet Schelling die Geschichte der Materie, denn das »primum existens«[21]) ist, wie schon 1801 in der »Darstellung« ausgeführt, die Materie. Prozessualer Materialismus in nuce, das ist die von Schelling entwickelte Denkform, der Bloch zustimmt, von »höchst bemerkenswerten Notierungen des ›ersten Zufälligen, sich selbst Ungleichen‹ im primum existens der Materie, des materiellen Außenseins überhaupt«[22]) spricht er. Und er fährt fort: »Schelling verbindet die Unruhe der noch unbefangenen, gestaltlosen, objektlosen Intensität mit dem alten Aristotelischen appetitus materiae nach Form; mit der Erweiterung, daß der appetitus als ›das erste sich zu etwas Machen, das erste Objektiv-Werden‹ seine Sucht, sein Emotional-Alogisches, seine Intensität auch im primum existens des Objektiv- oder Materiell-Seins beibehält.«[23])

In der Tat lehrt Schelling als erster die Selbstaufstufung (Potenzierung) der Materie zum Leben, zum menschlichen Geist, ja zur Idee Gottes. Ursprünglichkeit der Materie, der zuvor nicht noch einmal ein höchstes Wesen gedacht werden muß, willenshafte Intensität, in Möglichkeit-Sein, das sind die Momente, die Bloch mit dem Schellingschen Materiebegriff verbindet. Will man die gedanklichen Ursprünge des Blochschen Materiebegriffs verstehen, so ist man an Aristoteles und Schelling verwiesen. Bei Schelling aber ist nicht nur das in Möglichkeit-Sein der Materie, sondern tendenziell auch ihre Autonomie und damit ihre Prozessualität gedacht. In der Umkehrung der kantischen Frage, wie das Subjekt zum Objekt komme, fragt der junge Schelling – mit Blochs Worten – »wie kommt das Objekt zum Subjekt?«[24]) Dieser ›Topos der Schellingschen Naturphilosophie, – von Schwere zu Licht, zu Leben, schließlich Bewußtsein«[25]) ist der eigene Blochs, die Fahrt der Materie »so kräftig wie lebendig mitmachend«[26]) hin zur letzten Potenz der Materie, ihrer Utopie, ihrer Heimat, dem »Sabbath der Natur«[27]), welchen Namen Bloch gleichfalls zuerst bei Schelling findet.

Hier, insbesondere in Blochs Kommentaren zu der oben gegebenen Schellingstelle aus der Münchener Vorlesung – »eine der tiefsinnigsten . . . des deutschen Idealismus«[28]) – kommt, was die Blochsche Schellingrezeption angeht, vieles zusammen. Die Sympathie Blochs für den naturphilosophischen Materialismus des jungen Schelling, seine Aneignung der prozessualen Realdialektik des späten Schelling und seine Nähe zum Denken in Polaritäten mit der Betonung des Alogischen, wie es bei Schelling insbesondere in der Freiheitsschrift hervortritt. Hier eröffnet sich deswegen ein reiches Feld für Untersuchungen, Genaueres über das Verhältnis Blochs zu Schelling zu erfahren. So hat der »junge Schelling« einen Materiebegriff entwickelt »mit dem Menschenkind als eigenem Kind der Materie selber, worin sie ein Auge aufschlägt, sich reflektiert«.[29]) Das nimmt Bloch auf, denkt aber, anders als der junge Schelling, Materie als Substrat des Weltprozesses, woran sich die Dialektik von Daß und Was, von Existenz und Wesen erweist. Diese Dialektik hat erst der späte Schelling der negativen, der Wesens-Philosophie, und der positiven, der Existenz-Philosophie, entwickelt, ohne daß der Materiebegriff noch größere Beachtung fände. Wie steht es nun mit Blochs Rezeption? Welche Elemente des frühen Materiebegriffs Schellings übernimmt er, wie formt er die Daß-Was-Dialektik des späten Schelling um, damit nicht Vernunft und Gott, sondern Materie und Vernunft als Substrat des Weltprozesses aufgenommen werden können? Schon auf philologischer Ebene, was die geschichtlich nachweisbare Rezeption Blochs betrifft, stellen sich hier viele Fragen[30]), dringlicher noch, was die genauere Fassung der Blochschen Denkform in der Auseinandersetzung mit Schelling angeht, die, wo sie in die Tiefe dringt, auch neue Einsichten in das Denken Schellings zu geben verspräche. Hat Bloch das angeführte Schellingzitat vor allem deshalb verwendet, weil er entdeckt hat, daß Schelling hier selbst ein Modell entwickelt, im Rahmen der Realdialektik der Spätphilosophie die Konstruktion der Materie aus der Frühphilosophie zu reformulieren? Könnte diese Stelle in ihrem Zusammenhang, der schon deswegen komplex ist, weil Schelling in ihm seiner eigenen früheren Identitätsphilosophie eine Fassung gibt, die sie so niemals hatte – der absoluten Vernunft aus der »Darstellung« von 1801 war noch jedes thetische Moment fremd, ebenso der Gedanke, daß sie sich das Dasein als Unglück zuziehe, – könnte also diese Stelle der Nukleus der Blochschen Schellingrezeption sein? Dann müßte auch erörtert werden, für welche Elemente des Schellingschen Gedankengangs Bloch sich nicht interessiert bzw. welche er bewußt vernachlässigt, weil er eigene konstruktive Absichten hat. So, um nur das Wichtigste zu nennen, rekonstruiert Schelling hier die prozessuale Dialektik, die ein primum existens zum Resultat hat, im Rahmen einer *negativen* Philosophie, die nicht die Form einer Daß-Was-Dialektik, sondern die einer immanenten Vernunftdialektik aufweist. Wie sich an Blochs Kommentierung zeigt, liest Bloch diese Stelle aber als Beispiel für eine Daß-Was-Dialektik. Er lobt den »Böhmeschen Tiefsinn« Schellings »in der energischen Betonung des Willenscharakters im *Daß* des Existierens überhaupt«[31]), welcher, mit Aristoteles als »appetitus materiae nach Form« bestimmt, bei Schelling »seine Intensität auch im primum existens des Objektiv- oder Materiell-Seins beibehält.«[32]) Doch hat Blochs Vernachlässigung der Differenz der Prozeßdialektik in der negativen und der positiven Philosophie insofern auch einen Anhaltspunkt an Schellingschen Texten, als Schelling in der Darstellung der positiven Philosophie im Rahmen der »Philosophie der Offenbarung«[33]) – der vermutlich einzigen Darstellung der positiven Philosophie, die Bloch vorlag –, Denkformen verwendet, die wesentliche Übereinstimmungen zu den in München 1827/28 gefundenen Denkformen der negativen Philosophie aufweisen. Hier, in der »Philosophie der Offenbarung«, fand Bloch die Grundunterscheidung seiner eigenen (späten) Daß-Was-Dialektik, wenn Schelling ausführt, daß auch für den höchsten Begriff, den Begriff Gottes, »keine Ausnahme von der Regel« gemacht werden könne, »daß der Begriff eines Dinges nur das reine *Was* desselben enthält, nichts aber von dem Daß, von der Existenz.«[34]) Dieses Daß aber stellt sich als das Prius, das »unendlich Existierende« heraus, das »auch gegen das Denken . . . sicher gestellt«[35]) ist, dem sich das Denken als das Posterius anschließt. »Denn nicht weil es ein Denken gibt, gibt es ein Sein, sondern weil ein Sein ist, gibt es ein Denken«[36]) – welche Einsicht mühelos die Linie vom späten Schelling über Marx zu Blochs eigenem Materialismus zeichnen läßt. Schließlich bestimmt Schelling das Daß als die »*Quelle* des Seins«[37]), die als das ursprünglich nur »*unmittelbar Seinkönnende*«[38]), als eine »potentia existendi . . . durch nichts vom Sein abgehalten oder abzuhalten«[39]) wäre, die deswegen »schon immer« ein »*blind* Seiendes« ist. So ist »das unmittelbar Seinkönnende im Sein nicht mehr das vom Sein freie, Sein-lose Wesen, sondern es ist das mit dem Sein gleichsam Geschlagene und Behaftete, das außer *sich*, nämlich das außer seinem Können Gesetzte, das sich selbst gleichsam verloren hat und nicht mehr in sich selbst zurück kann.«[40]) Hier ist der Tiefsinn der Münchener Vorlesung, »das Unglück in allem Sein«, der »Grund-Widerspruch«[41] im Subjekt, der Bloch so beeindruckte, unmittelbar im Medium positiver Philosophie wiederholt, und wie dort (1827/28) das Subjekt, wenn es sich selbst anzieht, »ein anderes und sich selbst Ungleiches«[42]) ist, so ist hier (1841 ff.) »jener Wille« (als welchen Schelling das unmittelbar Seinkönnende ebenfalls bestimmt), »wenn er sich einmal erhoben, einmal entzündet hat, nicht mehr *sich selbst gleich*.«[43])

Die Schellingstelle aus den Münchner Vorlesungen könnte man den locus classicus für die Nähe Blochs zum späten Schelling nennen. Wie geht nun Wüstehube mit ihr und ihrer Rezeption bei Bloch um? Da ist man überrascht über den Ort an dem man sie antrifft. Dort nämlich, wo Wüstehube zum wiederholten Male[44]) im Schlußteil seiner Arbeit in den Ansatz der Spätphilosophie Schellings einführt und zwar wie sie aus der sogenannten Paulus-Nachschrift der Berliner Vorlesung des Jahres 1841/42 hervorgeht.[45]) Ob Bloch diese Nachschrift überhaupt kannte[46]) und sich ihrer bediente, bleibt dabei ebenso ungeklärt wie die Tatsache unberücksichtigt, daß die, Wüstehubes Referat der Paulus-Nachschrift unterbrechende Schellingstelle aus der Münchener Vorlesung den Weg negativer Philosophie beschreibt, so daß a priori gewiß ist, daß sie den Gedankengang positiver Philosophie (in der Paulus-Nachschrift) nicht weiterführen kann – während es zu der möglich bleibenden analogen Erhellung des Weges positiver Philosophie durch die negative sorgfältiger Differenzierungen im Verhältnis positiver und negativer Philosophien bedürfte.[47]) Schließlich ist ausgerechnet in derjenigen Fassung der positiven Philosophie, welche die Paulus-Nachschrift überliefert, das erste Zufällige keineswegs das zugezogene Dasein, und damit das primum existens, die Materie des unendlichen Subjekts, worauf es Bloch in seiner Bezugnahme natürlich vor allem ankommt, vielmehr ist hier das erste Zufällige dieses unendliche Subjekt *selbst*, insofern es sich noch nicht von seiner Unmittelbarkeit befreit hat, dieses Zufällige ist ganz und gar nichts Existierendes.

Aber diese wenig glückliche Kompilation einer bei Schelling so nicht existierenden Spätphilosophie aus Elementen der positiven und der negativen Philosophie müßte nicht hindern, die oben gestellten Fragen an die Blochsche Schellingrezeption zu beantworten. Dazu trägt die Arbeit Wüstehubes, an philologischen und historischen Fragen desinteressiert, leider nichts bei. Positive Antworten, welche Schellingtexte Bloch zur Kenntnis nimmt, und warum wie er mit ihnen arbeitet, finden sich nicht. Der Begriff der Materie bei Schelling bleibt unerörtert, womit ein entscheidendes Zwischenglied, Blochs materialistische Daß-Was-Dialektik in Schellings Philosophie zu verankern, fehlt.[48]) Wüstehube interessiert sich mit gutem philosophischen Recht für das Ganze der spekulativen Konstruktion bei Schelling und Bloch, aber dieses Ganze kann der Blochforschung nur durch genaue Differenzierungen in der Schellingschen und Blochschen Denkform näher gebracht werden.[49])

3. Identität und Dualität als Elemente der Identitätsphilosophie

Der an der Materie als Substrat sich vollziehende Weltprozeß von Daß und Was bestimmt die Blochsche Version der Identitätsphilosophie, die auch damit im weiten Horizont der Schellingschen Spätphilosophie steht. Adornos Verdikt über den Bann der Einheit, beeindruckt und geprägt von der Hegelschen Version der Identitätsphilosophie, seine These von der »Unwahrheit der Identität«[50]) haben in der theoretischen Linken Sinn und Leistung der Identitätsphilosophie verdunkelt. Auch Wüstehube spricht vom »identitätsphilosophischen Sündenfall«[51]), verteidigt aber andererseits Blochs »neue Metaphysik« trotz ihrer identitätsphilosophischen Struktur gegen die Einwände aus der Frankfurter Schule.[52])

Seit Spinozas Ethik ist Identitätsphilosophie die unhintergehbare Systemform der Vernunft, deren ursprüngliche Leistung darin besteht, die Ansprüche einer die Vernunft überschreitenden, ihr unerreichbaren Transzendenz zurückzuweisen. Damit schließt sie jede religiöse Behauptung einer übervernünftigen Offenbarung in vernünftige Grenzen ein. Diesem Denktypus ist die Philosophie bis zum Ausgang des deutschen Idealismus verpflichtet geblieben, auch wenn nur in einer relativ kurzen Phase, etwa zwischen 1801 und 1804, die Schellingsche und Hegelsche Philosophie sich ausdrücklich als Identitätsphilosophie bezeichnet haben.

Nach der erfolgreichen Abweisung übervernünftiger ist die Abweisung »untervernünftiger«, irrationaler Ansprüche gegen die Vernunft Aufgabe der Identitätsphilosophie. Solche machen sich in den Ideologien, insbesondere in den eine unvernünftige Triebstruktur des Menschen behauptenden Theorien bemerkbar. Sie erreichen in den biologistischen Postulaten des 19. und 20. Jahrhunderts ihren irrationalen Höhepunkt.[53]) Identitätsphilosophie denkt das Außervernünftige, gleich ob es sich als übervernünftig oder untervernünftig ausgibt, als der Vernunft erreichbar, in strikter Form als reelle Seite der Vernunft.[54])

Freilich bringt die Identitätsphilosophie eigene Schwierigkeiten mit sich, insbesondere die, das Andere der Vernunft angemessen zu denken. Die Größe der Schellingschen Spätphilosophie besteht darin, diese Schwierigkeiten in umfassender Form zuerst im Versuch durchdacht zu haben, den zugleich ontologischen wie geschichtlichen Status der Vernunft zu bestimmen. Hier behauptet die Spätphilosophie Schellings ebenso radikal die Autonomie der Vernunft wie ihre naturgeschichtliche Abhängigkeit; die un-vernünftige Herkunft der Vernunft wird ihrer vernünftigen Selbständigkeit nicht geopfert, genausowenig aber geschieht das Gegenteil, das ist Sinn der Unterscheidung von negativer und positiver Philosophie. Indem Schelling die positive, mit der Erfahrung der Existenz beginnende Philosophie der negativen vorordnet, vermeidet er es, jedenfalls im Prinzip, die Vernunftform der Identitätsphilosophie in der platonisch-christlichen Tradition so zu denken, daß die absolute Vernunft auch als das nunmehr absolute Apriori alles Seienden angesetzt wird. Indem allerdings das Prius der positiven Philosophie das Überseiende, der (noch unentwickelte) Gott ist, stellt er sich doch wieder ganz in diese Tradition. Hier setzt das Interesse für den materialistischen Typus der Identitätsphilosophie an, wie ihn niemand nachdrücklicher als Bloch formuliert hat. Denn die Materie als Substrat aller möglichen Identität, die sich nicht ohne ihr Logikon vollendet, läßt das Werden der Vernunft, das Werden Gottes und damit das Neue denken. »Nur von unten her hebt sichs an«[55]), – im Aufstieg liegt die Wahrheit. Während sich idealistisch immer wieder als Königsweg der Philosophie durchsetzt, von den Ideen wieder herabzusteigen, alles aus der Perspektive des herrschaftlichen Oben zu bedenken.

Wie genau Bloch an der Grenze orientiert ist, die eine Philosophie des offenen Systems von der Eröffnung des Irrationalismus unterscheidet, läßt sich an der Lokalisierung seiner eigenen Version der Identitätsphilosophie zeigen, die er in die Mitte zwischen einem Nihilismus der Auflösung aller Identität und einem Panlogismus einer zuvor schon ausgemachten, ungefährdeten Identität rückt.[56]) »In den Statuierungen des Absoluten wie des Panlogischen ist selber Statik; kurz, es fehlt der Ernst des Utopischen.«[57]) Ihn bewährt Bloch, indem er weder die Vergangenheit, »jenen noch unabgegoltenen Überschuß an Zukunft in der Vergangenheit«[58]), noch die Zukunft preisgibt, von der sich alles erhoffen läßt, in der der Grund enthüllt und das heimatliche Wesen heraus sein kann. Zwischen dem auf Nihilismus hinauslaufenden Absurdismus und dem Panlogismus versucht Bloch die Mitte zu halten, die noch nicht erreichte und noch nicht verfehlte Identität des offenen Systems ist selbst diese Mitte. Damit ist es an der (späten) Kategorienlehre Blochs, den Sinn von Identität festzuhalten, denn die »kategorialen Bestimmungsprädikate« gehören »zur Mitte zwischen Existenz und Essenz«[59]), damit aber zu den »sich umwälzenden Daseinsformen der Geschehenswirklichkeit«.[60]) In der Bestimmtheit der Kategorien als Mitte von Essenz und Existenz läßt sich ihr Anschluß an die kantische Kategorienlehre erkennen. Läßt man als Ensemble der essentiellen oder Wesensbestimmungen die reinen Verstandesbegriffe Kants gelten – wenngleich erst die Vernunftideen das Wesen erschöpfen können –, so sind jene Verstandesbegriffe doch nur insofern Kategorien, als sie a priori Anwendung[61]) auf das dem Verstand in der Erfahrung Gegebene haben. Gegeben aber wird dem Verstand nur die Welt der Erscheinung, darin nicht gegeben wird ihm »etwas . . ., was da erscheint«.[62]) Nimmt man dieses Etwas, was da erscheint, das Kant durch den Begriff des Dinges an sich eher tarnt als enthüllt, als das, woraus etwas erscheint, als Grund der Erscheinung[63]), der in der Erscheinung nicht einfach gar nicht, sonst wäre er nicht Grund der *Erscheinung*, aber doch nur unvollständig, nicht als er selbst gegeben ist, läßt man gar diesen unenthüllten Grund in einer Geschichte der Erscheinungen allmählich, wenn auch nicht notwendig, sich enthüllen, dann hat man, was Bloch als Daß oder Existenz der Essenz entgegenstellt. Zwischen der Essenz reiner Verstandesbegriffe und der Existenz der noch nicht festgestellten, im Realprozeß noch offenen Einheit von Ding an sich und Welt der Erscheinungen, liegt die Mitte, welche kantisch die Anwendung der Kategorien, der heikle Prozeß der Synthesis des ihnen anderen Mannigfaltigen wäre. Allerdings geschieht die Anwendung der Kategorien bei Kant a priori, sie hat damit zwar einen festen Maßstab in den reinen Verstandesbegriffen, bleibt aber eben deswegen auch auf die Erscheinungswelt beschränkt, prinzipiell unfähig, den Prozeß zwischen dem, »was da erscheint«, und den Erscheinungen selbst, der als unerforschlich[64]) aus dem Horizont des zu Denkenden verbannt wird, näher zu bestimmen.

Für Bloch aber besetzen die Kategorien selbst die Mitte, die in der Vernunft, dem noch nicht herausseienden Wesen ihren sich noch entwickelnden Maßstab haben[65]), welcher selber der werdenden Identität des Realprozesses entspricht. Dergestalt fußen für Bloch alle Kategorien »auf der Kategorie der Relation zwischen Daß und Was in der objektiv-realen . . . Welt«.[66]) Blochs Identitätsphilosophie folgt damit dem zuerst in Schellings Freiheitsschrift erreichten Typus einer Identität, die eine echte »Dualität (die wirkliche Zweiheit der Prinzipien)«[67]) in sich enthält, hier die irreduzible und nur eschatologisch aufhebbare Polarität zwischen »thelischem Daß« und dem »reinen Logikon«[68]) eines erkennbaren Was. Gerade als kategorial bestimmte ist die Blochsche Philosophie also durchaus Identitätsphilosophie und nur als solche kann sie den offenen Prozeß zwischen Daß und Was zur Geltung bringen. Als Identitätsphilosophie verhindert sie den Dualismus der Prinzipien, sei es den materialistischen Dualismus einer Vormacht des Daß, den blinden Schicksalszwang einer mechanischen Materie, sei es den idealistischen Dualismus, die Verfügung der hoheitlichen Idee über das Individuelle des Daseins. Identitätsphilosophie ist so die Antwort auf den prinzipiellen Dualismus der Konstatierung eines schlechthin Außervernünftigen, der »Selbstzerreißung und Verzweiflung der Vernunft«[69]), welche nur der erste Schritt zu ihrer Selbstaufgabe ist.[70])

II. *Materialistische Dialektik. Methode und Entscheidung*

Dialektik gilt in der Marxschen Tradition in dem weiten Sinne, in dem auch die kritische Theorie und die Philosophie Blochs zu ihr gehören, als Hegelsches Erbe. Über die rechte, d. h. materialistische Form des Erbschaftsantritts besteht seit langem Streit unter den verschiedenen Spielformen der Marxschen Tradition – ist die Dialektik auf die Geschichte zu beschränken oder umfaßt sie Natur und Geschichte?[71]) Blochs Option ist vielfach, von Marcuse und Adorno, von Habermas und A. Schmidt kritisiert worden. Diese Kritiken legt Wüstehube sorgfältig dar mit der Absicht, Bloch gegen sie zu verteidigen. Denn gerade in ihrem Dialektikbegriff, der das materielle Substrat aller Geschichte ebenso umfaßt wie diese Geschichte selbst bis zu ihrem Abschluß, besteht eine der Stärken der Blochschen Philosophie, die sie, von Positivismus und Irrationalismus unangefochten, als dauerhaften Gesprächspartner der philosophischen Tradition auszeichnet. Blochs umfassender Dialektikbegriff hat seine Kraft auch daher, daß in ihm nicht nur die Hegelsche, sondern auch die Schellingsche Form der Dialektik eine Rolle spielt. Darauf weist auch Wüstehube hin, der die zentrale Stellung der Blochschen Dialektik hervorhebt.[72]) »Fiele die Dialektik von Daß-Grund und Was-Wesen für den Bereich des ontischen Seins dahin, wäre auch die Anthropologie, und damit der gesamte Bereich des Hoffens, Planens, der Affekte usw., nicht im Sinne der Hoffnungsphilosophie bestimmbar. Ohne die ›intensive Dialektik‹ würde die ganze Hoffnungsphilosophie obsolet.«[73])

Sowohl die Hegelsche wie die Schellingsche Dialektik und mit ihnen die Blochsche bilden sich in der Auseinandersetzung mit Kant aus. In der Dialektik, der »Logik des Scheins«[74]), legt Kant die gegensetzliche Verfassung der Vernunft in ihrem theoretischen Gebrauch aus. Es ist das eigene, gleichwohl sich selbst widerstrebende Gesetz der Vernunft, die Erkenntnis des Unbedingten als der Vernunft »unentbehrlich«[75]) zu fordern und doch nur Bedingtes erkennen zu können. Aus der Forderung der Vernunft nach Erkenntnis des Unbedingten entspringen, so führt es das für die weitere Dialektikentwicklung zentral gewordene Antinomienkapitel aus, »Lehrsätze, . . . deren jeder nicht allein an sich selbst ohne Widerspruch ist, sondern so gar in der Natur der Vernunft Bedingungen seiner Notwendigkeit antrifft, nur daß unglücklicher Weise der Gegensatz eben so gültige und notwendige Gründe der Behauptung auf seiner Seite hat«.[76]) Diese »Dialektik der reinen Vernunft«[77]) rezipieren Schelling und Hegel im Horizont einer absoluten Vernunft, die einer »Erkenntnis der Dinge, wie sie an sich . . . sind«[78]) mächtig ist und die ebendeshalb jenen Weg der Auflösung der Antinomien ausschließt, den Kant mit der Unterscheidung der absoluten Realität von der Erscheinung eröffnet hat. Die absolute Dialektik der Idealisten hat die Antinomie der Vernunft innerhalb der Einheit einer Realität auszutragen, wie sie in Spinozas Substanz gedacht ist. In »Spinoza's Begriff der Substanz, die als . . . Begriff und Sein zugleich erklärt wird«, sind die »Entgegengesetzten in einen Widerspruch vereinigt«.[79]) Idealistische Dialektik entspringt, wie Hegel zuerst formuliert, daraus, daß diese Antinomie, »der höchste formelle Ausdruck des Wissens und der Wahrheit«, nichts anderes als der »sich selbst aufhebende Widerspruch«[80]) ist.

In Schellings Denken, dialektisch von Anbeginn, läßt sich eine unbefangene Dialektik der frühen Transzendental- und Naturphilosophie und der Identitätsphilosophie von einer, seit der Freiheitsschrift entwickelten, mit der Herausforderung der Hegelschen Philosophie ringenden Dialektik unterscheiden. Die ursprüngliche Fassung der Schellingschen Dialektik, die allerdings den Terminus noch nicht verwendet, findet sich in seiner Schrift »Vom Ich«[81]) in der Rekonstruktion der kantischen Kategorie der Kausalität im Horizont einer Vernunft, die, »Ich« genannt, der Begriffsform einer durch causa sui bestimmten spinozistischen Substanz entspricht. Dieses Ich ist »nicht nur *Ursache des Seins, sondern auch des Wesens*, alles *dessen*, was ist«.[82]) Den Widerspruch, der darin besteht, daß das Ich, die Essenz, zugleich Ursache ihrer Existenz ist, nennt Schelling das »Problem der ganzen Philosophie«. Dieses Problem ist die Thesis, die »vor der Antithesis« vorhergehen muß, wie beide, Thesis und Antithesis »vor der Synthesis vorhergehen müssen.«[83]) Der dialektische Weg der Philosophie führt zum Begriff der praktischen Freiheit als der höchsten Auflösung der Widersprüche der theoretischen Vernunft.

Ganz einsinnig mit Hegels frühem Begriff einer Dialektik als Aufhebung aller endlichen Bestimmungen ist dann für den identitätsphilosophischen Schelling in seinen »Vorlesungen über die Methode«[84]) die Absicht der »dialektischen Kunst«, alles als Eins darzustellen und in Formen, die ursprünglich dem Reflex angehören, dennoch das Urwissen auszudrücken«.[85]) Die wahrhafte Erfassung des Einen ist der Spekulation vorbehalten, sie hat ihre negative Seite in der Aufhebung aller endlichen Formen, die insgesamt solche der Reflexion sind.

Als Antwort auf Hegels »Phänomenologie des Geistes« und als ihr Gegenstück legt Schelling in der Freiheitsschrift eine neue Version der Dialektik vor. Denn Hegel bewahrt zwar die Differenz von Dialektik der Verstandesbestimmungen und spekulativer Vernunftform, aber nicht ohne die Negativität der ersten auch zum sich mit sich selbst zusammenschließenden, sich aufhebenden Konstituens der zweiten zu machen.[86]) Gegen die Selbigkeit der Negation in Dialektik und Spekulation setzt Schelling eine »durch Wissenschaft und Dialektik«[87]) geschehende Scheidung eines Positiven, des Ungrundes oder der absoluten Indifferenz, als »welche ein eignes von allem Gegensatz geschiedenes Wesen (ist), an dem alle Gegensätze sich brechen«[88]), von einem Negativen, welches als »Dualität«, als »wirkliche Zweiheit von Prinzipien ... unmittelbar aus ... der Indifferenz«[89]) hervorbricht als Disjunktion von Grund und Existenz. Schellings späte Dialektik will also beides: ein von allen Gegensätzen geschiedenes eigenes Wesen und die wirkliche Dualität entgegengesetzter Prinzipien.

Nimmt man die Utopie des neuen Himmels und der neuen Erde als das indifferente eigene Wesen, das Daß und Was aber als reale Zweiheit der Prinzipien, so hat man die Grundform der Blochschen Dialektik, mit dem eigenen Wesen nicht am Anfang, sondern am Ende, mit dem Voraus eines ebenso thelischen wie logischen Streites der Materie mit sich, ob sich ihr Wesen herausbringen lasse.

Hier allerdings muß auf eine Zweideutigkeit hingewiesen werden, die vielleicht auch der Schellingschen, gewiß aber der Blochschen Dialektik verbleibt. Hatte Kants Dialektik in der unbeweglichen Apriorität der Verstandesbegriffe ihren gewissen Maßstab, hatte Hegel in der unauflöslichen Einfachheit des Negativen den von aller Angst und aller Hoffnung befreienden Quellpunkt alles Wirklichen, hatte der späte Schelling in der, wenngleich nur negativen, Totalität aller Vernunftbestimmungen einen auch gegenüber der Erfahrung der Offenbarung wenigstens a posteriori brauchbaren Maßstab, sich der Übermacht des Positiven vernünftig zu erwehren, so ist Blochs fundamentum inconcussum, der neue Himmel und die neue Erde, weil schlechterdings nicht gegenwärtig und nicht gewiß, auch nicht wahrhaft als Maßstab verwendbar. Er bleibt ein mit Zweideutigkeit behaftetes Kriterium der Unterscheidung des Zukünftigen von Vergänglichem, seine Vergewisserung bleibt Tendenzkunde. Vielleicht ist es dem Denken in der vollständigen Durchdringung seiner selbst, die Dialektik und Spekulation ermöglichen und verlangen, unvermeidlich, an den Punkt zu kommen, an dem alle Gewißheit in die Schwebe gerät – selbstverständlich auch die des Skeptikers, daß nichts Gewisses sei. Benjamin ist in der Idee des Ursprungs zu diesem Punkt der Aufhebung der »Unterscheidung der quaestio juris von der quaestio facti« gelangt, »unbestreitbar und unvermeidlich«[90]) nennt er diese Aufhebung. In ihr geht es um die Frage, wodurch sich ein Phänomen der Geschichte, ein als solches beliebiges Faktum, dazu qualifiziert, Ursprungsphänomen, d. h. Verkörperung einer Idee zu sein. Phänomen und Ursprungsphänomen treten dem Forscher mit gleichem Anspruch entgegen, in ihrer Unterscheidung kann er einen apriorischen Maßstab nicht verwenden, will er Geschichte nicht zur Exemplifikation seiner Wesensschau, d. h. des a priori erkannten Wesens als Maßstab aller Phänomene, herunterbringen. Benjamin hat sich anders nicht zu helfen gewußt, als dem Forscher die Aufgabe zuzuweisen, ein »Faktum«[91]) der Geschichte erst dann als einen Ursprung anzuerkennen, wenn er in ihm, dem Faktum, die Entdeckung des »Echten« macht, die in »einzigartiger Weise sich mit dem Wiedererkennen verbindet«.[92]) Doch ist es noch ein anderes, wie Benjamin es tut, die Indifferenz von Rechtsgrund und Tatsache in der Erforschung des Vergangenen zuzugestehen oder, wie die Blochsche Dialektik es doch wohl einschließt, auch für eine zukünftige Praxis. Denn jede Praxis, die sich ihrer Wahrheit (oder Humanität) nicht zuvor versichern kann, verfällt der uralten Dialektik von Wahrheit und Macht[93]) – wo der Maßstab der Wahrheit endet, da wird Partei ergriffen.[94]) Gewiß hat die Parteilichkeit mit dem Besiegten, der Bloch über die längste Zeit seines Lebens die Treue hielt, immer noch mehr Chancen, bei der Wahrheit zu bleiben, als jede andere. Aber gewiß ist auch das nicht, weil erstens weltgeschichtlich nicht feststeht, daß die Sieger zugleich die Unwahrheit befördern, und weil zweitens die Blochsche Parteilichkeit für die unterdrückte Klasse nicht einfach dem historisch Besiegten, sondern zugleich dem zukünftigen Sieger der Geschichte galt. Nur die Parteilichkeit, die sich noch einmal von sich selbst befreit, was sie schwerlich in eigenem Namen kann, wird der philosophisch erreichbaren zukünftigen Wahrheit entsprechen.

III. *Theismus – Atheismus. Blochs philosophisches Gespräch mit der Religion*

Zu den Irritationen, die Bloch in der theoretischen Linken erzeugte, gehörte sein ebenso kenntnisreiches wie engagiertes Gespräch mit der Theologie. Anders Wüstehube, der bemerkt, daß Bloch schon im »Prinzip Hoffnung« »›Gott‹ durch den ›Kern der sich entwickelnden Materie‹« ersetzt, also eine »Gott-Materie«[95]) denkt. Eben jener Kern der Materie entspräche »dem Schellingschen ›Grund‹, – abzüglich der Schellingschen Gott-Spekulation«.[96]) Wie die Schellingsche reiche die Blochsche Philosophie ins »Daseinsrätsel zurück, wie ein Subjekt seiner selbst inne werden (könne), ohne im Moment des ›Zugriffs‹ schon ein anderes zu sein«.[97])

Nun haben Bloch und Schelling für diese anthropologische Fassung der theologischen Frage nach Rechtfertigung und Heil des Menschen zweifellos verschiedene Antworten gegeben; Bloch, indem er, Goethe gegen Novalis ausspielend, die Wahrheit vertritt, daß der geheimnisvolle Weg nach außen gehe[98]), Schelling, indem er die andere Wahrheit vertritt, daß der Mensch nicht in seiner Äußerung, sondern im Innehalten seines Vermögens der Freieste ist.

Das Problem einer theistisch-atheistischen Begründung der Philosophie ist jedoch von der Frage der applicatio ad hominem her nicht aufzulösen, hier muß der Begriff Gottes selber entscheiden, welcher freilich seit der Ausformulierung der Trinitätslehre zugleich Antwort auf die Frage nach dem vere homo zu geben verspricht. An der Gotteslehre des späten Schelling sind hier zwei Charakteristika hervorzuheben, die für Bloch wichtig wurden. Dem Schelling der positiven Philosophie genügt es nicht, das höchste Wesen in Vernunftbestimmungen zu denken, er will den wirklichen, man könnte sagen materiellen, in Natur und Geschichte sich offenbarenden Gott denken. Diesem Denken hat die an den Fortgang der Zeit gebundene, die aposteriorische Erfahrung vorauszugehen. Die Erfahrung des sich in der Zeit offenbarenden Gottes nötigt dazu, ihn als werdenden zu denken. Durch den Entschluß Gottes zur Schöpfung ist »ein theogonischer Prozeß, der sich zugleich als ein kosmogonischer verhält, gesetzt«.[99]) In die ruhige Ewigkeit Gottes bricht die Zeit ein. Dem will die Philosophie der Offenbarung entsprechen, sie ist Lehre von der Gottwerdung Gottes. Die beiden zentralen Momente dieser neuen Einsicht, wie der wirkliche Gott sei, daß das Wirkende ein prius vor aller Vernunft ist und daß das Wesen dieses Wirkens nur im Prozeß ihres Selbstwerdens herauskommt, gehören zu den Grundeinsichten Blochs, der das Wirkende, den Schellingschen Gott, als Materie vorstellt.

Damit stellt sich für beide die Frage nach Gott-Nichtgott in einer spezifisch modernen Weise. Denn ein Gottes Sein betreffendes Werden, also die Einführung des Begriffes der Kausalität in den Gottesbegriff, war der vorneuzeitlichen Philosophie undenkbar. Ihr wäre die Frage nach dem Ursprung Gottes, versteht sich: nicht der Idee Gottes oder des Bewußtseins von Gott, sondern Gottes selbst, nicht sinnvoll erschienen. Von Gott konnte man nur sagen, daß er von Ewigkeit zu Ewigkeit sei, daß sein esse jedes weitere Prädikat umfasse.

»Esse est deus« lautete die Definition des Meister Eckhart.[100]) Und welcher Gott sollte der auch sein, der Ursprung Gottes wäre? Oder umgekehrt: welcher Gott sollte der sein, der aus Gott als Ursprung hervorginge? Nein, Gott konnte nur unerschaffen, unerzeugt, ohne Anfang hinter sich, ohne Ende vor sich, eben von Ewigkeit her sein. An der aeternitas seiner essentia konnte ein vernünftiges Wesen nicht zweifeln. Allerdings gab es eine trinitarische Irritation dieser Lösung, denn die Antwort auf die Kernfrage cur deus homo? kam um das zeitliche Nacheinander des Vatergottes und des Sohnes Gottes, jedenfalls in seiner Gestalt Jesu von Nazareth nicht herum. Aber die Irritation war schon von den Vätern abgefangen und geklärt, indem die immanente Trinität, in der die drei Personen Gottes von Ewigkeit beisammen sind, der ökonomischen Trinität, in der zwischen Schöpfung und Jüngstem Tag als Mitte der Zeit der deus homo und homo deus Christus Jesus–Jesus Christus auftrat, vorgeordnet wurde als ihr Grund und ihre Heimat.

So war es eine neuzeitliche Revolution, als Spinoza die Frage nach dem Warum, die Frage nach Ursprung und Ursache, von der es als ausgemacht galt, daß es sinnlos sei, sie an die oberste Ursache, Gott auch nur zu stellen, über alles endliche Dasein hinaus ausdehnte und das Unendliche ihr ebenso unterwarf wie das Endliche. Demgemäß war auch das oberste Sein durch eine Ursache, freilich eine, die im Gegensatz zu allem anderen Sein nicht eine andere, fremde, sondern die eigene war: Gott, die unendliche Substanz ist causa sui, und er allein ist es – zugleich aber ist er die Ursache von allem anderen. Damit war zweierlei erreicht: Zum einen wurde die im Begriff der Ursache prinzipiell anerkannte Prozessualität zeitlichen Daseins auf alles Dasein überhaupt ausgedehnt, die Kausalität, als innerer Logos der Prozessualität – noch unbestimmt, wie Kant später zeigte, ob als Natur- oder Freiheitskausalität, aber alles Sein schlechthin bestimmend –, war zur ontologischen Fundamentalkategorie geworden. Durch dieselbe Unbeschränktheit des Begriffs der causa aber war zum andern die Kluft zwischen Transzendentem und Immanentem überbrückt, eines wie das andere, wenngleich in verschiedener Modalität, der Ursache unterworfen – eines wie das andere selbst verursachend. Sieht man auf diese Einziehung der Schranke von Transzendenz und Immanenz im Begriff der Ursache, dann ist es relativ gleichgültig, ob man Spinozas Philosophie wegen des Mangels an Transzendenz anklagt und sie mit Jacobi Atheismus nennt[101]), oder ob man sie eher des Mangels an Immanenz (der Selbständigkeit des Endlichen) bezichtigt und sie mit Hegel als Akosmismus bestimmt.[102]) In beiden Fällen ist ein reines Innerhalb entstanden, in dem Mensch und Gott zusammen sind: sei es, daß auch Gott, wie der Mensch, (nur) Natur, ersterer freilich als natura naturans, sei es, daß auch der Mensch wesenhaft Göttliches ist, Modifikation des Gottes. In beiden Fällen ist das Resultat dasselbe, dem Menschen der Neuzeit wird heimatlich in Einer Welt, gleich, ob eher materialistisch oder eher spiritualistisch. Das unaufhörlich Attraktive der Philosophie Spinozas dürfte darin begründet sein, daß diese beiden Möglichkeiten ineinander spielen und sein System eine zwingende Entscheidung verbietet.

Damit ist der Denktypus erreicht, innerhalb dessen nicht nur der gesamte deutsche Idealismus, sondern auch Bloch seine Ontologie lokalisiert. Schelling hat dieses Indifferentwerden von Theismus-Atheismus im Grundzug der Philosophie des Spinoza wohl als erster bemerkt und seit der Freiheitsschrift versucht, den Persönlichkeitsbegriff für die

Gotteslehre zurückzugewinnen, um mit ihm ein Kriterium zu haben, den wahrhaften, weil den persönlichen Gott lehrenden Theismus vom Spinozismus abzugrenzen.[103]) So tritt der späte Schelling dem Substanz-Geist-Theismus Spinozas und Hegels mit seinem Persönlichkeitstheismus – und damit mit der vorsichtigen Restitution einer Transzendenz im Begriff des Überseienden – entgegen. Bei allem, was ihn sonst mit Schelling verbindet, bleibt Bloch hier in der Linie der Gotteslehre Spinozas und Hegels, die keinen prinzipiellen Widerstand kennt, auch humanistisch oder materialistisch gelesen zu werden.

Ein von J. B. Metz überliefertes Gespräch mit Bloch enthält zwei bedenkenswerte Argumente für den Immanenztheismus-Atheismus Blochs. Bloch lehnt »die theologische Begründung der Hoffnung ab mit dem spätscholastischen Sparsamkeitsaxiom ›principia sine necessitudine non sunt multiplicanda‹. Mir (sc. Metz) schien das zu sparsam. Worin schließlich wurzelt das Motiv für den geschichtlichen Kampf um den aufrechten Gang aller, um universale Gerechtigkeit und solidarisches Menschsein? Ist letztlich die der Natur bzw. der Materie zugetraute Freiheitsfinalität nicht schwächer fundiert als jede religiös symbolisierte Freiheits- und Befreiungserinnerung? Bloch: »Mit solchen Legitimationsfragen stellt man sich außerhalb des Prozesses der Hoffnung, verweigert sich der Einsicht, daß Hoffnung auch scheitern, daß sie enttäuscht werden kann.«[104]) Was das Sparsamkeitsargument angeht, so ist zu fragen: was bringt es für die Begründung einer Ontologie, die eine Hoffnungsphilosophie hin zu neuem Himmel und neuer Erde trägt, wenn sie ihr erstes Prinzip als Gott denkt? Diese Frage ist zunächt von der nach der Wahrheit des biblischen Schöpfungsberichts zu unterscheiden. Denn der kann wahr sein und den Glaubenden durchs Schöpfungslob hindurch zum Lob des Schöpfers freisetzen, auch wenn die denkerische (theologische und philosophische) Arbeit mißlingt, den Ursprung von Natur und Geschichte über das in Möglichkeit-Sein Gottes – das Bloch nicht bestreitet – hinaus in den wirklichen Gott zu verlegen. Ist, wenn die Wirklichkeit Gottes seine Möglichkeit vollkommen umfaßt, an der wenig erbaulichen Vorstellung vorbeizukommen, daß alles, was Menschen als Werden erleiden, nur ein Spielen Gottes mit sich selbst, in seinem Ratschluß von Ewigkeit her schon beschlossen ist? Entspräche diese Vorstellung auch nur den großen Gotteserfahrungen, wie sie in der Bibel und anderen Orts bezeugt sind? Hier darf es bei der Frage sein Bewenden haben.

Das zweite zentrale Argument Blochs geht hier einen überraschenden Schritt weiter: »mit solchen Legitimationsfragen«, d. h. also mit dem Versuch, sich des wirklichen Gottes am Anfang zu versichern, »stellt man sich außerhalb des Prozesses der Hoffnung«, und das wiederum heißt: die Gewißheit zerstört die Hoffnung. Die Hoffnung als die pneumatische Gestalt in der Trias der paulinischen Tugenden ist es selbst, welche die Geschichte dem Menschen zugänglich macht, indem sie sie öffnet auf das in ihr Mögliche. Sie entspricht gerade als das immanent Sprengende dem Menschen nach seiner menschlichsten, nämlich geistigen Seite. Freilich braucht diese gewagte Hoffnung das Gespräch, um nicht zur blinden Hoffnung herunterzukommen, sie hat sich zur docta spes auszubilden. Das kann sie, wo sie sich in der unbefangensten Weise den Zeugnissen großer Hoffnung in der Geschichte anvertraut. So stellt der Bibelleser Bloch, der an der »Enttheokratisierung« der Religion interessiert ist, fest, daß »wir immer noch nicht wissen, was aus der Bibel zu lernen ist, zu welchen Konsequenzen sie zwingt«.[105] Und dann liest er in der Apokalypse Johannis von einem herabfahrenden Jerusalem am Ende. »Im Text heißt es: ›Geschmückt wie eine Braut . . .‹ Und dann dieser ungeheure Satz: ›Da ist nicht Mond und Sonne, sondern seine Leuchte ist das Lamm.‹ Da wird also die ganze Schöpfung, von der das erste Buch der Bibel berichtet, in Bausch und Bogen vernichtet, zusammen mit dem Mond und der Sonne, die doch von Gott geschaffen wurden. Von dieser ganzen Welt des Schöpfergottes Jachwe bleibt nicht ein Stein auf dem anderen. Das nenne ich mir einen Auszug aus Jachwe und aus allen bisherigen Vorstellungen vom Göttlichen. Eine revolutionäre Beziehung beginnt darin, die auf Vernichtung des Schlechten geht und auf Raumschaffung, Schaffung eines *menschenähnlichen* Raums. Das neue Jerusalem ist nicht groß, es ist vielmehr eine Zusammenlegung des Weltalls aus der Inflation des viel zu vielen Endlichen heraus.«[106]

Dergestalt enthüllt sich die Hoffnung als »Agens und Kern der sich entwickelnden Materie«.[107] Die Erfahrung der Materie, das ist für Bloch, nicht ohne die Vermittlung durch die biblische Tradition, der kommende Gott in Gestalt der Hoffnung, oder, wenn dieser Ausdruck zu gewagt erscheint, das kommende Göttliche, welches ja nichts anderes als das wahrhafte Humanum sein kann, von Angesicht zu Angesicht. Daß die Erfahrung der Offenbarung Zukunft freisetzt, hat auf der Höhe des philosophischen Systems zuerst Schelling gedacht, ebenso, daß damit Erfahrung des Vergangenen nicht als tote Empirie, sondern als Zeugnis der werdenden Vollendung Gottes zu lesen ist. Er ist damit Vater der modernen Lesekunst, der Hermeneutik geworden, der auch Bloch sein Bestes zu verdanken hat.

Wo die gewagte Hoffnung schlechthin keine Belehrung mehr fürchtet, wo sie neben so vielen Auszugsgestalten auch die religiösen Texte auf den »sehr bedrohten Marsch«[108]) mitnehmen kann, da verschwindet die Theismus-Atheismus-Differenz erneut, nun aber nicht hinsichtlich der ontologischen Begründungsfrage, sondern hinsichtlich des Mutes, auf dem Weg zum vere homo nicht zu ermüden.

Anhang: Ein ungedruckter Brief Ernst Blochs zur dynamischen Physik des jungen Schelling

Der in Anmerkung 30 erwähnte, im folgenden abgedruckte Brief belegt, wie leicht Bloch noch beim Briefeschreiben der Griff zu den Werken Schellings fiel. Schelling gegen den konventionellen Vorwurf des Quietismus verteidigend zitiert er die Schrift »Erster Entwurf eines Systems der Naturphilosophie« 1799. Sein Hinweis auf die Anm. S. 117, eine von Schelling in späterer Zeit in sein Handexemplar hinzugefügte Anmerkung (vgl. a.a.O., S. 12), verdient auch deswegen Interesse, weil Schelling hier von der »ursprünglichen Entzweiung als Bedingung aller Konstruktion der Materie« spricht.

Der Brief an den Physiker E. Keller (Bloch-Archiv Ludwigshafen Inv.-Nr. 12-4/85, Abdruck mit freundlicher Genehmigung des Suhrkamp Verlags), bei dessen Entzifferung Karlheinz Weigand behilflich war, hat folgenden Wortlaut:

30.XII.[19]52
Leipzig W 31
Wilhelm-Wildstr. 8

Sehr geehrter Herr,

erst jetzt komme ich leider zur Antwort auf Ihren interessanten Brief vom 16. November. »Quietistische Perspektive in der Physik« und Schelling, das kann allerdings nicht zusammen genannt werden. Das gesamte spekulative (nur spekulative) Bestreben des jungen Schelling ging auf eine dynamische Physik. Allerdings lehrt er eine Materie als »Gleichgewicht der beiden Grundkräfte«, das ist der attraktiven und repulsiven (das kommt von Kant), aber dies Gleichgewicht wird in den »spezifischen Differenzen« der Materie wachsend aufgehoben. Ohne die »Trägheitskräfte« gäbe es kein Produkt, aber das die Produkte so produzierende wie immer wieder durchbrechende Agens: die »hervorbringende Natur«, das »Subjekt natura naturans« ist unendlich dynamisch. (Vgl. dazu Schelling Werke 1858, Erste Abt. Bd. III, S. 13 ff.; S. 117, Anm.). Jedenfalls kennt Schelling keine dauernde »Permanenz«, auch nicht in der »Attraktion« (in der er mehr die Tendenz auf schließliche Trägheit wittert als in der »Expansion«, die mit der Fliehkraft freilich nicht zusammenfällt). Auf die Rolle des unendlichen Agens bei Schelling hat übrigens auch Hermann Weyl in seiner »Philosophie der Mathematik und Naturwissenschaft« hingewiesen.

Mit dem Wunsch für weitere Erfolge im Kampf gegen die Statik-Ideologie in der Physik, nicht zuletzt auch gegen das Entspannt-Defaitistische im zweiten Hauptsatz der Wärmelehre

Ihr ergebener Ernst Bloch

Anmerkungen

1) Axel Wüstehube, Das Denken aus dem Grund. Die Bedeutung der Spätphilosophie Schellings für die Ontologie Ernst Blochs, Würzburg/Königshausen und Neumann, 1989.
   Für die wiederum zuvorkommend gewährte Hilfe bei der Literaturbeschaffung danke ich Herrn Dr. Karlheinz Weigand vom Ernst-Bloch-Archiv Ludwigshafen.
2) Ernst Bloch, GA 13, S. 241. Die Texte Blochs werden nach der Gesamtausgabe (GA), Frankfurt/M: Suhrkamp, 1959 ff. zitiert. Die hier am häufigsten herangezogenen Texte sind: GA 7: Das Materialismusproblem, seine Geschichte und Substanz, (geschrieben 1936–37, erweitert 1969–71), 1972; GA 13: Tübinger Einleitung in die Philosophie, 1963/64 (1. Aufl.), 1970 (neue, erweiterte Aufl.); GA 15: Experimentum Mundi. Frage, Kategorien des Herausbringens, Praxis, 1975.
3) Die genannten drei Themenkreise sind die qualitativ gewichtigsten in der Arbeit Wüstehubes. Der Frage der Dialektik von »Daß-Grund und Was-Wesen« (S. 7) geht er passim, bes. S. 126–129 und 167–184 nach, die aufschlußreiche Diskussion der Dialektikkonzepte in der Frankfurter Schule und die Verteidigung Blochs gegen die in ihnen vorgebrachte Kritik am Blochschen Dialektikkonzept findet sich S. 90–129, die Theismus-Atheismus-Problematik schließlich in Teil IV der Arbeit, S. 204–284.
4) Vgl. Immanuel Kant, Kritik der reinen Vernunft (1781 A, 1787 B), A 598 f., B 626 f.
5) Friedrich Wilhelm Joseph Schelling, Philosophie der Mythologie, Bd. 1 (Teil 2, 1847–52), SW XI, S. 289. Schellings Werke werden nach der Ausgabe von K. F. A. Schelling (Sämtliche Werke = SW), Stuttgart: J. G. Cotta, 1856–1861 zitiert.
6) GA 15, 78.
7) Spinoza, Ethica (1677), in: ds., Opera – Werke, hrsg. von Konrad Blumenstock, Bd. 2, Darmstadt: Wissenschaftliche Buchgesellschaft, 1967, S. 84–557, hier S. 86.
8) Vgl. zum Unerforschlichen Kant (a.a.O., Anm. 4), A 613 f., B 641 f., zu Wissen und Glauben, a.a.O., B XXX.

9) SW VII, S. 359 (Philosophische Untersuchungen über das Wesen der menschlichen Freiheit und die damit zusammenhängenden Gegenstände, 1809, S. 331–416).
10) A.a.O., S. 361.
11) Bloch gibt in seinem Materialismusbuch ein ausführliches Zitat aus den Münchener Vorlesungen, GA 7, S. 225 f.
12) Diese Vorlesung ist von K. F. A. Schelling unter dem Titel »Zur Geschichte der neueren Philosophie. Münchener Vorlesungen« (1827/28) aus dem handschriftlichen Nachlaß herausgegeben worden, SW X, S. 1–200; das bei Bloch angeführte Zitat findet sich S. 100 f.
13) SW IV, S. 114 (Darstellung meines Systems der Philosophie, 1801, S. 105–221).
14) A.a.O. (Anm. 12), S. 99.
15) A.a.O.
16) A.a.O., S. 100.
17) A.a.O., S. 100 f.
18) A.a.O., S. 101.
19) A.a.O., S. 100.
20) A.a.O., S. 101.
21) A.a.O. (Anm,. 13), S. 154.
22) GA 7, S. 225.
23) A.a.O.
24) GA 7, S. 217. Im »System des transzendentalen Idealismus« (1800) bestimmt Schelling den Weg der Naturphilosophie dadurch, »daß das Objektive zum Ersten gemacht, und gefragt (wird): wie ein Subjektives zu ihm hinzukomme, das mit ihm übereinstimmt«. SW III, S. 327–634, hier S. 340.
25) GA 7, S. 217.
26) A.a.O., S. 216.
27) A.a.O., S. 223.
28) GA 7, S. 226.
29) GA 13, S. 203.
30) Unter anderem solche nach weiteren Quellen der Blochschen Schellingrezeption als die bisher vorliegenden. Z. B. verfügt das Ernst-Bloch-Archiv in Ludwigshafen über einen ungedruckten Brief Blochs aus dem Jahre 1952, in dem interessante Details über Blochs Kenntnis der frühen Naturphilosophie Schellings enthalten sind (Wortlaut des Briefs s. Anhang).
31) GA 7, S. 225.
32) A.a.O.
33) Das von K. F. A. Schelling herausgegebene nachgelassene Ms. der »Philosophie der Offenbarung« (SW XIII, XIV) wird von ihm auf das Jahr 1841 ff. datiert (SW XIII, S. VIII). Neuerdings datiert Frank die Einleitung dieses Ms. (SW XIII, S. 3–174) nach Vergleich mit der sog. Paulus-Nachschrift auf das Jahr 1842/43; vgl. Manfred Frank, Einleitung des Herausgebers, in: ds. (Hrsg.), F. W. J. Schelling, Philosophie der Offenbarung 1841/42, Frankfurt/M: Suhrkamp, S. 7–84, hier S. 46 und Anm. 121.

34) SW XIII, S. 83.
35) A.a.O., S. 161.
36) A.a.O., S. 161 Anm. 1.
37) A.a.O., S. 209.
38) A.a.O., S. 207.
39) A.a.O., S. 208.
40) A.a.O.
41) A.a.O. (Anm. 12), S. 100.
42) A.a.O.
43) A.a.O. (Anm. 33), S. 208.
44) Die erste Darstellung der Schellingschen Spätphilosophie, an der Erlanger Vorlesung von 1820/21 orientiert, findet sich a.a.O. (Anm. 1), S. 34–42.
45) Zu den näheren Umständen der von Frank dankenswerterweise wieder vorgelegten sog. Paulus-Nachschrift siehe seine instruktive Einleitung (a.a.O., Anm. 33).
46) Die ausführliche Beschäftigung mit der Paulus-Nachschrift wäre ein eklatanter Mißgriff, ließe sich nicht nachweisen, daß Bloch diese Schrift gekannt und aus ihr geschöpft hat, das aber ist schon wegen der Seltenheit dieser Schrift, auf die Frank hinweist (a.a.O., Anm. 33, S. 47), nicht selbstverständlich. Zu diesem Nachweis leistet Wüstehube nicht einmal einen Versuch, ja, die methodische Anlage seiner Arbeit läßt befürchten, daß ihm die Notwendigkeit dieses Nachweises gar nicht bewußt war. Dann verwundert auch nicht, daß Wüstehube die höchst anschaulichen Berichte aus Blochs eigenem Munde zu seinem Verhältnis zu Schelling nicht erwähnt, vgl. Arno Münster (Hrsg.), Tagträume vom aufrechten Gang. Sechs Interviews mit Ernst Bloch, Frankfurt/M: Suhrkamp, 1977, bes. S. 26 ff. vgl. auch: Rainer Traub und Harald Wieser (Hrsg.), Gespräche mit Ernst Bloch, Frankfurt/M: Suhrkamp, 1975, z. B. S. 30 und S. 262. Noch weniger als die Paulus-Nachschrift hat die Erlanger Vorlesung 1820/21, anhand deren Wüstehube eine Einführung in die Spätphilosophie Schellings gibt, eine Funktion in einer der Blochschen Schellingrezeption gewidmeten Arbeit, da sie erst 1969 ediert worden ist, also für die wesentliche Phase der Blochschen Schellingrezeption überhaupt keine Rolle spielen konnte, allenfalls das späteste Werk (Experimentum Mundi) hätte beeinflussen können. Der dieser Einführung vorangestellte Überblick über das Programm der Schellingschen Spätphilosophie (Wüstehube, a.a.O., Anm. 1, S. 34 f.) findet sich, was Wüstehube nicht erwähnt, bei Frank (vgl. Manfred Frank, a.a.O., Anm. 33, S. 43 f.). Der Mangel an stichhaltigen Informationen über Blochs Schellingrezeption, die an Blochs Schellinglektüre nicht orientierte Einführung in die Spätphilosophie Schellings und das Fehlen eines Begriffs der Rezeption, der erlaubte, ihre philologischen und philosophischen Probleme als Folie für Blochs Leistung zu diskutieren, wurzeln in dem unausgebildeten methodischen Bewußtsein der Arbeit Wüstehubes. Statt dessen beansprucht die Arbeit eine quasi universelle Sachzuständigkeit (Geschichts- und Sozialphilosophie, Dialektik, Ästhetik, Religionsphilosophie) und prätendiert, sich keine Beschränkung der von Bloch und Schel-

ling heranzuziehenden Schriften auferlegend, so etwas wie Allbelesenheit, eines wie das andere einer Schule entstammend, die nicht eben durch methodische Besonnenheit aufgefallen ist.

47) Der Zusammenhang, in den Wüstehube die von Bloch kommentierte Stelle aus dem Kapitel »Die Naturphilosophie« in Schellings Münchener Vorlesung 1827/28 rückt, ist ein an der Paulus-Nachschrift der »Philosophie der Offenbarung« orientiertes Referat des Übergangs von negativer zu positiver Philosophie. Wüstehube fragt nach der methodischen Sicherung des Beginns der positiven Philosophie, also danach, durch welches Mittel das »unvordenkliche Sein«, das nur »rein Seiende« zur Existenz des Anderen komme. Da außer dem rein Seienden ein Anderes existiert, das der Erfahrung gegebene Seiende, die »Faktizität des Seins« (Wüstehube, a.a.O., Anm. 1, S. 265), muß ein Übergang möglich sein. Das rein Seiende kann vor dem Übergang ins faktisch Seiende als ein solches vorgestellt werden, das sich nicht innehat, sein Herausgehen aus sich als der Versuch, zum Innehaben zu kommen. An diesem Punkt der begrifflichen Entwicklung fährt Wüstehube fort: »In den Münchner Vorlesungen beschreibt Schelling diesen Vorgang des sich-nicht-innehaben-Könnens auf sehr eindrucksvolle Weise; und genau diese Stelle und ihre emphatische Kommentierung findet sich an den verschiedensten Stellen des Blochschen Werkes. Schelling, die Natur- und Identitätsphilosophie rekapitulierend, geht hier auf das Problem ein, wie ein erstes Subjekt sich zu etwas machen, sich sich selbst objektiv werden könne« (S. 266). Zu diesem Versuch, den Fortgang der positiven Philosophie Schellings durch eine Stelle aus den Münchener Vorlesungen zu erläutern, ist folgendes zu bemerken. Schelling legt in seiner »Darstellung« 1801, der Grundschrift der Identitätsphilosophie, keinen Übergang des Absoluten in die Existenz dar, das (erste) Seiende oder die Materie wird vielmehr als Implikation der Konstruktion des Absoluten gesetzt; Schelling vertritt die These Spinozas: essentia involvit existentiam. In den Münchener Vorlesungen 1827/28 reformuliert er unter dem Titel Naturphilosophie den Gedankengang der »Darstellung«, indem er die Dynamik eines sich entwickelnden Subjekts einführt. Allerdings ist dieses Subjekt nur noch ein Gedankensubjekt, nur noch das reine Wesen der negativen Philosophie, »diese ganze Bewegung war eigentlich nur eine Bewegung des Denkens«, (SW X, S. 205) Schelling vertritt nunmehr mit der Scheidung der positiven von der negativen Philosophie die Gegenthese zu Spinoza: essentia *non* involvit existentiam. Wie unter *dieser* Prämisse der Übergang vom Wesen zur Existenz geschehen kann, das ist das Problem des Übergangs von der negativen zur positiven Philosophie. Zur Lösung dieses Problems trägt der Beginn der negativen Philosophie, jedenfalls unmittelbar, ersichtlich nichts bei, womit die Basis der von Wüstehube erstrebten Klärung entfällt.

Nur eine sorgfältige Unterscheidung der Denkformen Schellings könnte die philosophischen Bedingungen der Rezeption Blochs klären. Zu unterscheiden ist erstens die Denkform der Identitätsphilosophie in der »Darstellung«, zweitens die des davon abweichenden Referates des Beginns der Naturphilosophie in der Münchener Vorlesung, welche die relative Statik des Identitässystems in Prozessualität übersetzt, drittens die des Beginns der positiven Philosophie. Von den Differenzen der Schellingschen Denkformen wäre viertens noch die Weise, in der Bloch seinen eigenen Weg vom Daß zum Was, von Schellings Denken ausgehend, entwirft, zu unterscheiden. Erst dann wird die Art sichtbar, in der Bloch Schellings Texte und Denkformen aufnimmt, in der Regel sorgfältig, aber doch auch mit einer gewissen Rücksichtslosigkeit gegenüber dem historischen Schelling, die ihre Berechtigung in der inneren Logik seiner eigenen Denkform findet (und den Erforscher der Rezeption zu einem gegenteiligen, nämlich historisch pünktlichen Verfahren nötigt). Hier und da unterlaufen Bloch auch Fehler, etwa in der Identifikation des Schellingschen Ungrundes mit dem Urbösen, während Schelling mit dem Ungrund diejenige absolute Indifferenz benennt, von der weder gut noch böse prädiziert werden kann, damit übrigens auch den Sinn des Ungrundes bei Böhme treffend, der mit ihr Indifferenz und nicht den Hunger nach Existenz meint, wie Blochs Bezugnahmen nahelegen, (vgl. GA 7, S. 225; vgl. auch GA 8 [Subjekt-Objekt, Erläuterungen zu Hegel, 1949, erweiterte Ausgabe 1962] S. 396 und SW VII, S. 406 f., dazu auch Wüstehube, a.a.O., Anm. 1, S. 270 f.). Eine solche vierfache Differenzierung hätte die Gelegenheit geboten, die Grenzen der Blochschen Schellingrezeption aufzuzeigen, wobei die methodische Differenz der Leistung Blochs in der Ausbildung seiner eigenen Philosophie von einer Darstellung dieser Leistung im Rahmen der gegenwärtigen Bloch- und Schellingforschung hätte reflektiert werden müssen.

48) Vgl. jetzt: Dieter Wandschneider, Der Begriff der Materie im spekulativen Materialismus Ernst Blochs, in: Prima Philosophia 2 (1989), H. 1, S. 3–20 mit präzisem Referat des Blochschen Materiebegriffs, das allerdings den Einfluß Schellings auf Blochs Konzeption verkennt. Die kursorische Einführung des Naturbegriffs des jungen Schelling durch Wüstehube (a.a.O., Anm. 1, S. 70–81), läßt die Auseinandersetzung mit seinem Materiebegriff besonders schmerzlich vermissen, denn einer ist ohne den anderen undenkbar. Schelling galt die Konstruktion der Materie als »die einzige Aufgabe der Naturphilosophie« (Allgemeine Deduktion des dynamischen Prozesses oder der Kategorien der Physik, 1800, SW IV, S. 3). Allerdings fehlt der Forschung noch eine ausführlichere Arbeit zum Materiebegriff Schellings, so daß hier teilweise hätte Neuland betreten werden müssen. Siehe immerhin: Reinhard Heckmann, Hermann Krings, Rudolf W. Meyer (Hrsg.), Natur und Subjektivität. Zur Auseinandersetzung mit der Naturphilosophie des jungen Schelling, Stuttgart-Bad Cannstatt: frommann- holzboog, 1985 und Hans Jörg Sandkühler (Hrsg.), Natur und geschichtlicher Prozeß. Studien zur Naturphilosophie F. W. J. Schellings, Frankfurt/M: Suhrkamp, 1984.
Doch auch abgesehen von der fehlenden Darstellung des Materiebegriffs vermag die von Wüstehube vorgelegte Einführung in den Naturbegriff des jungen Schelling nicht zu überzeugen. So werden, was das Äußere angeht, die Schellingschen Frühschriften oft ohne Angabe ihrer Titel und ihrer Da-

tierung nebeneinander zitiert, als würden sie sich einfach ergänzen, so z. B. auf S. 73 die »Ideen« von 1797 (Ideen zu einer Philosophie der Natur als Einleitung in das Studium dieser Wissenschaft, SW II, S. 1–73) und der »Erste Entwurf« von 1799 (Erster Entwurf eines Systems der Naturphilosophie, SW III, S. 1–268); wo, an anderer Stelle, Daten mitgeteilt werden, unterlaufen ab und an Versehen, so wird »Philosophie und Religion« ins Jahr 1806 (S. 252), die Freiheitsschrift ins Jahr 1812 (S. 253) verlegt. Die rasche Entwicklung des Denkens des jungen Schelling verbietet es, nach heutigem Stand der Forschung, Texte aus dem Jahr 1797 und dem Jahr 1799 ohne Kennzeichnung ihrer Differenz nebeneinander heranzuziehen – auch hier war Bloch selbst in einer anderen Lage, zum einen, weil die ihm vorliegende Schellingrezeption noch nicht den Grad historischer Differenzierung aufwies wie die heutige Forschung, wesentlicher aber, weil er in der Lage war, einen eigenen systematisch bewährten Begriff der Materie ins Spiel zu bringen, demgegenüber Texte des frühen Schelling als Belege einer analogen Denkform gelten können, ohne daß jedesmal das Detail ihrer Differenzierung hätte bemerkt werden müssen. Für den Schelling der »Ideen« des Jahres 1797 ist Naturphilosophie ein Seitenstück zur Transzendentalphilosophie, und noch im »Ersten Entwurf« 1799 wird die Naturphilosophie der Transzendentalphilosophie untergeordnet, doch ist sie inzwischen selbst zur unbedingten Wissenschaft aufgestiegen, die Transzendentalphilosophie ist die (absolut) unbedingte Wissenschaft, die Naturphilosophie eine relativ unbedingte Wissenschaft (vgl. SW III, S. 11, auch S. 13). Rückblickend auf seine naturphilosophischen Schriften aus den Jahren 1799 und 1800 bestimmt Schelling im »System« von 1800 die Naturphilosophie neben der Transzendentalphilosophie als die eine der beiden »Grundwissenschaften« (SW III, S. 340), die als »ewig entgegengesetzte« (S. 331) das »ganze System der Philosophie« (S. 342) ausmachen. Seit der »Darstellung« des Jahres 1801, also seit dem Durchbruch zur Identitätsphilosophie, vereinigt er Natur- und Transzendentalphilosophie als ideelle und reelle Reihe ein und derselben absoluten Identität.

In den Ansatz der Naturphilosophie des jungen Schelling ist ohne Blick auf solche Differenzen nicht einzuführen. Bei Wüstehube heißt es: »Die Transzendentalphilosophie sah ganz richtig, daß wir nur das erkennen können, was wir selbst ›hervorgebracht‹ haben« (S. 73). Das ist bis auf das Wörtchen »nur« richtig, aber nicht radikal genug. Transzendentalphilosophie erkennt die Vernunft selbst als ein produktives, d. h. hervorbringendes Vermögen, sie erkennt nicht nur das »Hervorgebrachte«, das fertige Produkt, sondern das Hervorbringen selbst, den Akt des Produzierens, ja, die in der intellektuellen Anschauung aufgefaßte Vernunft *ist* dieser Akt. Wüstehube fährt fort: »Die Naturphilosophie geht aber über diese Erkenntnis noch hinaus, indem sie den Akt des Produzierens selbst thematisiert.« Das ist nun geradezu verkehrt. Für den Schelling des »Ersten Entwurfs« geht die Naturphilosophie keineswegs über die Transzendentalphilosophie hinaus, sie bleibt im Gegenteil hinter ihr zurück, denn nur die Transzendentalphilosophie erhebt sich zum »absolut-Unbedingten im menschlichen Wissen« (SW III, S. 11), wäh-

rend sich die Wissenschaftsqualität der Naturphilosophie daran zu bewähren hat, ob sie ihren Gegenstand, die Natur, als Unbedingtes auffassen kann. Dann darf Natur nicht als Seiendes begriffen werden, vielmehr ist nach dem »Prinzip des Seins, das nicht selbst ist« (SW III, S. 11 f.) zu fragen. Dieses Prinzip aber ist, gemäß der Transzendentalphilosophie, als die Tätigkeit, aus der alles Seiende ist, »das Konstruierende selbst« (a.a.O., S. 12). Natur wird also dann als Unbedingtes aufgefaßt, wenn sie als diese dem Naturseienden oder der existierenden Natur vorausliegende konstruktive Tätigkeit erkannt wird. Das erfordert, der Natur schon in ihrem Ursprung eine wenn auch verborgene Freiheit zuzuschreiben, »es wäre unmöglich, die Natur als ein Unbedingtes anzusehen, wenn nicht im Begriff des Seins selbst die verborgene Spur der Freiheit entdeckbar wäre« (a.a.O., S. 13). Schelling wird die Freiheit später als »bewußtloses Produzieren« bestimmen und damit sowohl für die Freudsche Psychoanalyse als auch für die Blochsche Philosophie des Dunkels des gelebten Augenblicks einen Anstoß geben.
49) Vgl. zu solchen notwendigen Differenzierungen die beiden vorhergehenden Anmerkungen sowie oben S. 19 f.
50) Theodor W. Adorno, Negative Dialektik, Frankfurt/M: Suhrkamp 1966, S. 15.
51) A.a.O., Anm. 1, S. 116.
52) A.a.O., S. 119.
53) Schon 1921 warnt Benjamin vor dem »naturgeschichtlichen Dogma« von der »natürlichen Zuchtwahl«, dessen praktische Konsequenz in dem rechtsphilosophischen Dogma bestehe, daß die Gewalt, die den Zwecken dieser Zuchtwahl angemessen, »darum auch schon berechtigt sei«. Vgl. Walter Benjamin, Zur Kritik der Gewalt, in ds. Gesammelte Schriften, Bd. II (hrsg. von Rolf Tiedemann und Hermann Schweppenhäuser), Frankfurt/M: Suhrkamp 1977, S. 179–203, hier S. 180.
54) Wo immer das Lob des Nichtidentischen gesungen wird, hat die Wahrhaftigkeit dieses Lobes ihr Kriterium daran, ob die Grenzlinie des Außer- vom Unvernünftigen im Nichtidentischen gezogen werden kann.
55) GA 13, S. 212.
56) A.a.O., S. 165–168, vgl. dazu Wüstehube, a.a.O. (Anm. 1), S. 121.
57) GA 13, S. 168.
58) GA 15, S. 26.
59) A.a.O., S. 78.
60) A.a.O.
61) Kant nennt transzendental diejenige Erkenntnis, »dadurch wir erkennen, daß und wie gewisse Vorstellungen (Anschauungen oder Begriffe) lediglich a priori angewandt werden« (a.a.O., Anm. 4, A 56, B 105). Von den reinen Verstandesbegriffen sagt Kant, daß sie »a priori auf Objekte gehen« (A 79, B 105).
62) A.a.O., B XXVI.
63) Kant spricht auch von dem, »den Erscheinungen zum Grunde liegenden transzendentalen Objekt« (A 613, B 641).
64) »Unerforschlich« ist für Kant ein exakter Begriff der Bestimmung des Ver-

hältnisses von transzendentalem Objekt und Erscheinungen, erforschlich hingegen sind alle Vernunftbestimmungen, da sie der Vernunft immanent sind, vgl. A 614, B 642.
65) Blochs Kategorienlehre in »Experimentum-Mundi« paraphrasierend kommt Wüstehube zum Resultat, daß Blochs Kategorien »als die eines ... Prozesses selber im Prozeß« sind (a.a.O., Anm. 1, S. 99). Zu den Folgen dieses Verlustes an Apriorität vgl. die Bemerkungen weiter unten S. 28.
66) GA 15, S. 77.
67) SW VII (Anm. 4), S. 407.
68) GA 15, S. 77.
69) SW VII (Anm. 4), S. 354.
70) Wer die Kategorien, in der Geschichte der Philosophie Repräsentanten vernünftiger Identität, zugunsten eines Nichtidentischen loswerden möchte, hätte in Bloch seinen entschiedensten Gegner. Das »Wegwerfen« von dergleichen Traditionsbeständen, »bis hin zum Geschwätz vom Ende der Kunst, warum nicht auch der Philosophie«, kommentiert Bloch bissig mit der Bemerkung: »Dergleichen Leichenzettel ergäben ja eine synthetische Erzeugung von Barbarei, als reiche deren natürliches Vorkommen nicht schon aus« (GA 15, S. 26).
71) Vgl. die immer noch instruktive Kontroverse: Existentialismus und Marxismus. Eine Kontroverse zwischen Sartre, Garaudy, Hyppolite, Vigier und Orcel, Frankfurt/M: Suhrkamp 1965.
72) A.a.O., Anm. 1, S. 127.
73) A.a.O., S. 128.
74) A.a.O., Anm. 4, A 293, B 350.
75) A.a.O., A 613, B 641.
76) A.a.O., A 421, B 449.
77) A.a.O.
78) SW IV, (Anm. 13), S. 115.
79) Georg Wilhelm Friedrich Hegel, Differenz des Fichte'schen und Schelling'schen Systems der Philosophie (1801), in: ds., Theorie-Werkausgabe, Bd. 2, Frankfurt/M: Suhrkamp 1970, S. 7–138, hier S. 37.
80) A.a.O., S. 39.
81) Vom Ich als Prinzip der Philosophie oder vom Unbedingten im menschlichen Wissen (1795), SW II, S. 149–244.
82) A.a.O., S. 195.
83) A.a.O.
84) Vorlesungen über die Methode des akademischen Studiums (1803), SW V, S. 207–352.
85) A.a.O., S. 267.
86) Vgl. dazu nur die spätere, hier nicht zu erläuternde, auf den ersten Blick das Absurde streifende Bestimmung des Geistes, deren dialektischer und spekulativer Kern darin besteht, daß die Identität des Geistes »absolute Negativität« ist. (Enzyklopädie der philosophischen Wissenschaften im Grundrisse, 1830, § 381).

87) SW VII, (Anm. 9), S. 414.
88) A.a.O., S. 406.
89) A.a.O., S. 407.
90) Walter Benjamin, Ursprung des deutschen Trauerspiels (1928), in: ds., Gesammelte Schriften, Bd. I, hrsg. von Rolf Tiedemann und Hermann Schweppenhäuser, Frankfurt/M: Suhrkamp 1974, S. 203–403, hier S. 226.
91) A.a.O.
92) A.a.O., S. 227.
93) Eine Dialektik, die heute anders als in der tragischen Zeit der Griechen, nicht mehr als der tragische, d. h. der schuldlos-verschuldete Untergang der Wahrheit, deren Untergang zugleich das Urbild höherer Humanität entwirft, gedeutet werden kann, die vielmehr von vorneherein als verschuldete, weil in der Freiheitsautonomie begründete gedacht werden muß. Diese moderne Schuld kann zwar entsetzlich, aber nicht mehr tragisch sein.
94) Der Frage der »Parteilichkeit« Blochs geht der Sohn Jan Robert in einem bemerkenswert nüchternen und nachdenklichen Artikel nach: Jan Robert Bloch, Wie können wir verstehen, daß zum aufrechten Gang Verbeugungen gehörten?, in: Bloch-Almanach 9 (1989), S. 73–113; zur Parteilichkeit vgl. vor allem S. 93. Nur wenige Jahre seines langen Lebens hat Bloch seine Parteilichkeit in den Schutz der Partei gestellt, die ihm angetane Befreiung von dieser Parteilichkeit hat Jan Robert Bloch mit einem großen Wort »Blochs Gnadenzeit« genannt (vgl. S. 98).
95) A.a.O., Anm. 1, S. 270; vgl. dazu die Arbeit des Vf., die eben jenen im »Prinzip Hoffnung« genannten »Kern der sich entwickelnden Materie« als »Heimat Blochschen Denkens« bestimmt; vgl. Bloch-Almanach 9 (1989), S. 123–145, hier S. 125.
96) A.a.O., Anm,. 1, S. 283.
97) A.a.O.
98) Vgl. GA 13, S. 204.
99) SW XIV, (Anm. 33), S. 7.
100) Meister Eckhart, Prologus in opus propositionum (um 1311/13), in: ds., Die lateinischen Werke, Bd. 1, hrsg. von Konrad Weiss, Stuttgart 1937/65, S. 166–182, hier S. 166.
101) Friedrich Heinrich Jacobi, Über die Lehre des Spinoza in Briefen an Herrn Moses Mendelssohn (1785, zweite erweiterte Auflage 1789), in: ds. Werke IV, Teilband 1 (1819), Neudruck Darmstadt: Wissenschaftliche Buchgesellschaft 1980, S. 216.
102) Georg Wilhelm Friedrich Hegel, Vorlesungen über die Geschichte der Philosophie, Bd. III, Theorie-Werkausgabe Bd. 20, Frankfurt/M: Suhrkamp 1971, S. 163.
103) Schelling spricht vom Vorwurf, der dem Spinozismus, aber auch seinem eigenen Identitätssystem gemacht wurde, daß es »die Personalität des höchsten Wesens aufhebe« – und hält dagegen, daß er »in dieser Abhandlung (sc. »Über die menschliche Freiheit . . .«) den ersten deutlichen Begriff derselben (sc. Persönlichkeit des höchsten Wesens) aufgestellt zu haben« glaube; SW VII, Anm. 9, S. 412.

104) Johann Baptist Metz, »Neugierde, Jagdtrieb und Flügelschlag«. Ernst Bloch im Spiegel eines theologisch-philosophischen Tagebuchs, in: Karola Bloch und Adelbert Reif (Hrsg.), »Denken heißt Überschreiten«. In memoriam Ernst Bloch 1885–1977, Köln, Frankfurt/M: Europäische Verlagsanstalt 1978, S. 78–89, hier S. 79.
105) Ernst Bloch, Vom Sinn der Bibel. Religion ohne Aberglaube? Ein Gespräch mit Bernd Stappert (1974), in: a.a.O., Anm. 46, S. 176–190, hier S. 177.
106) A.a.O., S. 182 f.
107) GA 5, S. 347.
108) A.a.O., Anm. 105, S. 189.

ERNST BLOCH ZU LUDWIG FEUERBACH
Auf der »deutschen Heilslinie« von Hegel zu Marx

Von Matthias Meyer

Im philosophischen Denken Ernst Blochs ist Ludwig Feuerbach präsent.[1]) Dies wird nicht nur anhand der Textstellen sichtbar, die auf Ludwig Feuerbach rekurrieren, sondern es ist angesichts expliziter Bezüge auch eine klare Option von Bloch nachweisbar. Im Pro-und-Contra urteilt Ernst Bloch. Neben zahlreichen Erwähnungen im Gesamtwerk tritt Feuerbach besonders in der Schrift »Das Prinzip Hoffnung« in den Blick, die 1938–1947 entstand. Die ersten drei Teile erschienen 1954, 1955 und 1959 in der DDR, alle fünf Teile wurden in der Bundesrepublik 1959 veröffentlicht.

Einen ersten expressionistisch-ausdrucksstarken, philosophisch eigenwilligen, durch bisher gebräuchliche Kategorien kaum zu erfassenden Entwurf seines Denkens hatte Bloch 1918 in »Geist der Utopie« gegeben. Nachdem er diesen Denkansatz an der Gestalt des dem linken Flügel der Reformation zugerechneten Reformators Thomas Müntzer (1921) weitergeführt hatte, folgte der historisch-philosophischen Arbeit ein stärker die zeitgenössischen Fragestellungen der Zeit aufgreifendes Werk; »Erbschaft dieser Zeit« als kritische Darstellung der zwanziger Jahre überhaupt. Die Zeit der großen philosophischen Systeme scheint beendet, stärker sichtbar wird subjektivitätsorientiertes Philosophieren im anfangenden zwanzigsten Jahrhundert:

»Nur in diesem Bezug ist gewiß, daß Nietzsche, ja summarisch gesprochen, daß die ›Subjektivisten‹ der Neuzeit in so verschiedener Gestalt: Münzer, Kant, Kierkegaard, Feuerbach, Nietzsche, daß die gründlichen Humanisten und Atheisten, in denen das ausgelöschte Jenseits fruchtbar und auf die Zukunft des Menschen zurückgebracht worden ist, – daß also auch der zum Wohin und Überhaupt ausfahrende Nietzsche noch lebt, wenn die großen Systematiker der geschlossenen Welt lange zu Ende erfahren sind.« (GA IV, 364).

Gegen zielloses oder nihilistisches Denken baut Bloch erneut die Tradition von »Hegel–Feuerbach–Marx« auf (GA IV, 269). Nach dem Vorwort zur Arbeit »Erbschaft dieser Zeit« aus dem Jahr 1935 (GA IV, 15–20) folgt eine »Nachschrift 1962« (GA IV, 20–22). Dort heißt es:

»Die berühmte elfte Feuerbachthese von Marx sagt: Die bisherigen Philosophen haben die Welt nur verschieden interpretiert, es kommt aber darauf an, sie zu verändern.« (GA IV, 21)

In diesem Werk hat Blochs Beschäftigung mit Feuerbach begonnen. In der Emigration in den USA (1938–1949) ging er nun daran, seine marxistisch-messianische Philosophie der Utopie darzulegen und begrifflich, historisch und systematisch auszubauen. Ein einschlagender Textabschnitt widmet sich dabei der Interpretation und Kommentierung der elf Feuerbach-Thesen von Marx (GA V, 288–334). Der zweite Teil von »Das Prinzip Hoffnung« versteht sich als »Grundlegung«, mit dem Ziel, das antizipierende Bewußtsein zu beleuchten. In diesem Teil verankert Bloch seine Interpretation der elf Feuerbach-Thesen von Marx. Häufig bezieht er sich auf sie, die, wie Ernest Mandel festhält, »die eigentliche Geburtsurkunde des Marxismus«[2]) verkörpern.

Die zentrale Stellung der Feuerbach-Thesen und der Philosophie Feuerbachs wird im Gesamtwerk der Philosophie Blochs nachgewiesen. In immer wieder neuen Anläufen setzt sich Bloch mit Feuerbach auseinander. Wesentliche Bezüge werden im folgenden mit Textbezug und Verweis herausgearbeitet. Schon jetzt drängt sich eine Frage auf: Ist Feuerbach für Bloch nur Geburtshelfer des Marxismus oder auch ein eigenständiger Philosoph? Wird, sollte eine Eigenständigkeit nachgewiesen werden, Bloch diese bejahen oder eher als überholt ablehnen?

1. Der philosophiegeschichtliche Ort Feuerbachs

Bloch liest Feuerbach auf dem Hintergrund der klassischen deutschen Philosophie. Ihr humanistisches Erbe wird rezipiert:

»Der Mensch als einziger Zweck: so allgemein auch dies Humane und gar das Abstraktum ›Menscheit im Menschen‹ bei Kant noch vorliegen, übrigens bis Feuerbach einschließlich vorgelegen haben, es ist damit die Ausbeutung schlechthin verneint.« (GA V, 1022 f.)

Kants praktische Philosophie wird, wohlwissend um die Gültigkeit des kategorischen Imperativs, Grundlage anthropologischen Denkens.

»Erleuchtend dafür ist ein wahrhafter Blitz- und Donnersatz aus dem ›Streit der Fakultäten‹, 1798, also einer sehr späten Schrift, ohne Pardon für Bourgeoisie und Feudalismus zusammen: ›Denn für die Allgewalt der Natur oder vielmehr ihrer uns unerreichbaren obersten Ursache ist der Mensch nur eine Kleinigkeit. Daß ihn aber auch die Herrscher von seiner eigenen Gattung dafür nehmen und als eine solche behandeln, indem sie ihn teils tierisch, als bloßes Werkzeug ihrer Absichten, belasten, teils in ihren Streitigkeiten gegeneinander aufstellen, um sie schlachten zu lassen – das ist keine Kleinigkeit, sondern Umkehrung des Endzwecks der Schöpfung selbst‹ (Werke, Hartenstein, VII, S. 402 f.).« (GA V, 1023)

Im Anschluß an Kant ist das Humanum benannt und dessen Gefährdung erkannt. Allgemeingültigkeit und Anspruch des kategorischen Imperativs stehen außer Frage, auch wenn er nicht »in der nach Kant gekommenen rein kapitalistischen Welt, in der Betrugswelt, die Hegel das ›geistige Tierreich‹ nannte«, gesellschaftlich praktisch wurde. Hier wird ein Praxis-Defizit deutlich (GA V, 1025). Dies klagt Bloch auf der Grundlage marxistischen Denkens konsequent ein.

Den hermeneutischen Schlüssel zur Lektüre Feuerbachs erhält Bloch aus der Hand von Karl Marx: Die 11 »Thesen über Feuerbach«. Sie wurden von Karl Marx im Frühjahr 1845 geschrieben und sind in seinem Notizbuch 1844–1847 unter der Überschrift »1. ad Feuerbach« enthalten. Friedrich Engels veröffentlichte sie im Jahre 1888 zum ersten Male, und zwar als Anhang zu dem revidierten Sonderabdruck seiner Schrift »Ludwig Feuerbach und der klassische Ausgang der deutschen Philosophie« unter der Überschrift »Marx über Feuerbach« (GA V, 289).[3])

Bloch überschreibt seine Darlegungen: »WELTVERÄNDE-RUNG ODER DIE ELF THESEN VON MARX ÜBER FEUER-BACH« (GA V, 288). Zu seiner Schrift »Ludwig Feuerbach« bemerkt Engels, was Bloch zitiert, im Vorbericht: »Es sind Notizen für spätere Ausarbeitung, rasch hingeschrieben, absolut nicht für den Druck bestimmt, aber unschätzbar als das erste Dokument, worin der geniale Keim der neuen Weltanschauung niedergelegt ist.« (GA V, 289) Feuerbachs Bruch mit seinem Lehrer Hegel hatte auf den jungen Marx einen entscheidenden Einfluß ausgeübt, dem Bloch nachgeht.

»Wie bekannt, hatte diese so ›humanistische‹ wie ›naturalistische‹ Absage an Hegel (mit Mensch als Hauptgedanke, Natur statt Geist als Prius) auf den jungen Marx einen starken Einfluß.« (GA V, 289)[4])

Die Rezeption Feuerbachs bei den Linkshegelianern gibt Bloch wieder und benennt mit Titeln wichtige Arbeiten des Hegel-Schülers und -Kritikers.

»Feuerbachs ›Das Wesen des Christentums‹, 1841, seine ›Vorläufigen Thesen zur Reform der Philosophie‹, 1842, auch noch seine ›Grundsätze der Philosophie der Zukunft‹, 1843, wirkten desto befreiender, als auch die linke Hegelschule von Hegel nicht loskam, vielmehr über eine lediglich innerhegelsche Kritik am Meister des Idealismus nicht hinausging.« (GA V, 289)[5])

Die Schrift »Das Wesen des Christentums« mit dem Grundgedanken, daß das »Geheimnis der Theologie die Anthropologie« ist, was a priori religionskritisch belegt und bewiesen wird – das ist Feuerbachs Anspruch –, ist aufgeführt. Die spätere religionskritische Hauptschrift

»Das Wesen der Religion« von 1848 versucht den Nachweis, daß der Grundgedanke der Christentumsschrift zu erweitern ist. Neben der Anthropologie als Geheimnis der Theologie kommt nun die Physiologie in den Blick, kurz der Mensch als Teil der Natur.[6])

Bloch ist fasziniert von Feuerbachs Ausstrahlung:

»›Die Begeisterung‹, sagt Engels im ›Ludwig Feuerbach‹ noch an die fünfzig Jahre später, rückblickend, ›war allgemein: wir waren alle momentan Feuerbachianer. Wie enthusiastisch Marx die neue Auffassung begrüßte, und wie sehr er – trotz aller kritischen Vorbehalte – von ihr beeinflußt wurde, kann man in der ›Heiligen Familie‹ lesen‹ (Ludwig Feuerbach, Dietz 1946, S. 14). Die deutsche Jugend von damals glaubte statt Himmel endlich Land zu sehen, menschlich, diesseitig.« (GA V, 289)

Karl Marx teilt die Kritik der Religion Feuerbachs. Er setzt die Kritik für richtig, aber auch für abgeschlossen voraus. Von der Kritik der Religion gelangte Marx zur Kritik des Staates, »ja bereits der gesellschaftlichen Organisation, die – wie die ›Kritik der Hegelschen Staatsphilosophie‹ (1841–1843) erkennt – die Form des Staates bestimmt« (GA V, 290).

Bloch beschreibt zustimmend die Ablösung von Marx im Gegenüber zu Feuerbach:

Es »sind die ›Ökonomisch-philosophischen Manuskripte‹ bereits viel weiter, als sie aussprechen, über Feuerbach hinaus. Das Verhältnis ›des Menschen zum Menschen‹ bleibt in ihnen kein abstrakt-anthropologisches überhaupt, wie bei Feuerbach, vielmehr dringt die Kritik der menschlichen Selbstentfremdung (von der Religion auf den Staat übertragen) bereits zum ökonomischen Kern des Entfremdungsvorgangs . . . Der Durchbruch zur politischen Ökonomie, also weg von Feuerbachs allgemeinem Menschen, vollzieht sich in dem ersten zusammen mit Engels unternommenen Werk, in der ›Heiligen Familie‹, ebenfalls 1844 . . . die ›Heilige Familie‹ notierte den Kapitalismus selber als den Quell dieser stärksten und letzten Entfremdung. Statt des Feuerbachschen Gattungsmenschen, mit seiner gleichbleibenden abstrakten Natürlichkeit, erschien nun deutlich ein historisch wechselndes Ensemble gesellschaftlicher Verhältnisse und vor allem: ein klassenmäßig antagonistisches«. (GA V, 290 f.)[7])

Bloch ordnet Feuerbach »noch zur bürgerlichen Ideologie« (GA V, 292). Die »Deutsche Ideologie« beginnt mit dem Namen Feuerbach (GA V, 292). Indem Feuerbach die Sinnlichkeit als Wesensmerkmal der Anthropologie hervorhebt, unterscheidet er sich von den reinen Materialisten, die im Geist der Zeit ein mechanistisches Menschenbild vertreten. »Feuerbachs anthropologischer Materialismus bezeichnet so den . . . Übergang vom bloß mechanischen Materialismus zum historischen.« (GA V, 292)⁸) So faßt Bloch die Ausarbeitung des anthropologischen Denkansatzes bei Feuerbach zusammen, indem er im Sinne von Marx feststellt:

»Die Kritik sagt: ohne die Konkretisierung des Menschlichen zu wirklich existierenden, vor allem gesellschaftlich tätigen Menschen, mit wirklichen Verhältnissen zueinander und zur Natur, wären Materialismus und Geschichte eben dauernd auseinandergefallen, trotz aller ›Anthropologie‹.« (GA V, 292)

Bei der philosophiegeschichtlichen Einordnung Feuerbachs durch Bloch ergibt sich ein klares Bild. Inmitten aller Zustimmung, Anfragen und Kritik hebt sich eine deutliche Linie für Bloch ab:

»Feuerbach steht vielmehr auf jener deutschen Heilslinie, die von Hegel zu Marx führt, so wie die deutsche Unheilslinie von Schopenhauer zu Nietzsche und den Folgen führt.« (GA V, 318)⁹)

Am Ende der »Heilslinie« erstarkt der Atheismus, hingegen am Ende der »Unheilslinie« der Nihilismus. Exponenten beider sich radikal ausschließender Entwicklungslinien sind eben Feuerbach und Nietzsche. Beide sind Kritiker von Religion und Theologie. Das Ergebnis ihrer jeweiligen Kritik ist ganz unterschiedlich: »Die durch den ehemaligen Gott bezeichnete Stelle ist so nicht selber ein Nichts; das wäre sie erst, wenn Atheismus Nihilismus wäre.« (GA V, 1412) Der Konjunktiv signalisiert, daß beide philosophischen Haltungen nicht identisch sind.

»Der echte Materialismus, der dialektische, hebt eben die Transzendenz und Realität jeder Gott-Hypostase auf, ohne aber das mit einem Ens perfectissimum Intendierte aus den letzten Qualitätsinhalten des Prozesses, aus der Realutopie eines Reichs der Freiheit zu entfernen«. (GA V, 1413)

Als Fortführung der Heilslinie von Hegel über Feuerbach zu Marx formuliert Bloch sein religionsphilosophisches Credo:

»Dasein Gottes, ja Gott überhaupt als eigene Wesenheit ist Aberglaube; Glaube ist einzig der an ein messianisches Reich Gottes – ohne Gott . . . ohne Atheismus hat Messianismus keinen Platz.« (GA V, 1413)

Spricht hier ein mit Feuerbachschem Wasser gewaschener und mit atheistischem Geist »getaufter« Bloch? Ist somit Bloch in unserem Jahrhundert Feuerbach redivivus?

2. Blochs Kommentar zu den 11 »Thesen über Feuerbach«

Bloch versucht, die Thesen nach ihrer Zusammengehörigkeit zu ordnen. Eine nummerngetreue Gruppierung sieht folgendermaßen aus:

»Thesen 1, 2, 3 stehen unter: Einheit von Theorie und Praxis im Denken, Thesen 4 und 5 unter: Verständnis der Wirklichkeit in Widersprüchen, Thesen 6, 7, 8 unter: Die Wirklichkeit selber in Widersprüchen, Thesen 10, 11 unter: Ort und Aufgabe des dialektischen Materialismus in der Gesellschaft.« (GA V, 293 f.)

Gegen eine arithmetische Systematisierung stellt Bloch eine systematisch-reflektierende Anordnung: Erstens die erkenntnistheoretische Gruppe: Anschauung und Tätigkeit (Thesen 5, 1, 3); zweitens die anthropologisch-historische Gruppe, Selbstentfremdung, ihre wirkliche Ursache und den wahren Materialismus betreffend (Thesen 4, 6, 7, 9, 10); drittens die zusammenfassende oder Theorie-Praxis-Gruppe, Beweis und Bewährung betreffend (Thesen 2, 8). Als abschließend wichtigste These 11 erscheint das »Losungswort, worauf sich nicht nur die Geister endgültig scheiden, sondern mit dessen Gebrauch sie aufhören, nichts als Geister zu sein«. (GA V, 294)

2.1. Erkenntnistheoretische Gruppe: Anschauung und Tätigkeit

Bloch begrüßt bei Feuerbach die grundlegende Stellung der Sinnlichkeit für den Erkenntnisvorgang, klagt jedoch die »defizitäre menschliche Tätigkeit« ein. Diese Kritik folgt dem Insistieren auf menschliche Praxis im Sinne von Karl Marx: »An Stelle der untätigen Betrachtung, worin aller bisheriger Materialismus, einschließlich des Feuerbachschen, verharrt, tritt so der Faktor menschliche Tätigkeit.« (GA V, 295)[10] Feuerbachs erkenntnistheoretischer Ansatz wird aus dem Erbe griechischer Philosophie interpretiert und kritisiert; im Sinne der »Schau, der visio, der passiven Abbildung . . . Auch Plato ist derart am Ende, cum grano salis, empfangender Sensualist«. (GA V, 296)

Bloch stößt von einem hinter dem neuzeitlich profitorientierten Arbeitsethos auf ein Verständnis von Arbeit durch, das ein Verständnis von Arbeit für den erkenntnistheoretischen Vorgang als konstitutiv einzeichnet. In dem Arbeitsbegriff ist Tätigkeit gesetzt, der gekoppelt mit Anschauung, im Sinne materialistischer Anschauung, die erkenntnistheoretische Grundlage setzt. Bloch stellt neben das Theorie- das Praxismoment, so daß bei seiner Interpretation von Anschauung und

Tätigkeit im Anschluß an Feuerbach von einem Wechselverhältnis von Theorie und Praxis im Erkenntnisvorgang auszugehen ist. Präzisierend ist so von einer erkenntnistheoretisch-praktischen Gruppe zu sprechen. Die Auslassung des Arbeitsbegriffs ist derart, »bis Feuerbach einschließlich«, feststellbar. (GA V, 297)

»Rationale Erzeugung« lehrt einzig der Materialist Hobbes, dessen Grundsatz bis Kant Gültigkeit hat: »Nur solche Gegenstände sind erkennbar, die mathematisch konstruierbar sind.« (GA V, 297)

Bloch markiert einen wichtigen Wendepunkt in der erkenntnistheoretischen Fragestellung: der Übergang von der »›Erzeugung‹ aus der geometrischen Konstruktion in die wirkliche Arbeitsgestalt der historischen Genesis« (GA V, 297). Der Wendepunkt ist mit Hegels Denkarbeit verbunden:

». . . erst die ›Phänomenologie des Geistes‹ machte mit der Dynamik des erkenntnistheoretischen Arbeitsbegriffes immerhin historisch-idealistischen Ernst.« (GA V, 297)[11])

Bloch interpretiert Feuerbach gleichsam in einer Zangenbewegung: von hinten mit Hegel und von vorne mit Marx.

»Kein besserer Zeuge für diese Bedeutung der Hegelschen Phänomenologie, der von Feuerbach überhaupt nicht verstandenen, als Marx in den ›Ökonomisch-philosophischen Manuskripten‹: die Größe der Phänomenologie wird von Marx darin gesehen, daß sie ›das Wesen der Arbeit faßt und den gegenständlichen Menschen . . . als Resultat seiner eigenen Arbeit begreift‹ (MEGA I, 3, S. 156).« (GA V, 297 f.)

Dabei diagnostiziert er ein bedeutendes Defizit in Feuerbachs Denken, indem es im Anschluß an den Satz von Karl Marx heißt:

»Dieser Satz also erläutert aufs beste das angegebene Manko des bloß anschauenden Materialismus, bis Feuerbach einschließlich: dem bisherigen Materialismus fehlt die dauernd oszillierende Subjekt-Objekt-Beziehung, die Arbeit heißt.« (GA V, 298)

Blochs immer wiederkehrende Worte »bis Feuerbach einschließlich« zeigen, daß erst nach Feuerbach der Durchbruch im erkenntnistheoretisch-praktischen Verständnis erfolgte, indem der Arbeitsbegriff für den Erkenntnisvorgang ursprünglich mitgesetzt ist. Der arbeitende Mensch wird somit für Bloch nicht erst innerhalb der Anthropologie thematisiert, sondern ist Ausgang philosophischen Denkens überhaupt. Deshalb wird Feuerbach kritisch von Bloch gesehen:

»Jener Feuerbach, der keinerlei revolutionären Auftrag spürte, der über den Menschen als naturhaftes Gattungswesen nie hinauskam, hatte für dieses vermehrte, um die menschliche Aktivität vermehrte Prius keinerlei Sinn.« (GA V, 302)

2.2. Anthropologisch-historische Gruppe: Selbstentfremdung und der wahre Materialismus

Feuerbachs anthropologische Kritik der Religion übernimmt Karl Marx. Der Religionskritik stimmt Bloch selbstredend zu. Er paraphrasiert die Thesen 4, 6, 7, 9, 10. Wichtig werden dabei zwei Schlüsselbegriffe. Erstens: Die religiöse Selbstentfremdung (These 4), zweitens: Die Auflösung des religiösen Wesens in das menschliche Wesen (These 6). Bei der Gegenüberstellung von Individuum und abstraktem Humanum gilt: Die gesellschaftlichen Bezüge bleiben bei Feuerbach unberücksichtigt. Hier erblickt Bloch Nachwirkungen der Stoa »im Naturrecht, in den Toleranzideen der bürgerlichen Neuzeit« bis hin auf Feuerbach (GA V, 304). Über den Neustoizismus, und im »abstrakt-erhabenen Citoyenbegriff und im Kantischen Pathos einer Menschheit überhaupt, das den Citoyen deutsch-moralisch reflektierte«, ortet Bloch Begriffe, die bei Feuerbach zu »seinem Abstrakt-Genus Mensch« eingeschmolzen sind. Mit Marx kritisiert Bloch den fehlenden Gesellschaftsbezug in Feuerbachs Anthropologie. Bloch nimmt wahr, daß Marx die Anthropologie Feuerbachs aufgreift, kritisiert und weiterführt. Hier ist von einer Entmystifizierung in zwei Stufen zu sprechen. Marx bejaht, daß Feuerbach die Religion anthropologisierend einer Entmystifizierung unterzieht und sie als Selbstentfremdung des Menschen interpretiert. In einer zweiten Stufe überträgt Marx die Entmystifizierung auf das anthropologische Ergebnis Feuerbachs. Das kommentiert Bloch folgendermaßen:

»Marxens Fortführung der Selbstentfremdung ist daher nicht nur Konsequenz, sondern erneute Entzauberung, nämlich Feuerbachs selbst oder der letzten, der anthropologischen Fetischisierung.« (GA V, 307)

Die Entzauberung Feuerbachs beinhaltet für Bloch, Feuerbachs Anthropologie konsequent von und mit Marx zu lesen, um dabei auch nicht der Versuchung zu erliegen, wieder im idealistischen Rückfall die beiden Stufen der Entmystifizierung einzuebnen.

So bekennt sich Bloch eindeutig zum Marxismus:

»Der Marxismus dagegen ist auch in Ansehung der Religion kein ›Idealismus nach vorwärts‹, sondern Materialismus nach vorwärts, Fülle des Materialismus ohne einen schlechten entzauberten Himmel, der auf die Erde geführt werden müßte.« (GA V, 310)[12])

2.3. Theorie-Praxis-Gruppe: Beweis und Bewährung

Bloch geht es darum, den adäquaten Theorie-Praxis-Bezug darzulegen. In der Stimmigkeit des Bezuges wird das Wahrheitskriterium manifest. »Wahrheit ist kein Theorie-Verhältnis allein, sondern ein Theorie-Praxis-Verhältnis durchaus.« (GA V, 311) Das Wahrheitskriterium und die Relevanz der Problemstellung wird in These 2 zur Sprache gebracht:

»Die Frage, ob dem menschlichen Denken gegenständliche Wahrheit zukomme, ist keine Frage der Theorie, sondern eine praktische Frage. In der Praxis muß der Mensch die Wahrheit, das heißt die Wirklichkeit und Macht, die Diesseitigkeit seines Denkens beweisen. Der Streit über die Wirklichkeit oder Nichtwirklichkeit eines Denkens, das sich von der Praxis isoliert, ist eine rein scholastische Frage.« (GA V, 311)

Deshalb bedeutet für Bloch eine Konfrontierung mit klassischen Theorie-Praxis-Anwendungsbeispielen, das eigene Denken in überwundene Theorieansätze zu verstricken. Daß dabei klassische Theorieansätze selbst auf Praxis abzielten, gilt für Bloch als gesichert. Verwiesen wird auf Sokrates, Platon, Augustin, Wilhelm von Occam, den »nominalistischen Destruktor der Papstkirche«, und selbst auf Bacon (GA V, 312). Fichtes »Philosophie der Tat«, Hegels Geistphilosophie und Fortführungen im Anschluß an Hegel führen nicht zu einer Suspension des Urteils, sondern lassen eine unzweideutige Option Blochs erkennen: »Die Praxisbegriffe bis Marx sind also völlig verschieden von dessen Theorie-und-Praxis-Konzeption, von der Lehre der Einheit zwischen Theorie und Praxis.« (GA V, 315)

Unter die Praxisbegriffe bis Marx ist nun auch Feuerbachs Philosophie in praktischer Absicht subsumiert. Mit Rekurs auf Feuerbachs Schrift »Grundsätze der Philosophie der Zukunft« wird Blochs Interpretation zu einer erklärten Polemik:

»Feuerbachs Bergpredigt-Karikatur schließt jede Härte in der Verfolgung des Unrechts aus, jede Laxheit im Klassenkampf ein; genau deshalb empfiehlt sich genereller Liebes-›Sozialismus‹ allen Krokodilstränen einer kapitalistisch interessierten Philantropie.« (GA V, 316)

Gegenüber den in den »Grundsätzen der Philosophie der Zukunft« ersichtlichen Ansätzen einer Ich-Du-Philosophie – sicher eine der stärksten Leistungen Feuerbachs als konstruktives Moment seiner Hegel- und Idealismuskritik – spricht Bloch von Liebes-»Sozialismus«[13]).

Mit Rückgriff auf Thomas Müntzer und dessen Rede vom »gedichteten Glauben« urteilt Bloch entsprechend dem, was »gedichtete Liebe« genannt worden ist und im Anschluß an Feuerbach und andere genannt werden müsse (GA V, 317). Dieser Ansatz bedeutet für Bloch nur erheuchelte Menschenliebe, die als »Kriegswaffe gegen den Kommunismus« gerichtet werde. Gleichsam als Vergeltungswaffe bedient sich Bloch des Mystizismus-Vorwurfes gegen Feuerbach. Der Mystizismus ist für Bloch Inbegriff eines Rückfalls in den Idealismus:

»Mitsamt dem Mystizismus, der schon bei Feuerbach nicht fehlt, hier immerhin noch ›Idealismus nach vorwärts‹, also ein progressiver sein möchte, und der im gestaltlosen Sausen seiner Herzenserfüllung, seiner anthropologisch gemachten Gottväterlichkeit noch kein schlimmeres Manko hatte als das angegebene schlecht entzauberte, freireligiöse Philistertum.« (GA V, 317)

Hinter der scharfen Kritik an Feuerbach steht die 8. These von Karl Marx:

»Alle Mysterien, welche die Theorie zum Mystizismus verleiten, finden ihre rationelle Lösung in der menschlichen Praxis und in der rationellen Lösung der Praxis.« (GA V, 317)

Trotz partieller Zustimmung zu Feuerbachs anthropologischem Materialismus gelangt Bloch zu einem Urteil, das auf dem Boden des historischen Materialismus erwachsen ist. So gilt, daß Feuerbach »auf jener deutschen Heilslinie, die von Hegel zu Marx führt«, steht, dennoch in Hinsicht des Theorie-Praxis-Verhältnisses einer eindeutigen, um nicht zu sagen vernichtenden Kritik ausgesetzt wird:

»Am ethischen Schluß von Feuerbachs Philosophie der Zukunft fehlen so Philosophie wie Zukunft; Marxens Theorie um der Praxis willen hat beide in Funktion gesetzt, und die Ethik wird endlich Fleisch.« (GA V, 318)

Blochs Rede von der Inkarnation der Ethik, die an Johannes 1,1 erinnert, drückt selbst noch in der Sprache der Theologie die Fleischwerdung im Kontext des historischen Materialismus aus.

2.4. Das Losungswort und sein Sinn

Die letzte der 11 Marx-Thesen zu Feuerbach lautet wie der Schlußsatz eines Manifestes: »Die Philosophen haben die Welt nur verschieden interpretiert, es kömmt drauf an, sie zu verändern.« (GA V, 319; MEW 3,7)

Bloch ist durch die Kürze und Prägnanz dieser 11. These angesprochen: »die kostbarste These über Feuerbach« (GA V, 321).

Statt einer Verfälschung des Aussagegehaltes der kurzen These stellt Bloch das Wesentliche und Neue in der marxistischen Philosophie heraus: »Das schlechhin Neue in der marxistischen Philosophie besteht in der radikalen Veränderung ihrer Grundlage, in ihrem proletarisch-revolutionären Auftrag.« (GA V, 326)

Gegenüber einseitigen Praktikern fordert Bloch die Verwirklichung der Philosophie, gegenüber reinen Theoretikern umgekehrt die Aufhebung der Philosophie. Die doppelte Struktur der Philosophie zwischen Verwirklichung und Aufhebung hat ihren Denkansatz in der Arbeit von Karl Marx: »Einleitung zur Kritik der Hegelschen Rechtsphilosophie« von 1844: »Die Philosophie kann sich nicht verwirklichen ohne die Aufhebung des Proletariats, das Proletariat kann sich nicht aufheben ohne die Verwirklichung der Philosophie.« (GA V, 327)

In der Gegenüberstellung von Philosophie und Proletariat wird die bereits benannte Gegenüberstellung von Theorie und Praxis angezeigt. Dabei hat die Zuordnung von Theorie und Praxis nicht monokausal zu erfolgen. Die Philosophie umfaßt in dialektischer Einheit und Unterschiedenheit Theorie und Praxis als Teile ihrer selbst. Daß Theorie und Praxis ihrerseits für das Verständnis des Proletariats konstitutiv sind, versteht sich für den Marxismus von selbst.

3. Der archimedische Punkt im Verständnis Feuerbachs

Für Bloch liegt in der 4. These zu Feuerbach der archimedische Punkt, von dem aus die alte Welt aus den Angeln zu heben, die neue daraufhin in die Angeln zu heben ist. Da die 4. These so zum Wendepunkt vom Idealismus zum historischen Materialismus für Bloch geworden ist, gilt es dabei innezuhalten.

»Feuerbach geht von dem Faktum der religiösen Selbstentfremdung, der Verdoppelung der Welt in eine religiöse und eine weltliche aus. Seine Arbeit besteht darin, die religiöse Welt in ihre weltliche Grundlage aufzulösen. Aber daß die weltliche Grundlage sich von selbst abhebt und sich ein selbständiges Reich in den Wolken fixiert, ist nur aus der Selbstzerrissenheit und Sichselbstwidersprechen dieser weltlichen Grundlage zu erklären. Diese selbst muß also in sich selbst sowohl in ihrem Widerspruch verstanden als praktisch revolutioniert werden. Also nachdem z. B. die irdische Familie als das Geheimnis der heiligen Familie entdeckt ist, muß nun erstere selbst theoretisch und praktisch vernichtet werden.«[14])

Bloch sieht im Übergang von Feuerbach zu Marx ein großes Erbe versammelt. Die »Elf Thesen« werden zum Ansatzpunkt der Philosophie der Revolution. Sie umfaßt ein großes Erbe:

1. Die Geschichte der Arbeiterschaft
2. Das Erbe der klassischen deutschen Philosophie
3. Die Grundgedanken der englischen politischen Ökonomie
4. Die Tradition des französischen Sozialismus
5. Die Dialektik der Philosophie Hegels
6. Feuerbachs erneuerter Materialismus
7. Die Neubestimmung im Verhältnis von Theorie und Praxis.

Bloch spricht hierbei vom »Schlüssel der Theorie« und dem »Hebel der Praxis« (GA V, 333). Feuerbach hat dabei den Schlüssel der Theorie nicht selbst geschmiedet und den Hebel der Praxis nicht aus der Luft gegriffen. Den Schlüssel der Theorie vermochte Feuerbach jedoch am Schleifstein der Dialektik Hegels zu feilen. Mit dem Schlüssel öffnete Feuerbach – den Raum des Idealismus hinter sich lassend – die Tür zum historischen Materialismus, wobei er auf der Schwelle des anthropologischen Materialismus verharrte, aber an dem Schnittpunkt zweier Welten Karl Marx den weiten Raum historisch-materialistischen Denkens erschloß. »Hier leistete Feuerbach mit seinem nicht physikalischen, sondern ›anthropologischen‹ Materialismus dem jungen Marx allerdings einen großen Dienst.« (GA V, 332)

Bloch bejaht Feuerbachs Philosophie auf dem Weg zum historischen Materialismus. Er kritisiert und verneint besonders dort, wo die Heilslinie von Hegel–Feuerbach–Marx nicht vorwärts, sondern rückwärts, nämlich in den deutschen Idealismus zurückfallend gelesen wird.

Somit ist Feuerbach für Bloch Geburtshelfer für den Marxismus. Seine Eigenständigkeit wurde im kritischen Gegenüber zu Hegels

Geistphilosophie deutlich. Bloch bejaht Feuerbachs Religionskritik, die Präsenz der Dialektik Hegels und den anthropologischen Materialismus. Zugleich ist Bloch äußerst sensibel gegenüber Abstraktionstendenzen in Feuerbachs Anthropologie. Hier wird sein Widerspruch laut. Doch im Widerspruch wird nicht nur die Gegenrede gegenüber Feuerbach laut, sondern auch die Rede zugunsten des großen Religions-, Idealismus- und Philosophiekritikers im Ringen um das Menschsein des Menschen inmitten der gesellschaftlichen Bezüge.

In diesem Sinne verkörpert Bloch im 20. Jahrhundert einen Feuerbach redivivus mit der Option für den anthropologischen Materialismus. Doch Feuerbach redivivus hat gleichursprünglich noch ein anderes Erbteil: den historischen Materialismus.

In Blochs Philosophie bedingen und durchdringen sich das Lebenswerk Feuerbachs und das Feuerbachsche in der Philosophie von Karl Marx:

»Auch das Normative, auch das ›Göttliche im Menschen‹, wie Feuerbach zu sagen liebt, hat seine Geschichtsphilosophie; sie ist desto dringender, als Feuerbachs normativer Humanismus eben in der bürgerlichen Gesellschaft beschlossen bleibt, in den Grenzen, die auch ihrem wohlmeinendsten ›Ideal‹ gesetzt sind. Andererseits aber eröffnete Feuerbachs anthropologischer Einsatz das früheste kritische Programm bei Marx, samt seiner Sprengkraft gegen Selbstentfremdung, wie sie zuerst auch an der Religion, dann erst an der Ware entwickelt wurde; Marx sagt so: ›Radikal sein heißt eine Sache an der Wurzel fassen, die Wurzel für den Menschen ist aber der Mensch selbst.‹« (GA VII, 294)

In diesem Urteil, das die normative Kraft des Humanismus bekundet, wird deutlich, daß Bloch und – in seinem Sinne – Marx durch den Feuerbach hindurchgeschritten sind. Dafür steht auch die Verfasserschaft Ludwig Feuerbachs statt Karl Marx', die hinter den für Marx und Bloch gültigen Worten stehen:

»Und es gibt keinen andern Weg für euch zur Wahrheit und Freiheit, als durch den Feuer-bach. Der Feuerbach ist das Purgatorium der Gegenwart.«[15])

Anmerkungen

Die Werke von Ernst Bloch sind erschienen in der Gesamtausgabe in 16 Bänden, Frankfurt a. M. 1959 ff. Zitate werden direkt im Text in Klammerangaben belegt. Verweise und Erläuterungen werden in den Anmerkungen aufgeführt. Zitiert wird jeweils folgendermaßen: In ( ) stehen GA für Gesamtausgabe, römische Zahl für Band und arabische Zahl für Seitenangabe(n). In der folgenden Übersicht werden mit Bandangabe die bezeichneten Werke aufgeführt:

I Spuren
II Thomas Müntzer als Theologe der Revolution
III Geist der Utopie (2. Fassung von 1923)
IV Erbschaft dieser Zeit
V Das Prinzip Hoffnung (in zwei Teilbänden)
VI Naturrecht und menschliche Würde
VII Das Materialismusproblem – seine Geschichte und Substanz

VIII Subjekt – Objekt – Erläuterungen zu Hegel
IX Literarische Aufsätze
X Philosophische Aufsätze zur objektiven Phantasie
XI Politische Messungen – Pestzeit, Vormärz
XII Zwischenwelten in der Philosophiegeschichte (Aus Leipziger Vorlesungen)
XIII Tübinger Einleitung in die Philosophie
XIV Atheismus im Christentum
XV Experimentum Mundi – Frage, Kategorien des Herausbringens, Praxis
XVI Geist der Utopie (Faksimile der ersten deutschen Ausgabe von 1918)

Bei den Feuerbach-Zitaten bei Ernst Bloch ist die jeweils zitierte Ausgabe angegeben. Der Verfasser zitiert jedoch die wissenschaftliche Ausgabe aus dem Akademie-Verlag: Ludwig-Feuerbach: Gesammelte Werke, 12 Bände ff, herausgegeben von Werner Schuffenhauser, Berlin/DDR 1967 ff. (= GW, Bandangabe, Seite(n))

1 Frühe Schriften, Kritiken und Reflexionen (1828–1834)
2 Geschichte der neueren Philosophie von Bacon von Verulam bis Benedict Spinoza
3 Geschichte der neuen Philosophie. Darstellung, Entwicklung und Kritik der Leibnizischen Philosophie
4 Pierre Bayle. Ein Beitrag zur Geschichte der Menschheit
5 Das Wesen des Christentums
6 Vorlesungen über das Wesen der Religion
7 Theogonie nach den Quellen des klassischen, hebräischen und christlichen Altertums
8 Kleinere Schriften I   (1835–1839)
9 Kleinere Schriftren II   (1839–1846)
10 Kleinere Schriften III   (1846–1850)
11 Kleinere Schriften IV   (1851–1866)
12 Paul Johann Anselm Ritter von Feuerbachs Leben und Wirken, veröffentlicht von seinem Sohne Ludwig Feuerbach
13 Nachlaß I   Erlanger Vorlesungen zur Logik und Metaphysik sowie zur Geschichte der Logik (1829–1832)

14 Nachlaß II Erlanger Vorlesungen zur Geschichte der Philosophie der neuern Zeit (1835–1836)
15 Nachlaß III Studien, Kritiken und Aphorismen (1824–1845)
16 Nachlaß IV Studien, Kritiken und Aphorismen (1846–1870)
17 Briefwechsel I   (1817–1839)
18 Briefwechsel II (1840–1845)
19 Briefwechsel III (1846–1852)
20 Briefwechsel IV (1853–1861)
21 Briefwechsel V   (1862–1872)

1) Es ist keine Übertreibung: Zahlreiche Publikationen dokumentieren in der theologischen, philosophischen und politischen Diskussion eine Renaissance Feuerbachs. Doch bis jetzt erfuhr die Feuerbach-Rezeption bei Bloch keine eigenständige Würdigung.
Zur Feuerbach-Forschung: Vgl. mit Verweis auf frühere Arbeiten: Walter Jaeschke, Feuerbach redivivus. Eine Auseinandersetzung mit der gegenwärtigen Forschung mit Blick auf Hegel, in: Hegel-Studien 13, 1978, 199–237; J. Christine Janowski, Der Mensch als Maß. Untersuchungen zum Grundgedanken und zur Struktur von Ludwig Feuerbachs Werk (Ökumenische Theologie, Bd. 7), Zürich – Köln – Gütersloh 1980, 299, 304, 309, 314 f.; Heinz-Hermann Brandhorst, Lutherrezeption und bürgerliche Emanzipation. Studien zum Luther- und Reformationsverständnis im deutschen Vormärz (1815–1848) unter besonderer Berücksichtigung Ludwig Feuerbachs (Göttinger Theologische Arbeiten, Bd. 20), Göttingen 1981 und meinen Beitrag: Realisierung statt Annihilierung des Protestantismus. Eine transatlantische Zusammenarbeit von Ludwig Feuerbach und Friedrich Kapp über die Herrnhuter, in: D. Meyer (Hrsg.), Pietismus – Herrnhutertum – Erweckungsbewegung. Festschrift für Erich Beyreuther, Köln 1982, 362–411.
Über die Erscheinungen und Neuerscheinungen von und zu Ernst Bloch gibt Karlheinz Weigand kontinuierlich im Auftrag des Bloch-Archivs Ludwigshafen bibliographische Mitteilungen bekannt.
Ihm verdanke ich den Hinweis auf den Aufsatz von Ernst Walter Schmidt, Die christliche Hoffnung ein Wunschtraum? Zur Religionstheorie von Ludwig Feuerbach und Ernst Bloch, in: Deutsches Pfarrerblatt 1966, 679–682. Der singuläre Aufsatz zum Thema Feuerbach–Bloch liest sich als Auseinandersetzung mit der Offenbarungstheologie Karl Barths und ist einzig auf die Religionstheorie beschränkt. Beide Gesichtspunkte genügen nicht. Bloch und Feuerbach harren einer eigenständigen Aufarbeitung.
2) Ernest Mandel, Antizipation und Hoffnung als Kategorien des historischen Materialismus, in: Karola Bloch/Adalbert Reif (Hrsg.): »Denken heißt Überschreiten«. In memoriam Ernst Bloch 1885–1977, Köln, Frankfurt a. M. 1977, 229.
3) Die 11 Feuerbachthesen sind abgedruckt in: Karl Marx und Friedrich Engels: Werke in 40 Bänden (= MEW), hrsg. v. Institut für Marxismus–Leninismus beim ZK der SED, Berlin/DDR 1957–1968, MEW 3, 5–7.

Historische und redaktionelle Erläuterungen finden sich in MEW 3, 547, Anm. 1. Auf die 11 Feuerbach-Thesen nimmt Bloch Bezug:
GA VII, 293; GA VIII, 415, 423; GA IV, 21; GA XV, 21, 250; GA VIII, 415, 436; 423–426; GA XI, 121; GA XV, 21, 250.
4) Vgl. K. Marx an L. Feuerbach (Brief-Nr. 381 vom 3. Oktober 1843), in: GW 18, 286: »Sie sind einer der ersten Schriftsteller gewesen . . . Ich glaube fast aus Ihrer Vorrede zur 2ten Auflage des ›Wesens d(es) Christentums‹ schließen zu können, daß Sie mit einer ausführlichen Arbeit über Schelling beschäftigt sind.« GW 18, 287: »Sie würden unserem Unternehmen, aber noch mehr der Wahrheit einen großen Dienst leisten, wenn Sie gleich . . . eine Charakteristik Schellings lieferten. Sie sind gerade dazu der Mann, weil Sie der umgekehrte Schelling sind.« Dazu die Antwort von Feuerbach an Marx (1. Briefentwurf, zwischen dem 6. und 25. Oktober 1843, in: GW 18, 289 f.; 2. Briefentwurf, zwischen dem 6. und 25. Oktober 1843, in: GW 18, 290–293; Abgesandter Brief: Bruckberg 25. Oktober 1843, in: GW 18, 294 f.).
E. Bloch, GA XII, 316, verweist auf den Brief von K. Marx an L. Feuerbach vom 3. 10. 1843, um die geistige Verwandtschaft von Feuerbach mit Schelling zu dokumentieren, ohne dabei die durch Marx gezollte Anerkennung L. Feuerbachs herauszustellen.
Auf den besagten Brief von Marx antwortet Feuerbach quasi im dritten Anlauf (in: GW 18, 294):
»Sie haben mir die Notwendigkeit einer neuen Charakteristik Schellings, und zwar angesichts der Franzosen, auf eine so geistreiche und eindringliche Weise vorgestellt, daß es mir herzlich leid tut, Ihnen erwidern zu müssen: Ich kann sie, jetzt wenigstens, nicht liefern.«
In bis jetzt kaum wahrgenommener Weise verehrt der junge Marx Feuerbach (Brief-Nr. 433, Paris, d(en) 11. August 1844), in: GW 18, 376–378. Speziell heißt es in GW 18, 376: Es »freut mich eine Gelegenheit zu finden, Ihnen die ausgezeichnete Hochachtung und – erlauben Sie mir das Wort – Liebe, die ich für Sie besitze, versichern zu können. Ihre ›Philosophie der Zukunft‹, wie d(as) ›Wesen d(es) Glaubens‹ sind jedenfalls trotz ihres beschränkten Umfangs von mehr Gewicht, als die ganze jetzige deutsche Literatur zusammengeworfen.«
Ernst Blochs Lob der Einzigartigkeit von Karl Marx unter der Überschrift »Der Student Marx« (1950) liest sich im Licht der Briefaussage von Marx überzeichnet. Bloch bemerkt (in: GA 10, 408): »Nichts aber bezeichnet das Einzigartige des jungen Marx deutlicher als die Fähigkeit zu einer gerade objektiv frühlinghaften Jugendlichkeit, mitten unter den umgebenden Herbstgedanken nach Hegel. Daher eben ist dieser junge Philosoph nie auf sich selbst und auch nicht auf das unmittelbare Flachland ringsum gestellt . . . So daß der Brief von 1837 und, dann die Dissertation von 1841 gänzlich die idealistische Lethargie abgehalten haben, auch nicht erst die Kenntnis Feuerbachs nötig hatten, um ihre Zeit statt als Herbst als Wendepunkt wahrzunehmen, und zwar als materiellen, mit Marx als Entdecker.«
5) Aus dem Gesamtwerk gibt Bloch folgende Werke an. Nach dem Hinweis in

der Gesamtausgabe (= GA) bei Bloch folgt die bibliographische Angabe in den Gesammelten Werke (= GW) Ludwig Feuerbachs.
1. Reimverse auf den Tod, in: GA V, 1357. Vgl. GW 1, 360–367.
2. Gedanken über Tod und Unsterblichkeit, in: GA V, 1357 f. Vgl. GW 1, 175–515.
3. Vorläufige Thesen zur Reform der Philosophie, in: GA V, 289; GA VIII, 408. Vgl. GW 9, 243–263.
4. Darstellung, Entwicklung und Kritik der Leibnizischen Philosophie, in: GA VII, 192–195. Vgl. GW 3, 1–356.
5. Wesen des Christentums, in: GA V, 289; 293; 303 f.; GA VII, 295; GA VIII, 408; GA XIV, 281. Vgl. GW 5, 1–606.
6. Grundsätze der Philosophie der Zukunft, in: GA V, 289, 318; GA VII, 291; GA VIII, 407. Vgl. GW 9, 264–341.
7. Das Wesen der Religion, in: GA VII, 295. Vgl. GW 10, 3–79.
8. Vorlesungen über Religion, in: GA VII, 295. Vgl. GW 6, 1–403.

Darüber hinaus sind zahlreiche, häufig auch wiederkehrende Zitate aus Werken Feuerbachs bei Bloch zitiert, ohne daß der Fundort benannt ist.

6) Die Anthropologisierung der Religion ist ein stetig wiederholter Grundgedanke in Blochs Denken. Vgl. nur: GA VII, 291–296; GA VIII, 317, 389 f.; 405; GA X, 180, 467; GA XII, 162; GA XIII, 350; GA XIV, 278–284, bes. GA XIV, 279 unter der Überschrift: »Feuerbach und das ›Anthropologische‹.«

7) Bloch kritisiert Feuerbachs Anthropologie häufig. Vgl. GA VIII, 412: Der »abstrakte Mensch, der Mensch als bloßes Gattungswesen, wie bei Feuerbach«; GA X, 180 f.: »Feuerbach selber freilich stellte das Menschliche nur völlig verblasen und abstrakt, als bloßen ›Gattungsbegriff‹ dar; dieses ebenso unhistorisch wie utopisch fixierte Abstraktum«; GA XIII, 325: »so bei Feuerbach als das unhistorisch-allgemeine Genus Mensch« und GA XI, 252: »Der unentstellte Mensch, der edle, hilfreiche, gute, ist ausgesprochen beim jungen Marx, unablässig abgezielt beim reifen; er ist gewiß nicht das abstrakt Allgemeine, die naturhafte Gattungsidee Feuerbachs, wogegen Marx mit so konkreter Schärfe sich wendet, doch er geht auch als ›Ensemble der gesellschaftlichen Verhältnisse‹ und gerade als dasjenige künftiger, in deren bisheriger Klassen-Empirie nicht unter.«

8) Dem Übergang vom bloß mechanischen zum historischen Materialismus entspricht der Übergang von Hegel über Feuerbach zu Marx. Vgl. E. Bloch, GA VIII, 496: »Hegel ist der größte Philosoph der bürgerlichen Neuzeit, ihr Erbe und Beschließer, er leitet über Feuerbach zu Marx, seine Dialektik lebt, auf die Füße gestellt, im Marxismus fort, während Kant nur zum – Neukantianismus geleitet hat und zu einigen ganz faulen Revisionisten oder ›Verbesserern‹ der Marxschen Lehre.«

9) Die Triade Hegel–Feuerbach–Marx zur Markierung in der Entwicklung der Philosophiegeschichte kehrt häufiger wieder. Vgl. GA IV, 269: »des Weges Hegel–Feuerbach–Marx«. Entsprechend GA X, 263: »von der angegebenen Linie Hegel– Feuerbach–Marx«. In positiver und negativer Wertung

werden zwei philosophiegeschichtliche Linien abgesteckt: »Auch auf der weiteren Linie: Schopenhauer–Wagner–Nietzsche, der nicht eben heilvollen ›Parallellinie‹ zu Hegel–Feuerbach–Marx, konnte Hegel nur umgangen werden.« An anderer Stelle wird das Dreigestirn zum Vierergespann: »der Weg von Hegel über Feuerbach zu Marx–Engels«.
Bloch versteht seinen philosophischen Beitrag im Gegentrend bürgerlicher Philosophie: »Die Linie der Irratio: Schopenhauer–Wagner–Nietzsche hat die Lichtlinie: Hegel–Feuerbach–Marx im bürgerlichen Bewußtsein verdrängt.« Der klassischen Dreierkette stellt Bloch an einer Stelle Kant voran und benennt nicht Marx: »Bei Kant erscheint« die Philosophie »als Ausmessung der theoretischen, sodann der praktischen Vernunft und der ästhetisch-teleologischen Urteilskraft, bei Hegel als panlogisch-dialektische Entwicklungslehre des Weltgeistes, bei Feuerbach als materialistische Anthropologie.«

10) Die Benennung, Bewertung und Bejahung des Materialismus ist Blochs erklärte Absicht. Vgl. nur: GA VII, 192: ». . . gerade bei den großen Philosophen wie Aristoteles, Spinoza, Leibniz, Schelling, Hegel finden sich im Einzelnen wie im Ganzen durchaus kryptomaterialistische Züge; auch hätte sich speziell Hegel ohne diese nicht so mannigfach vom Kopf auf die marxistischen Füße stellen lassen.« Vgl. den Bezug auf Feuerbachs Leibniz-Monographie, in: GA VII, 192 f. Bei alledem beurteilt Bloch Feuerbachs philosophische Lebensarbeit, wenn nicht abwertend, so doch einem früheren, überholten Standpunkt verhaftet: »Feuerbach war der letzte bürgerliche Philosoph von Format; ›mein erster Gedanke‹, sagte er, ›war Gott, mein zweiter die Natur, mein dritter und letzter ist der Mensch‹.«
Bloch gibt das Feuerbach-Zitat ohne Fundort und nur sinngemäß wieder. Es ist entnommen: L. Feuerbach, Fragmente zur Charakteristik meines philosophischen curriculum vitae (Lebenslaufes), in: GW 10, 151–180, dort heißt es im Wortlaut, in: GW 10, 178 unter der Überschrift »1843–44 ›Grundsätze der Philosophie‹«:
»Gott war mein erster Gedanke, die Vernunft mein zweiter, der Mensch mein dritter und letzter Gedanke. Das Subjekt der Gott ist die Vernunft, aber das Subjekt der Vernunft der Mensch.« Bloch hat im Sinnzitat den Feuerbachschen Terminus »Vernunft« durch den Begriff »Natur« ersetzt. Eine materialistische Deutung in optimam partem? Oder handelt es sich nur um ein Versehen?

11) Das Verhältnis von Hegel zu Feuerbach wird explizit thematisiert. Vgl. Anm. 9, aber auch die Wirkung des jungen Hegel auf Feuerbachs religionskritisches Denken, in: GA VII, 19; besonders GA XIV, 349: »Bezeichnend hierbei, daß diese ganze Entfremdungsanalyse, samt der versuchten Zurückholung des Entfremdeten ins humane Subjekt, religionskritisch begann; das ist mit unseren ›an den Himmel verschleuderten Schätzen‹ beim jungen Hegel, mit der ›anthropologischen Kritik der Religion‹ hernach beim nicht sehr profunden, doch zuschlagenden Feuerbach gemeint.« In »Subjekt–Objekt. Erläuterungen zu Hegel« heißt es im 18. Kapitel unter der Überschrift »Hegels Tod und Leben« (GA VIII, 379) im dritten Teil, in:

GA VIII, 400: »Feuerbach und der Hegelgott«. Bloch stellt Feuerbachs Rezeption der Hegelschen Dialektik heraus: »Bei Feuerbach ist allerdings außer Hegels Dialektik auch die Systemfülle Hegels nicht erhalten; weder Engels noch Marx machen aber aus diesem Fehler bei Feuerbach einen Vorzug.«

12) In Blochs marxistischem Urteil ist Feuerbach nicht weitreichend genug zum Materialismus durchgebrochen. Vgl. GA VII, 300: »Feuerbach bekundet: rückwärts stimmte er den Materialisten vollkommen bei, aber nicht vorwärts.«

13) Gegenüber dem Weg der christlichen Liebe ist Bloch skeptisch. Mit einem Thomasius-Zitat beginnend stellt Bloch eine rhetorische Frage: »Bringe erst die Liebe in die Leute, darnach wird es sich mit dem Eigentum oder der Gemeinschaft der Güter von selbst geben . . . – das ist naiv, aber reichte diese Naivität nicht bis Ludwig Feuerbach?« In Anlehnung an Marx kommentiert er Feuerbach entsprechend deutlicher, in: GA XIV, 281: der »›schwüle Liebesstau‹ . . . der Feuerbachschen Humanisierung«.

14) K. Marx, MEW 3, 6 (These 4), in Auszügen wiedergeben bei Bloch, GA V, 308.

15) L. Feuerbach statt K. Marx, MEW 1, 27. Dazu: Hans-Martin Saß, Feuerbach statt Marx. Zur Verfasserschaft des Aufsatzes »Luther als Schiedsrichter zwischen Strauß und Feuerbach«, in: International Review of Social History, Volume XII, 1967, 108–119, und: Inge Taubert/Werner Schuffenhauer, Marx oder Feuerbach? Zur Verfasserschaft von »Luther als Schiedsrichter zwischen Strauß und Feuerbach«, in: Sitzungsberichte der Akademie der Wissenschaften der DDR, 1973, Nr. 20: Beiträge zur Marx-Engels-Forschung. Dem Wirken Auguste Cornus gewidmet, Berlin/DDR 1975, 32–54.

ZION – EIN U-TOPOS AUF DER LANDKARTE DER WELT
Zur Zionismuskritik Ernst Blochs

Von Elke Kruttschnitt

> »Deinem Samen will ich
> dies Land geben,
> von dem Wasser Ägyptens bis
> an das Wasser Euphrats.«
> Gen 15,18

> »Hic Rhodus, hic salta,
> überall ist Zion.«
> E. Bloch

I. Problemstellung

Mit Unverständnis konstatiert Michael Landmann: »Keinen Zugang fand Ernst Bloch je . . . zum Zionismus.«[1]) Und es stimmt: Ernst Bloch hat zeitlebens keinen Hehl aus seiner ablehnenden Haltung gegenüber »dem« Zionismus[2]) gemacht. Gleichwohl bedarf diese Aussage einer zweifachen Einschränkung. *Zum einen* scheint es uns nicht legitim, von »dem« Zionismus schlechthin zu sprechen, gilt es doch allein im Blick auf die Entwicklung im 19. und 20. Jahrhundert, fünf Ausprägungen bzw. Spielarten des Zionismus zu unterscheiden.[3]) *Zum anderen* bedarf dann, wenn die erste Einschränkung gilt, die Feststellung Landmanns einer Präzisierung. Hat Ernst Bloch zu allen zionistischen Theoriebildungen keinen Zugang bekommen oder hat er sich nur einer bestimmten, sich geschichtlich aber »durchgesetzt habenden« gegenüber distanziert? Träfe letzteres zu, dann hätte Ernst Bloch eben nur zu jener Form des Zionismus keinen Zugang gefunden, zu deren Vertretern Landmann zu rechnen ist.[4])

Mit seiner gewissermaßen aus dem Innenraum des Judentums kommenden Kritik der geschichtlichen Umsetzung und Realisation der zionistischen Idee(n) hat der Jude Ernst Bloch seine jüdischen Freunde, allen voran Michael Landmann, vor den Kopf gestoßen. Ernst Bloch, der zwar »aus jüdischem, jedoch hochgradig assimiliertem Haus« stamme und gleichsam nur biologisch Jude gewesen sei[5]), er sei auch gegenüber Israel »ausgesprochen ungerecht« gewesen; seine Entscheidung gegen den Zionismus habe »auf einem irrationalen Fundament« aufgeruht und sei »erschreckend geschichtsfremd«; seine sonst bewiesene »große Verstehenskraft auch für geschichtlich-politische Phänomene« wirke hinsichtlich des Zionismus »wie blockiert von einem Affekt und einer Doktrin«.[6]) Die Begeisterung Ernst Blochs für

Karl May habe ihn zu einem besonderen »Freund der Araber« gemacht
– und wie Ernst Bloch überhaupt jugendliche Züge bewahrt habe, so
habe er eben »auch an dieser Romantik« festgehalten.[7]) Im Zuge der –
nur sehr langsam einsetzenden Blochrezeption in Israel – haben sich
aus jüdischer Sicht auch Robert Weltsch (1975) und Asher Silfen (1982)
mit Blochs Zugang zu Judentum, Zionismus und Israel kritisch ausein-
andergesetzt.[8])

Ernst Bloch, so könnte man aus der Sicht der Vertreter einer bestimmten Richtung innerhalb des Judentums und damit des Zionismus
versucht sein zu fragen, ist er einer, der sein »jüdisches Erstgeburts-
recht für ein sozialistisches Linsengericht«[9]) verkaufte? Jürgen Moltmann hat recht, wenn er sagt, daß ein Nichtjude das nicht entscheiden
könne und auch nicht versuchen müsse. Was wir aber versuchen können ist, die Argumentation, die Blochs Haltung zugrundeliegt, nach-
zuzeichnen und im Anschluß daran zu fragen, ob Blochs u-topischer
Zionismus wirklich auf einem »irrationalen Fundament« aufruht oder
ob dieser sich nicht zwangsläufig aus seinem Verständnis dessen, was
das Wesen des Judentums ausmacht,[10]), ergeben muß, sprich, ob sein
u- topischer Zionismus nicht geradezu in der Sinnlogik seiner Konzeption des Judentums liegt, so wie überhaupt alle zionistischen Konzeptionen als *Funktion* des jeweiligen Verständnisses von Wesen und Sinn
des Jundentums anzusehen sind.

II. Erhebung

Der Bogen der Auseinandersetzung Ernst Blochs mit den zionistischen
Theoriebildungen einerseits sowie deren geschichtlicher Umsetzung
(Proklamation des Staates Israel und weiterer Verlauf des Nahost-
Konfliktes) andererseits spannt sich vom zweiten Jahrzehnt bis in die
späten Sechziger Jahre des Zwanzigsten Jahrhunderts.

Bereits in der 1. Auflage von »Geist der Utopie« (1918) ging Bloch
(wenn auch nur en passant) in dem Kapitel »Symbol: Die Juden«[11]) auf
die »Strebungen eines staatlich festgelegten Zionismus« ein. Ein so ge-
arteter Zionismus leugne die gesamte Kraft des Auserwähltseins des jüdischen Volkes, operiere mit dem »Begriff des Nationalstaats«, »wie er
im neunzehnten Jahrhundert ephemer genug kursierte« und möchte
aus Judäa gewissermaßen »eine Art von asiatischem Balkanstaat machen«. Die Nationalflagge aber, so Bloch, könne nur eine bloße »Hilfs-

linie« zur »Selbstbesinnung des Judentums« sein; eines Judentums, das endlich sich selber – und nicht nur seinen Gott – »als ein eigenes, unendlich tief verflochtenes, nicht minder religiöses Problem zu erfassen« beginne.[12])

Während seines zweijährigen Schweizer Exils (1917–1919) veröffentlichte Ernst Bloch unter dem Pseudonym Dr. Josef Schönfeld[13]) am 17. April 1918 den Beitrag »Die deutschen Juden und Palästina«[14]) in der in Bern erscheinenden »Freien Zeitung«, in welchem er sich weitaus umfassender als im »Geist der Utopie« mit dem Problem des Zionismus auseinandersetzt. Zunächst geht Bloch darauf ein, daß und warum in Deutschland 1914 sowohl die assimilierten Juden als auch die Zionisten fast gleichmäßig »dem frühen Rausch dieser Kriegsbegeisterung« verfallen seien. 1918 hätten nun beide erkannt, daß die deutschen Siege letztlich die Niederlagen des jüdischen Volkes bedeuteten, des Volkes »der auf Freiheit, Land und Selbstbestimmungsrecht hoffenden zionistischen Irredenta«. Sowohl »die Streber« als auch »die Stolzen« – gemeint sind wohl (und in dieser Reihenfolge) die assimilierten Juden und die Zionisten – blickten nun hinüber in eine Zukunft, wo es keinen Krieg mehr gebe, wo die jüdische Seele endlich befreit sei von den Sorgen und Problemen des Weiterrüstens, der preußischen Wahlreform, Elsaß-Lothringens, von allen Problemen des kranken, schuldbeladenen Europa dazu; wo es gelte, eine ganz neue Welt aufzubauen und die alte, urvertraute Welt dazu, nach zweitausend Jahren babylonischer Gefangenschaft, ägyptischer Knechtschaft; wo es gelte, asiatisch zu werden, in die östliche Welt, die Welt Tolstois und Buddhas zu ziehen, in die Welt Abrahams, in die Welt Christi, dessen ganzes Leben dieses brüderliche sich Schicken, sich Lieben, dieses Evangelium der Nicht-Gewalt versinnlicht habe. Angesichts dieser Zukunftsvision sei es nicht möglich, »Preußen zu lieben, das die Armenier wieder türkisch macht, das das befreite Palästina gleichfalls wieder unter die türkische Herrschaft kommen lassen möchte«; gleichermaßen sei es nicht möglich, »England zu hassen, das den Juden wie ehemals der Perserkönig Cyrus, noch heute in allen jüdischen Sagen geliebt und verherrlicht, wieder die heilige Erde, die Rückkehr nach Jerusalem eröffnen will«.

Hier spielt Bloch auf das Schreiben des britischen Außenministers Balfour an Lord Rothschild vom 2. 11. 1917 an, das als Balfour-Erklärung in die Geschichte einging. Darin heißt es: »ich freue mich, Ihnen im Namen der Regierung Seiner Majestät die folgende Sympathieerklärung für die jüdisch-nationalistischen Bestrebungen mitteilen zu können, die dem Kabinett vorgelegt und von diesem gebilligt wurde. Die Errichtung einer nationalen Heimstätte in Palästina für das

Jüdische Volk wird von der Regierung Seiner Majestät mit Wohlwollen betrachtet. Sie wird ihr Bestes tun, um das Erreichen dieses Zieles zu erleichtern, wobei unmißverständlich zu betonen ist, daß nichts getan werden darf, was die Bürgerrechte und religiösen Rechte der in Palästina lebenden Bevölkerung oder die Rechte und den politischen Status der Juden irgendeines Landes nachteilig betrifft«.[15])

Trotz des positiven Rekurses auf die Aussicht mit Hilfe Englands nach Jerusalem zurückkehren zu können, macht Bloch im Fortgang seiner Ausführungen deutlich, daß die zionistische Idee nicht Selbstzweck sein dürfe und könne, sondern daß sie lediglich die Funktion habe, die Juden aus dem Nationalen heraus zu befreien zur eigentlichen Funktion eines demokratischen Weltbürgertums, was so viel heiße wie: zu einer notwendigen Verwandtschaft des bewußten Juden mit allem, was Freiheit, bessere Zukunft, Demokratie, Bund der Weltrepubliken heiße. Denn man dürfe nicht vergessen, daß das Judentum zwar völkisch bestimmt sei, daß es aber letztlich nur deshalb ein *Volk* geblieben sei, weil es eine *Religion* ist. Der »messianische Sehnsuchtsglaube an eine dereinst in Gott geeinte, gläubigreine und erlöste Menschheit« dominiere als »Einheitspunkt alles menschlichen Wartens, Schaffens, Hoffens, Gewissens und Glaubens im Judentum«. Der deutsche Zionist gehe deshalb dorthin, »wo die großen, seiner Rasse und Religion eingeborenen Ideen der besseren Zukunft« am stärksten leuchten; der eigentliche Ort des Zionisten sei aber weder Deutschland noch Jerusalem, »sondern sein Judentum und darin die Welt, das messianische Gewissen der Welt«.

Mittels dieser Kurzcharakteristik der Zukunftsvision (nicht nur) der deutschen Juden im Jahr 1918 signalisiert Bloch durch die Gegenüberstellung von »Stolzen« und »Strebern«, welcher Gruppierung innerhalb des Judentums seine Sympathien am ehesten galten. Im »Geist der Utopie« (1. Auflage) hatte er sich ebenfalls abschätzig über die »tief unwürdige . . . Assimilierungssucht«[16]) geäußert. Einige Jahrzehnte später wird Bloch in diesem Punkt anders Position beziehen und geradezu fordern, *daß* sich das Judentum der jeweiligen Kultur zu assimilieren habe und daß es gerade die Leistung des assimilierten Judentums gewesen sei, große Köpfe der Geistesgeschichte hervorgebracht zu haben (was Michael Landmann wiederum zu der Frage veranlaßte, ob es wirklich Aufgabe des Judentums sei, einzelnen Kulturen große Musiker, Dichter und Philosophen zu bescheren).[17]) Gleichzeitig wird aber deutlich, daß Bloch sich auch nicht den Zionisten schlechthin zugehörig fühlt, wenn er hervorhebt, daß weniger der Aspekt des Volkes als vielmehr der Aspekt der Religion und ihr messianischer Impuls es sei, der seiner Meinung nach das Jüdische am Judentum, das Wesen des Judentums repräsentiere. Nichtsdestotrotz gibt Bloch zu erkennen, daß er die »Verwirklichung des alten jüdischen Traums von der Heimkehr nach Palästina« durch Englands Macht nicht nur berauschend nahe gerückt sehe, sondern daß er diese Heimkehr auch als Rückkehr zu heiliger Erde und als Ende einer zweitausendjährigen babylonischen Gefangenschaft begrüße. Jedoch nicht als Endpunkt oder gar Verwirklichung der zionistischen U-topie, sondern gewissermaßen nur als *Ermöglichungsgrund*, damit das Judentum wahrhaft zu sich kommen kann, dahin, wo sein wahrer topos ist: zu sich als messianischem Gewissen der Welt.

Eine eher beiläufige Kommentierung der Ereignisse, die der Proklamation des Staates Israel im Jahre 1948 vorausgingen, findet sich in dem Brief Ernst Blochs an seinen Freund Adolph Lowe vom 9. 12. 1947. Unter Anspielung auf die vorweihnachtliche Adventszeit schreibt er:

»Auf bald wieder, mein Freund. Die Adventszeit wäre recht für ein Zusammensein. Die Adventszeit in dem (!) man sich seit dem Jahr Null der Kraut- und Rüben-Schöpfung befindet, als seit dem Jahr Nicht, in dem man sich immer noch befindet, als eines Null oder Nicht, das es nicht bei sich aushält. Und lieber gar keine ›Erfüllung‹ als eine solche, die jetzt Zion heißt. Das ist nicht nur ein Elend, sondern ein Hohn. Und die jämmerlichste Art von Blutvergießen, nämlich Kampf mit dem nicht-richtigen Feind.«[18])

Blochs Standpunkt wird deutlich: der messianische Affekt, der dem Judentum eigen ist, die messianische Erwartung des Judentums findet die wahrhafte Erfüllung gerade nicht in einem geographisch festgelegten Zion, will heißen in einem Staat Israel.

Im »Prinzip Hoffnung« (1959), an dem er bereits seit 1938 während seiner Jahre des Exils in den USA arbeitete, setzt sich Bloch mit zwei Protagonisten der zionistischen Idee auseinander: Moses Heß (1812–1875)[19]) und Theodor Herzl (1860–1904)[20]), deren Namen ihm für zwei konträre Konzeptionen von Zionismus stehen. Moses Heß sei in seiner zionistischen Utopie die Synthese zwischen sozialistischer Utopie und prophetischer Utopie gelungen, wohingegen Theodor Herzl diese Synthese wieder zerbrochen habe. Der *zionistische Traum* eines Moses Heß habe *sozialistischen Klang* gehabt, der eines Theodor Herzl habe nur *gemäßigt-freisinnig* zu klingen vermocht.[21]) Allein die prononcierte Charakteristik der Programmschrift Moses Heß' von 1862 »Rom und Jerusalem« als dem »ergreifendste(n) zionistische(n) Traumbuch«[22]) signalisiert, welcher Konzeption im Rahmen der zionistischen Theoriebildung Blochs Präferenz gilt. Moses Heß habe als erster – eben in gelungener Synthese – »das Judentum – wie er es aus den Propheten las – auf die Sache des revolutionären Proletariats bezogen«.[23]) Sozialismus sei für Heß synonym mit »Sieg der jüdischen Mission im Geist der Propheten« gewesen und nur zu diesem Ende habe er ein Aktionszentrum in Palästina geplant, »worin der Geist der jüdischen Rasse wieder auferstehen«[24]) könne. Dieses Aktionszentrum sei nicht wie später bei Herzl als kapitalistisch-demokratischer Duodezstaat von Englands oder auch Deutschlands Gnaden, unter Souveränität des Sultans gedacht gewesen[25]), sondern als Zentrum, das ausstrahlt, als Ruf in die Welt. Heß war in der Lesart Blochs ein »Gläubiger ans soziale Zion«, der glaubte, in der Verbindung mit der internationalen Arbeiterbewegung den Geist der Propheten zu verwirklichen. Das sittlich-prophetische Banner sei gemeint, wenn Heß betonte, daß nur die Juden das Banner getragen hätten, dem die Völker nachziehen.[26]) Heß habe in seiner zionistischen Utopiekonzeption gezeigt, daß es einen Zionismus gebe, »dem das Erbbegräbnis weniger wichtig ist als die Auferstehung«, und zwar nicht die des jüdischen Nationalbewußtseins der Bourgeoisie, sondern die eines »alten, vielfach verschütteten Glaubens«. Und nur weil dieser Glaube immer noch Utopie sei, nur deshalb habe er ein Aktionszentrum in Palästina gesucht, das ausstrahlt, als Ruf an die Welt. »Was an sozialer Sendung und prophetischem Erbe im Judentum fortwirkt und es einzig wichtig macht, hat Moses Heß fern von Palästina verkündet, Marx gar in völliger Entfremdung von Palästina gegenwärtig gemacht. Zion war ihnen überall dort, wo das ›soziale Tierreich‹ zerbricht und die Diaspora aufhört: die aller Ausgebeuteten«.[27])

Die Konzeption des »romantischen Zionisten« Moses Heß habe in der Rezeption ihren sozialistischen Klang verloren, nicht zuletzt aufgrund des Umstandes, daß die westlichen Juden weitaus verbürgerlichter gewesen seien. Theodor Herzl – »Urheber des einzig wirksam gewordenen zionistischen Programms«[28]) – habe jede Verbindunng mit dem »sozialen Radikalismus der Propheten«, mit »sozialistischer Mission« und anderen »sogenannten Verstiegenheiten des Moses Heß«[29]) entfernt und dadurch den zionistischen Traum verbürgerlicht. In dieser verbürgerlichten Ausgestaltung sei der Zionismus für die »liberale jüdische Bourgeoisie« recht eingängig geworden. Die Wirksamkeit seines zionistischen Programms erklärt sich nach Bloch aus einem *politischen* und einem *ideologischen* Grund, beide der Situation eines jüdischen Bürgertums entsprechend, auf das der Zionismus »sehr ohne Sozialismus« übergegangen sei. *Politisch* habe es Herzls Erfolg befördert, »daß eine sogenannte Antisemitenliga entstanden war«, Ritualmordprozesse aus Rußland und Rumänien nach Ungarn und Deutschland vordrangen. Im Dreyfusprozeß habe Herzl gesehen, »daß selbst das klassische Bürgerland der Menschenrechte nicht mehr das alte geblieben war«. *Ideologisch* entscheidend für Herzls Einfluß auf die jüdische Bourgeoisie sei vor allem das »liberale Aufklärungsniveau«, die »bourgeoise Entspannung« gewesen, die Herzl dem Zionstraum gegeben hatte.

Letztlich habe Herzl die nationale Wiedergeburt in Gestalt eines kapitalistisch-demokratischen Duodezstaates von Englands[30]) oder auch Deutschlands[31]) Gnaden unter Souveränität des Sultans gepredigt. Damit sei der Zionismus zu einem »Stein auf dem Spielbrett der imperialistischen Politik« geworden. Als jedoch der deutsche Imperialismus das Spiel verloren habe und die Türkei ohne diesen Schirmherrn des Islam dagestanden sei, sei 1917 die Balfour-Declaration erfolgt.[32]) Angesichts der nationalsozialistischen Verbrechen an den Juden wäre die Verwirklichung des zionistischen Traumes rechtzeitig gekommen, hätte England, das die Heimstätte öffnete, sie nicht gerade zu dem Zeitpunkt geschlossen, da man ihrer am dringendsten bedurfte. Es wurde durch das White Paper von 1939 gewissermaßen ein »numerus clausus des jüdischen Wohnrechts« aufgestellt (maximale Zulassung von 75 000 Juden in den nächsten 5 Jahren). Damit habe England, so Bloch, Beihilfe zu dem Mord geleistet, den es »moralisch wie stets, so warm verurteilte«. Einen derartigen »numerus clausus« habe es vor dem »Judenstaat« in keinem Land, außer dem zaristischen Rußland gegeben; letztlich sei das »Judenland« sogar eines geworden, »aus dem politisch unbequeme Juden sogar als lästige Ausländer deportiert« werden konnten.[33])

Daß die Verwirklichung des zionistischen Traumes diese Entwicklung nehmen konnte, ist nach Bloch in der Herzlschen Konzeption desselben begründet. Herzls Mitteln der Verwirklichung der zionistischen Idee entspräche genau die gekommene Wirklichkeit. Zion wurde damit »ein Bruchteil der im englischen Empire zu besorgenden Geschäfte, ja die jüdische Sezession wurde, indem sie als Invasion geschah, zu einem Haßobjekt der arabisch-national-revolutionären Bewegung, die ihrerseits wiederum eine Karte im Spiel des britischen Imperialismus darstellt«. Was allerdings auch bei Herzl dem Staat Israel noch nicht an der Wiege gesungen worden sei, das sei das Faktum, »daß der Staat Israel, durch die Flucht vor dem Faschismus bevölkert, selber ein faschistischer geworden«[34]) sei. Vernichtend das abschließende Urteil Blochs über den Staat Israel, dem er gewissermaßen Verrat an seinen beiden Archetypen – »Moses« und »Ägypten-Wüste-Kanaan« – bescheinigt, wenn er schreibt, daß der Judenstaat aussehe »als wären dem Judentum selber diese seine Archetypen fremd geworden«.[35])

Das Einzigartige der jüdischen Utopie liege nicht darin, daß sie zugleich »verklärte Vergangenheit« und »erhoffte Zukunft« sein wolle; dies hätten andere National- und Minoritätsutopien auch gepflegt. Ihre Einzigartigkeit liege vielmehr in der – von Moses Heß (nicht zum erstenmal) betonten – Verpflichtung, »gemäß der Intention der Propheten zu handeln«.[36]) Diese Verpflichtung brauche aber »infolge der revolutionären Situation, die seit den Tagen von Moses Heß in Europa herangereift sei«, »kein Aktionszentrum in Palästina«, »keinen geographischen Zionismus«. Vielmehr hätten die Juden in einer umfassenden Freiheitsbewegung jederzeit Platz und könnten so das letzte Ghetto (gemeint ist hier wohl der Staat Israel) überflüssig machen. In Reih und Glied mit der Bewegung zum Licht zu stehen, und zwar in jedem Land bzw. in dem Land, zu dem man gehört, das allein sei »echtjüdische Heimat«. Insofern erscheint Judentum Bloch nicht so sehr als »anthropologische Eigenschaft«, sondern als »messianischer Affekt« für das echte Kanaan, der nicht mehr national beschränkt ist. Und Bloch fährt einige Seiten weiter fort: »Dieser Traum hat sein Aktionszentrum dort, wo das Vaterland der Geburt und Erziehung ist, wo er an dessen Sprache, Geschichte, Kultur mitbaut, wo er am Kampf um eine neue Erde so patriotisch wie sachkundig teilnimmt. Hic Rhodus, hic salta, überall ist Zion nach der Intention der Propheten, und der Lokalberg in Palästina ist längst ein Symbol geworden.«

Damit tritt Bloch jeglicher geographisch-nationalistischen Fassung der zionistischen Utopie entgegen, entwirft den Identitätspunkt des Judentums ganz von der Intention der Propethen her und sieht die Wesensmitte des Judentums darin, daß es »prophetische Bewegung« ist, »eine Bewegung zu dem seit dreitausend Jahren unter Zion Gedachten«.[37]) Das Judentum als prophetische Bewegung gehört nach Bloch somit unter die Völker (und nicht in ein englisches Protektorat am Ostwinkel des Mittelmeers); und mündet: im Sozialismus. »In

Summa, diese partiale Bewegung könnte aufhören, ohne daß eine jüdische Komponente selber aufhörte, sei es als Volk, sei es – in bedeutend wahrerer Weise – als Zeuge und Zeugnis messianischer Gesinnung: Zionismus mündet im Sozialismus, oder er mündet überhaupt nicht.«[38])

Von diesen Positionsmarkierungen Blochs her erschließt sich dann auch die von ihm so häufig gebrauchte Redewendung »Ubi Jerusalem, ibi Lenin«[39]), die von Landmann so kommentiert wurde:

»Ein furchtbares Wort für jeden, denn nicht in einem erhoffbaren Ultimum soll sich hier Jerusalem auflösen, sondern in Lenin, der, in Verrat aller neuzeitlichen Autonomie der Sphären, Wissenschaft und Kunst in den Dienst der Revolution stellte; umso furchtbarer für den, der in der Überlieferung und Besonderheit seines eigenen Volkes seine Identität findet, die er dem Menschheitsapostel opfern soll. Wie oft hat dieses Wort mich innerlich gequält und zerstört. Wie oft empfand ich es als Unmöglichkeit, als unlösbare tragische Spannung, daß der Präger dieses Wortes mein verehrtester Lehrer, mein geliebtester Freund war.«[40])

Unter dem Eindruck der tagespolitischen Ereignisse um den Sechs-Tage-Krieg (5.–10. 6. 1967)[41] fand am 27. 6. 1967 in Frankfurt a. M. eine Kundgebung der Deutsch-Israelischen Gesellschaft statt[42]), bei der neben Rolf Rendtorff, Iring Fetscher und Heinz-Joachim Heydorn auch Ernst Bloch sprach.[43]) In seiner Ansprache[44]) machte Bloch auch einen Rückblick auf die Ansiedlung von Juden in Palästina, der zugleich auch eine Bestandsaufnahme der gemachten Fehler war; zugleich zeichnete er seine Vision einer fruchtbaren Synthese von Abraham und Ibrahim. Wie schon im »Prinzip Hoffnung« äußerte Bloch auch hier (»Sprecher dieses ist kein Zionist«)[45] sein Bedauern darüber, »daß der gesellschaftliche Entwurf des neuen Zion der Theodor Herzls war und nicht der frühere des Sozialisten Moses Heß«[46]), was zur Folge hatte, daß unternehmerische Tatkraft statt sozialistisch gesinnter Pioniere zum Zug gekommen sei. Der von Herzl »aus dem Völkerstreit des alten Österreich-Ungarn mitgebrachte Nationalismus« sei vor allem auch schlecht präpariert gewesen für »mögliche Symbiosen mit anderen, schon ansässigen Völkern«. Das sei nicht ohne Nachwirkungen geblieben: neben dem »gewiß nicht fehlerfreien Verhalten (sc. der Zionisten) zu den arabischen Flüchtlingen« führt Bloch die Behandlung »der gebliebenen arabischen Minderheit im Land« (sc. durch die Zionisten) an. Das nicht korrekte Verhalten gegenüber den arabischen Flüchtlingen habe auch zur Folge gehabt, »daß sie besonders gegen die Israelis aufgeputscht werden konnten«.[47])

Die nationalistischen Tendenzen Israels beurteilt Bloch durchaus differenziert. Man könne im Blick auf die Landnahme Israels nicht von »Kolonialismus« reden in dem Sinn, als ob ein fremdes Land erobert werde; und wenn die Israelis ihr Jerusalem besäßen, dann sei das nicht das gleiche, wie wenn die Engländer Hongkong besäßen. Bloch räumt aber ein, daß es zum Teil faktisch so sein mag, daß »in den Mittel-, gar Rechtsparteien statt der Symbiose die bekannte bourgeoise Antithese zu den noch unterentwickelten Arabern« da sei, und man so tue, als säße man in einem Kolonialland.[48]) Jedoch er hält fest: »Nichts ist einer Gruppe, die sich ausweglos verfolgt fühlt, selbstverständlicher, als das Recht auf eine rechtlich gesicherte Heimstätte, und gar auf die, der fast zweitausend Jahre das Gebet galt: Nächstes Jahr in Jerusalem.« Im Nachsatz allerdings setzt Bloch sogleich ein Fragezeichen hinter die zunächst von ihm konzedierten, legitimen nationalistischen Interessen Israels, wenn er anfügt: »Dabei freilich mag das Recht auf Heimstätte keineswegs ein verkapseltes, gar selber selbstgerechtes sein und bleiben, gar ein nationalistisches, auch anderswo üblich.«[49])

Der Zustand des im äußeren Bestand »dauernd gefährdet«[50])-Seins hindere allerdings auch daran, dem Geisthaften am Judentum, oder anders gesagt, »dem Salz der Erde Platz zu geben«. Damit fragt Bloch, ob die Fixierung auf die geographisch-nationalistische Absicherung des Judentums nicht zur Folge hat, daß das, was das Judentum ausmacht, seinen Geschmack verliert, so daß es sich teils gewollt, teils aufgezwungen selbst isoliert und abkapselt. »Die jetzige Zeit in Palästina war zu kurz und zu hart, immerhin wäre genau aus großer Sympathie und Erinnerung zu fragen, wann die Maler, Dichter, Musiker, ›Großdoktoren‹, wie Josephus sagte, in Israel kommen.« Eine nur rhetorische Frage formuliert Bloch, wenn er schreibt: »Und war es wirklich nichts als Assimilation, war es nicht zu bedeutendem Teil auch fruchtbarste Symbiose, wenn das Judentum ebenso – mit großem beiderseitigen Gewinn – hellenistisch lebte oder in der arabisch-spanischen, in der deutschen Kultur?« Seine Position diesbezüglich hatte er bereits im »Prinzip Hoffnung« dezidiert markiert: das Judentum gehört – als Salz der Erde – unter die Völker und nicht an einen Weltwinkel.

Landmann, der sich ansonsten äußerst kritisch über die Haltung Blochs zum Zionismus und zu Israel geäußert hatte, begrüßt Blochs Ansprache bei dieser Kundgebung geradezu als »Revokation« seiner bisherigen Position und kommentiert:

»Auch hier erklärt er, er sei kein Zionist. Auch hier verschweigt er nicht einiges Bittere. Aber seine Worte kommen aus einem warmen Herzen. Er prangert den Zynismus der UNO und der Sowjetunion an, die nichts taten, um Israel beizuspringen. Er verteidigt Israel gegen den schon damals in linken Kreisen laut werdenden Vorwurf, Israel sei, weil es den ersten Schuß tat, der Aggressor . . . Er bestätigt das historische Recht der Juden auf das Land . . . In jenen Wochen der Bedrohung der physischen Existenz Israels brach bei Ernst Bloch eben doch eine Solidarität mit Israel durch. Seine Kritik galt immer nur dem Wie seiner inneren und äußeren Politik, nie des Daß seines Daseins . . . Der Moment der Krise, der oft ein Moment der Wahrheit ist, offenbarte die elementare Identifikation . . . Nach der Ansprache in Frankfurt wurde deutlich: der Nicht-Zionismus Blochs ruhte trotz allem auf einem Ja zu Israel«.[51])

Hat Ernst Bloch mit dieser Ansprache wirklich eine Revokation seiner bisherigen Position vorgenommen? Muß man nicht vielmehr unterscheiden zwischen seiner Haltung zum theoretischen Konzept eines staatlichen Zionismus und seiner Haltung zu den konkreten Auseinandersetzungen im Gefolge der Realisation dieses Konzepts des staatlichen Zionismus? Bloch selber hat eine universalistische Lösung der sog. Judenfrage einer nationalistischen Lösung vorgezogen, und in diesem Punkt hat er, so scheint uns, seine Position nicht revidiert. Zu einem Zeitpunkt aber, wo es den Staat Israel bereits gibt und damit die nationalistische Lösung der sog. Judenfrage bereits ›realisiert‹ war, ging es nicht mehr um die Frage: u-topischer oder topischer Zionismus, sondern darum: wie ist mit dem konkreten Konflikt, der sich aus der Realisation des topischen, sprich staatlichen Zionismus ergeben hat, umzugehen und wie sind die (politischen) Konstellationen zu beurteilen. Im Blick auf diese konkreten Konstellationen kommt Bloch zu der Überzeugung, daß jetzt, wo die Dinge bereits diesen Verlauf genommen haben, das Recht auf eine gesicherte Heimstätte den Juden nicht abgesprochen werden könne; gleichwohl gilt für ihn weiterhin: die Wesensbestimmung des Judentums ist nicht im Nationalen zu suchen und damit auch nicht im Nationalstaat.

Abschließend sei noch auf zwei öffentliche Stellungnahmen zum Nahost-Konflikt – auf die wir aber im Rahmen dieses Beitrages nicht näher eingehen können – verwiesen; Ernst Bloch hat diese zwar nicht selber verfaßt, jedoch mitunterzeichnet: zum einen auf die »Gemeinsame Erklärung von 20 Vertretern der deutschen Linken zum Nahostkonflikt«[52]) (1967 bzw. 1968), die von Ernst Erdös »für die sozialistische Seite« und von Michael Landmann »für die zionistische Seite« verfaßt worden war;[53]) zum anderen auf den Offenen Brief an Ministerpräsident Kossygin »In Sachen Israel«[54]) (1969).

III. Ergebnis

Im Anschluß an die Erhebung der Positionsmarkierungen Blochs hinsichtlich der zionistischen Theoriebildungen des 19. Jahrhunderts einerseits sowie deren geschichtlicher Umsetzung und des daraus resultierenden Nah-Ost-Konflikts andererseits kann nun abschließend versucht werden, auf die eingangs aufgeworfenen Fragen eine Antwort zu geben; ob nämlich Bloch zum Zionismus schlechthin keinen Zugang gefunden hat und ob – und hier liegt schon eine implizite Beantwortung der ersten Frage vor – sein u-topischer Zionismus sich nicht geradezu stringent aus der Sinnlogik seines Verständnisses vom (wahren) Wesen des Judentums ergeben mußte.

Zur *ersten* Frage: Ernst Blochs Zionismuskritik ist, das wurde deutlich, keine Kritik der zionistischen Utopie schlechthin, sondern vielmehr Kritik einer bestimmten – für ihn – depravierten Form der zionistischen Utopie sowie deren geschichtlicher Realisation. Der ursprünglichen zionistischen Utopie mit sozialistischem Klang eines Moses Heß dagegen gilt Blochs Sympathie, weil jener einen Zionismus präsentiert habe, dem Zion überall ist; der so verstandene Zionismus kann sich aber nur in einer umfassenden Freiheitsbewegung aller unterdrückten Menschen verwirklichen. In diese zionistische Utopie vermag sich auch Ernst Bloch einzuschreiben, dem Zion ein u-topos, ein Nicht-Ort auf der geographischen Landkarte der Welt ist, ein Symbol für etwas die geographischen und nationalen Grenzen sowie Kategorien Sprengendes.

Zur *zweiten* Frage: Es wurde ebenfalls deutlich, daß den unterschiedlichen Fassungen der zionistischen Utopie(n) eine je andere Auffassung von Wesen und Sinn des Judentums zugrundeliegt; deshalb können die jeweiligen zionistischen Konzeptionen als *Funktion* der zugrundeliegenden (z. T. impliziten) Wesensbestimmungen des Judentums gelten. Wird das Wesen und die Identität des Judentums wesentlich vom Bestand des (auserwählten) Volkes her, und damit von seiner *nationalen* Identität her, entworfen, dann folgt daraus, daß die zionistische Utopie Zion topisch auf der geographischen Landkarte der Welt festmacht, wodurch die zionistische Utopie zu einem *topischen* bzw.

geographisch-staatlich festgelegten Zionismus wird. Sucht man dagegen das Wesen des Judentums von seinem Charakter als Religion her, und damit von seiner *religiösen* Identität her zu entwerfen, und sieht man – wie Bloch – diese religiöse Identität im messianischen Pathos bzw. in dem Umstand gegeben, prophetische Bewegung mit messianischem Affekt zu sein, Salz der Erde und messianisches Gewissen der Welt, dann folgt daraus, daß die zionistische Utopie utopisch konzipiert werden muß, ganz im Wortsinn also, daß nämlich Zion ein u-topos auf der geographischen Landkarte der Welt ist und somit gilt: hic Rhodus, hic salta, überall ist Zion. Die zionistische Utopie führt hier zu einem *u-topischen Zionismus*.

Die geographisch-nationalistische Zionismuskonzeption war und ist seit ihrem Entstehen und erst recht seit ihrem realpolitisch Wirksamwerden immer auch der Kritik aus den Innenräumen des Judentums ausgesetzt gewesen;[55]) insofern stellt die Zionismuskritik Blochs keinen Einzelfall dar, höchstens insofern, als er nur »uneigentlich« aus dem Innenraum desselben spricht, da er seinem eigenen Selbstverständnis gemäß zwar als Jude geboren wurde, das Jüdische für ihn aber gerade nicht an diesem biologischen Judentum festzumachen ist und er sich selber auch nicht über sein »biologisches« Judesein interpretiert. Orland macht im wesentlichen drei Gruppierungen innerhalb des Judentums aus, die Kritik an der geographisch-nationalistischen Zionismuskonzeption – allerdings aus jeweils ganz unterschiedlichen Motivationen heraus – üb(t)en: *Extremorthodoxe Kreise*, die dieser Konzeption zwar nicht prinzipiell ablehnend gegenüberstehen, aber der Überzeugung sind, daß nur der Erlöser selber die Juden nach Palästina führen könne; *liberal-assimilatorische Kreise*, die sich als integralen Bestandteil der Völker betrachten, unter denen sie leben; sog. *sozialistische Bundisten*, die zwar nicht für eine Auflösung des Judentums innerhalb der Völker plädierten, wohl aber für sozialistische Revolution verbunden mit der Pflege der jiddischen Sprache und Kultur.[56]) Wollte man Bloch einer dieser Gruppen zuordnen, so ist er wohl am ehesten – wenn überhaupt – zwischen den beiden zuletzt genannten anzusiedeln. Am ehesten schreibt sich Bloch mit seiner u-topischen Zionismuskonzeption in den Standpunkt beispielsweise eines Hermann Cohen[57]) ein. Dieser hatte während des Ersten Weltkrieges mit Martin Buber[58]) (und indirekt auch mit Franz Rosenzweig) eine innerjüdische Auseinandersetzung über die Begriffe »Völker«, »Staaten« und »Zion« geführt.[59]) Cohen lehnte den geographischen Zionismus im Sinne einer nationalen

Selbstbefreiung und -etablierung Israels zugunsten einer universalen Menschheitsbefreiung und zugunsten eines ethischen Sozialismus ab.[60]) Eben weil Bloch eine partikularistisch-nationalistische Lösung der sog. Judenfrage ablehnen mußte (aufgrund seines Verständnisses vom Wesen des Judentums) und sich statt dessen für eine universalistisch-gesamtmenschliche Lösung der sog. Judenfrage entschieden hat, konnte er sagen, daß der wahre Zionismus, verstanden als u-topischer Zionismus, in den Sozialismus münde, was nichts anderes heißen kann als in die umfassende Freiheitsbewegung der Befreiung aller unterdrückten und sich in diesem Sinn in der Diaspora befindenden Menschen.

Anmerkungen

1) M. Landmann, Das Judentum bei Ernst Bloch und seine messianische Metaphysik, in: Ders., Jüdische Miniaturen Bd. I: Messianische Metaphysik. Bonn 1982, S. 161–182, hier: S. 178.
2) Aus der Literatur zum Problemfeld des Zionismus sei im Rahmen dieses Aufsatzes verwiesen auf: N.N. Gelber, Zur Vorgeschichte des Zionismus. Judenstaatsprojekte in den Jahren 1695–1845. Wien 1927; A. Boehm, Die zionistische Bewegung. Berlin 1935; E. Berger, The Jewish Dilemma. New York 1946; A. Lilienthal, What Price Israel. Chicago 1953; M. Burrows, Palestine is our Business. Philadelphia 1956; D. Ben Gurion, Rebirth and Destiny of Israel. New York 1954; W.P. Eckert/N.P. Levinson/M. Stöhr (Hrsg.), Jüdisches Volk – gelobtes Land. Die jüdischen Landverheißungen als Problem des jüdischen Selbstverständnisses und der christlichen Theologie. München 1970; H.-J. Schoeps (Hrsg.), Zionismus. München 1973; Y. Harkabi, Palästina und Israel. Stutgart 1974; E. Ben Ezers, Unease in Zion. New York 1974; W. Laqueur, Der Weg zum Staat Israel. Wien 1975; P. v. d. Osten-Sacken (Hrsg.), Zionismus. Befreiungsbewegung des jüdischen Volkes. Berlin 1977; M. Stöhr, Zionismus. Beiträge zur Diskussion. München 1980; Y. Eloni, Zionismus in Deutschland. Von den Anfängen bis 1914. Gerlingen 1987 (Lit!).
3) Religiöser Z., Praktischer Z., Kultur-Z., Politischer Z., Synthetischer Z. Vgl. hierzu: »Konzeption der zionistischen Bewegung«, in: Kirche und Synagoge. Handbuch zur Geschichte von Christen und Juden. Darstellung mit Quellen, hrsg. v. K.H. Rengstorf/S. v. Kortzfleisch. Stuttgart 1970, Bd. II, S. 678 ff.
4) Dies hätte auch dann zu gelten, stellt man in Rechnung, daß Ernst Bloch selber sich bei der Kundgebung der Deutsch-Israelischen Gesellschaft 1967 als Nicht-Zionisten bezeichnet hat (vgl. unten S. 77), weil er, als er dies sagte, sich ebenfalls gegenüber einer ganz bestimmten Konzeption und Realisation von Zionismus abzusetzen suchte.

5) M. Landmann (1982), S. 161, 162.
6) Ebd., S. 180.
7) Ebd., S. 178.
8) Z. Levy, Die Bloch-Rezeption in Israel, in: Bloch-Almanach 5 (1985), S. 223–228, hier: S. 225.
9) J. Moltmann, Porträts zur deutsch-jüdischen Geistesgeschichte: Ernst Bloch. Radioessay vom 25. 7. 1988 (SDR/SWF/SR). Masch. Ms. S. 16.
10) Auf diese Frage werde ich ausführlicher im Rahmen meiner Dissertation eingehen, in der ich auch auf seine Grundlegung und religionsphilosophische Einlösung einer Theorie des Christentums (und damit auch des Judentums) zu sprechen kommen werde.
11) Dieses Kapitel, das erneut 1923 in der bei Paul Cassirer erschienenen Aufsatzsammlung »Durch die Wüste« publiziert wurde, datiert bereits aus dem Jahr 1912/13 und ist seiner ersten Frau, Else von Stritzky, gewidmet.
12) GA XVI, S. 320.
13) Ernst Bloch verwendete zu dieser Zeit noch mehrere andere Pseudonyme (Ferdinand Aberle, Jakob Bengler, Eugen Reich, Dr. Fritz May); die Verwendung von Pseudonymen war wohl ein Gebot der Stunde, da die Emigranten und Exilanten als Landesverräter galten, deren Aktivitäten von deutschen Stellen aus überwacht wurden. So durfte beispielsweise die »Freie Zeitung« gar nicht nach Deutschland eingeführt werden. Vgl. P. Zudeick, Der Hintern des Teufels. Ernst Bloch. Leben und Werk. Bühl 1987, S. 42.
14) Die Freie Zeitung (Bern) vom 17. 4. 1918, 2. Jahrgang Nr. 31, S. 1 passim.
15) Zitiert nach: F. Schreiber/M. Wolffsohn, Nahost. Geschichte und Struktur des Konflikts. Opladen (2. Auflage) 1989, S. 26–29.
16) GA XVI, S. 320.
17) Bloch »rühmte an den Juden, daß sie in der Diaspora viele große Begabungen hervorgebracht hätten, während aus Israel solche Begabungen nicht mehr kämen. Der gewaltige Jäger Nimrod (Gen 10,8) war für ihn der ›erste Israeli‹. Umsonst versuchte ich ihm auseinanderzusetzen, daß erstens die Diaspora in Europa durch Hitler vernichtet ist, daß sie sich weiterhin auflöst, daß ein eigener Nationalstaat für die Juden die einzige Form ist, als Volk weiter zu existieren, und daß zweitens ein Volk primär seine eigene Tradition leben muß und nicht die Aufgabe hat, die Welt mit bedeutenden Musikern und Physikern zu versehen«. Landmann (1982), S. 180–181.
18) Brief E. Bloch an A. Lowe vom 9. 12. 1947 (= Brief Nr. 30), in: Ernst Bloch. Briefe 1903–1975. Bd. II, Frankfurt 1985, S. 772–773, hier: S. 772.
19) *21. 6. 1812, zusammen mit Karl Marx Redakteur der »Rheinischen Zeitung« (Köln), zugleich ihr erster Herausgeber. 1848 bricht Marx mit Heß, 1858 Beitritt bei den Freimaurern, 1863–1870 Exil in Paris, +6. 4. 1875. – E. Silberner, The works of Moses Hess. An inventory of his signed and anonymous publications, manuscripts and correspondence. Leiden 1958; Ders., Moses Heß. Geschichte seines Lebens. Leiden 1966; B. Frei, Im Schatten von Karl Marx: Moses Heß. 100 Jahre nach seinem Tod. Wien 1977; H. Lademacher, Moses Heß in seiner Zeit. Bonn 1977; S. Na'aman,

Emanzipation und Messianismus. Leben und Werk des Moses Heß. Frankfurt a. M. 1982; Z. Rosen, Moses Heß und Karl Marx. Hamburg 1983.
20) *2. 5. 1860 Budapest, seit 1878 Studium der Rechtswissenschaft in Wien, 1891–96 Pariser Korrespondent der Wiener »Neuen Freien Presse«. Unter dem Einfluß des Dreyfus-Prozesses kam Herzl zu der Überzeugung, daß die Gründung eines jüdischen Staates notwendig sei (»Der Judenstaat«, 1896). Damit gab er den Anstoß zur Entstehung des sog. politischen Zionismus. Es gelang ihm, eine zionistische Massenbewegung zu organisieren. 1897 rief er den 1. Zionistischen Weltkongrreß zusammen und wurde zum 1. Präsidenten der Unistischen Weltorganisation gewählt. Er gründete eine nationale jüdische Bank und einen Fonds für den Ankauf von Land in Palästina. +3. 7. 1904 in Niederösterreich. Vgl.: A. Bein, Theodore Herzl. A Biography. Translated by M. Samuel. Cleveland 1962; The Complete Diaries of Theodor Herzl. Translated by H. Zohn, ed. by R. Patai. New York 1960.
21) GA V, S. 702.
22) Ebd., S. 700.
23) Ebd., S. 702.
24) Ebd., S. 702.
25) Ebd., S. 705 passim.
26) Ebd., S. 702.
27) Ebd., S. 705.
28) Ebd., S. 702.
29) Ebd., S. 703.
30) Englands Interesse habe einmal in der Sicherung des Überlandweges nach Indien gelegen. Zudem offerierte es 1903 Herzl auch Land in Ostafrika, zu dem ihm die Kolonisten fehlten. GA V, S. 706.
31) Kaiser Wilhelm II hatte 1898 mit Herzl über ein jüdisches Palästina unter deutschem Schutz und türkischer Oberhoheit diskutiert. Ebd.
32) S. o. Anm.
33) GA V, S. 707. – Am 17. Mai 1939 veröffentlichte die britische Regierung ein Weißbuch, d. h. eine Art Regierungsprogramm mit folgendem Inhalt: Palästina sollte in zehn Jahren ein unabhängiger arabischer Staat werden. Zugleich dramatische Einschränkung der jüdischen Einwanderung nach Palästina. In den Jahren 1939–1945 sollten nur noch 75 000 Juden nach Palästina einwandern dürfen. Vgl. F. Schreiber/M. Wolffsohn, Nahost. Geschichte und Struktur des Konflikts. Opladen (2. Aufl.) 1989, S. 105.
34) GA V, S. 708.
35) Ebd.
36) Ebd., S. 709 passim.
37) Ebd., S. 712–713.
38) Ebd., S. 713.
39) Vgl. dazu Moltmann (1988), S. 15.
40) Landmann (1982), S. 182.
41) Grenzzwischenfälle an der syrisch-israelischen Grenze im April 1967, Ägypten und Syrien setzen ihre Truppen in Bereitschaft und beschuldigen

Israel, eine Aggression zu planen. Am 30. 5. schließen Ägypten und Jordanien ein Verteidigungsbündnis gegen Israel, am 4. 6. tritt der Irak diesem Abkommen bei. Am 5. 6. eröffnet ein Präventivschlag der israelischen Luftwaffe den Sechstagekrieg, der mit einer Niederlage der arabischen Armeen endet. Am 8. 6. Waffenstillstand mit Jordanien und Ägypten, am 9. und 10. 6. Einnahme der Golan-Höhen. Am 10. bzw. 12. 6. brechen die Ostblockstaaten – mit Ausnahme Rumäniens – ihre diplomatischen Beziehungen zu Israel ab. Vgl. Schreiber/Wolffsohn (1989), S. 193–203.
42) Die Einladung zu dieser Kundgebung war bereits vor dem Sechs-Tage-Krieg ergangen; die Kundgebung fand aber nach Beendigung desselben statt. Vgl. Landmann (1982), S. 181.
43) GA XI, S. 419–424 Abdruck des Wortlautes der Ansprache Blochs, die wegen einer anonymen Bombendrohung kurzzeitig unterbrochen werden mußte. Ebenso in: Frieden im Nahen Osten. Zum arabisch-israelischen Konflikt. Ansprachen bei der deutsch-israelischen Kundgebung der Universität Frankfurt a. M. 27. 6. 1967. Frankfurt a. M. 1967, S. 15–22. Im Bloch-Archiv Ludwigshafen befindet sich eine Kopie des Manuskripts Blochs mit dem Titel: Kampf für Recht. Es handelt sich um 7 gez. Blätter; der Text ist zum Teil abweichend, was aber hier bei unserer Erhebung unberücksichtigt bleiben muß.
44) Entfällt.
45) Ebd., S. 422.
46) Ebd.
47) Ebd., S. 422–423.
48) Ebd., S. 423.
49) Ebd., S. 422.
50) Ebd., S. 422.
51) Landmann (1982), S. 181–182.
52) Abgedruckt in: Neue Deutsche Hefte 15 (1968), S. 103–119. Zu den Unterzeichnern gehörten über die bereits genannten hinaus: Alfred Andersch, Hans-Werner Bartsch, Walter Dirks, Iring Fetscher, Dietrich Goldschmidt, Helmut Gollwitzer, Günter Grass, Hans-Joachim Heydorn, Wolfgang Hildesheimer, Walter Jens, Uwe Johnson, René König, Odo Marquard, Heinz Maus, Alexander Mitscherlich, Helge Pross, Martin Walser, Peter Wapnewski, Ludwig von Friedeburg. – Anlaß der gemeinsamen Erklärung der deutschen Linken war, daß »zunehmend seit dem Sieg der Israelis Anfang Juni« 1967 – gemeint ist der Sechs-Tage-Krieg vom 5.–11. Juni 1967 – »Teile der Linken des Westens, und so auch in Deutschland, begonnen« hätten, »den Staat Israel anzuklagen.« Sehr differenziert wird in dieser Erklärung nach eher prinzipiellen Aussagen zum Selbstverständnis der Linken selber und nach durchaus kritischen Bemerkungen zur »zionistischen und israelischen Politik« zu den »Hauptvorwürfe(n), die gegen Israel gerichtet zu werden pflegen, Stellung« genommen: zum Vorwurf des Kapitalismus, des Neokolonialistischen Zionismus und des Imperialismus. Vgl. auch Landmann (1984), S. 18.
53) Ebd., S. 119.

54) Abgedruckt in: Neues Forum 16 (1969), S. 53–54. Unterzeichnet von: H.W. Bartsch, Wilhelm Dantine, Iring Fetscher, Helmut Gollwitzer, Herbert Heiss, Wolfgang Hildesheimer, Michael Landmann, Kurt Lüthi, René Marcic, Helge Pross, Erika Weinzierl, Wilhelm Weischedel, Ernst Wolf. – 1969, als der Abnutzungskrieg von seiten Ägyptens erneut intensiviert wurde und die Sowjetunion die arabischen Staaten bzw. die PLO nicht nur mit Waffen unterstützte, wandten sich, wie erwähnt, 14 Unterzeichner »In Sachen Israel« an Ministerpräsident Kossygin, da man nicht stillschweigend mitansehen könne, wie der substantiell tragende Kern des jüdischen Volkes abermals von Vernichtung bedroht werde, diesmal durch die arabischen Staaten, deren erklärtes Ziel »die totale Extermination des Staates (Israel) sowie seiner sämtlichen jüdischen Bürger nach nationalsozialistischem Vorbild« sei. Die einseitige – moralische wie waffenmäßige – Unterstützung der arabischen Staaten sei nicht nur gefährlich, sondern impliziere auch als Möglichkeit die Existenzpreisgabe Israels und komme nicht dem Fortschritt der leidenden arabischen Völker zugute, sondern lediglich »dem pathologischen Haß gegen Israel«. Angesichts dieser Situation wachse der Sowjetunion eine »neue Verantwortung« zu. Die Unterzeichner des Offenen Briefes fordern diese daher auf, die Gewährung weiterer Hilfen für die arabischen Staaten »von der Bereitschaft der Araber abhängig zu machen, mit Israel einen Modus vivendi zu finden«.
55) Zionismuskritik aus den »Außenräumen« des Judentums steht immer unter dem Verdacht, eine Art versteckter Antisemitismus zu sein. Vgl. dazu: J. Améry, Der ehrbare Antisemitismus, in: M. Stöhr (1980), S. 68–85: »... in der Tat (ist) der Antizionismus nichts (...) als ein dürftig drapierter Antisemitismus« (S. 69); eine Seite weiter fährt Améry fort, indem er Hans Mayer zitiert: »Wer den Zionismus angreift, aber beileibe nichts gegen Juden sagen möchte, macht sich oder anderen etwas vor« (S. 70).
58) N. Orland, Zionismuskritik in Israel heute, in: M. Stöhr (1980), S. 86–101, hier: S. 86–89.
57) *4. 7. 1842, +4. 4. 1918, gilt als Begründer des Marburger Neukantianismus, seit 1876 Prof. in Marburg, 1913 emeritiert. Vgl. LThK II, S. 1003–1004.
58) H.L. Goldschmidt, Hermann Cohen und Martin Buber. Genf 1946; R. Weltsch, Nationalismus, Zionismus und der jüdisch-arabische Konflikt in Martin Bubers Theorie und Wirksamkeit, in: Bulletin des Leo-Baeck-Instituts 9 (1966), S. 21–84. Vgl. auch Theologische Realenzyklopädie VII (1981), S. 253–258: Art. Buber, Martin (Lit!).
59) Kirche und Synagoge (s. Anm. 3), S. 693.
60) F.-W. Marquardt, Zionismus – Selbstbefreiung und Befreiung anderer, in: M. Stöhr (1980), S. 30–42, hier: S. 30.

ERNST BLOCH UND BERTOLT BRECHT
Neue Dokumente ihrer Beziehung

Von Erdmut Wizisla

ERNST BLOCH · SUBJEKT-OBJEKT

Bertolt Brecht
und Helene Weigel
in herzlicher Freundschaft

Ernst Bloch
Leipzig, Oktober 1951

Eines der Widmungsexemplare Blochs in Brechts Bibliothek
(Foto: Bert-Brecht-Archiv)

Spätestens als die Blochs 1952 in die ruhige Leipziger Wilhelm-Wild-Straße gezogen waren, durften sie annehmen, daß jede Sorge um den Erhalt ihres Eigentums überflüssig sei. Niemand hätte ahnen können, daß dem Leben und Schreiben bedrohenden Exil noch einmal eine Gefährdung folgen sollte, der schließlich wieder Bücher, Arbeitsmaterialien und Erinnerungsstücke zum Opfer fielen. Die Manuskripte waren zum Glück gerettet, als der Staatssicherheitsdienst das Haus in Schleußig räumte. Wir wissen weder, was man herausschleppte, noch, was damit geschehen ist. Ein Problem, vor das sich die auf Quellen angewiesene Forschung eben auch für die zweite Hälfte dieses Jahrhunderts gestellt sieht: Was könnte erhalten sein, wo liegt es; was wurde verramscht oder vernichtet? Noch liegt alles im Bereich der Spekulation, und es ist nur zu hoffen, daß aus Archiven und Geheimdepots noch einiges ans Tageslicht kommt. Blochs Leipziger Unterlagen müßten auch Dokumente enthalten, die Brecht betreffen. Solange sie verschollen sind, müssen wir uns mit andernorts Erhaltenem begnügen.

Es ist bekannt, daß Ernst Bloch in Bertolt Brecht einen Wahlverwandten seiner Ideen gesehen hat. Der Philosoph hat Brecht geliebt und gern zitiert; kaum ein Buch Blochs, in dem er auf Brechts Namen verzichtet hätte. Weniger geläufig ist hingegen, daß Brecht Blochs Sympathie erwidert hat. Im folgenden werden Sachverhalte und bislang ungedruckte Briefe mitgeteilt, die das Bild vom Verhältnis beider ergänzen. Es sind Bausteine für die Geschichte einer Beziehung, deren Analyse noch aussteht.

1

»Wir wollen es nicht so sein lassen, nicht?«

Ernst Bloch und Bertolt Brecht lernten sich 1921 in einer Berliner Kutscherkneipe in der Augsburger Straße kennen. Der früheste Zeitpunkt läßt sich mit November 1921 angeben. Im September hatte der Münchner Neue Merkur Brechts Flibustiergeschichte »Bargan läßt es sein« gedruckt, Anfang November reiste Brecht zum zweiten Male nach Berlin. Bloch stand ganz unter dem Eindruck der Erzählung, aus der ein Satz es ihm besonders angetan hatte. Bloch entdeckte in ihm eine Montage aus der Sprache der Hegelschen Phänomenologie, schnoddrigstem Münchnerisch und Berlinerisch sowie »ein Stück Gerstäcker«.

»Das war mir geblieben. Als ich nun erfuhr, daß Brecht im Lokal ist, stand ich auf, setzte mich auf den Stuhl nebendran, sprach kein Wort, bestellte mir auch ein halbes Helles, hob das Glas und sagte: ›Das Wasser stieg mit dem Ernst einer Erscheinung, die ihr Handwerk versteht, prost!‹ Er blickte erstaunt auf, wurde ein bißchen rot und sagte: ›Bargan läßt es sein. Wir wollen es nicht so sein lassen, nicht? Bertolt Brecht.‹ Ich nannte meinen Namen und so fing die Bekanntschaft an. Mit einem fast unbekannten jungen Mann.«[1])

Für die zwanziger Jahre können wir von regelmäßigen Begegnungen zwischen Bloch und Brecht ausgehen. Anläßlich von Erinnerungen an Walter Benjamin sprach Bloch später sogar von einem »kleinen Freundeskreis: Adorno, Kracauer, Weill, Brecht, ich und wenig andere«.[2]) Natürlich hatte Bloch die »Dreigroschenoper« gleich gesehen.[3]) In der Musikzeitschrift der Universal-Edition veröffentlichte er einen Beitrag zum »Lied der Seeräuber-Jenny«, in dem er vor dem Mißverständnis der »Dreigroschenoper« als heiteres und romantisches Stück warnte und auf die Abgründe des Textes hinwies.[4]) 1931 erlebte Bloch die Endproben der »Mahagonny«-Aufführung im Theater am Kurfürstendamm mit, wie seine detaillierten Erinnerungen belegen.[5]) Bloch ist immer wieder vehement für Brecht eingetreten. Brechts wegen kam es 1932 beispielsweise zu einer ernsthaften Auseinandersetzung mit Siegfried Kracauer, dem Bloch vorwarf, im Zusammenhang mit dem Verbot von »Kuhle Wampe« »Arm in Arm mit der Zensur« gegangen zu sein und »einem blinden häßlichen Haß gegen Brecht« Ausdruck gegeben zu haben.[6])

2

»Wie hoch reicht da das Klassenbewußtsein hinein?«

Kaum bekannt ist, daß Ernst Bloch teilhatte an der Konzeption einer Zeitschrift, die 1931 mit dem Titel »Krise und Kritik« im Rowohlt Verlag erscheinen sollte. »Krise und Kritik« hätte von Herbert Ihering unter Mitwirkung von Walter Benjamin, Bertolt Brecht und Bernard von Brentano herausgegeben werden sollen. Es lagen bereits weitgehende Überlegungen zur Programmatik, Arbeitsweise, zu Themen und Mitarbeitern vor. Brecht und Benjamin prägten vor allem das Projekt, dessen Absicht es war,

»die bisher leere Stelle eines Organs ein[zu]nehmen, in dem die bürgerliche Intelligenz sich Rechenschaft von den Forderungen und den Einsichten gibt, die einzig und allein ihr unter den heutigen Umständen eine eingreifende, von Folgen begleitete Produktion im Gegensatz zu der üblichen willkürlichen und folgenlosen gestatten«.[7])

Auf der provisorischen Mitarbeiterliste ist Bloch nicht genannt.[8]) Er hat aber an mindestens einer der Redaktionssitzungen teilgenommen, wie die überlieferten Gesprächsprotokolle im Frankfurter Benjamin-Archiv belegen. Bloch meinte diese oder eine zeitlich unmittelbar benachbarte Sitzung, als er sich, anders datierend, in einem Gespräch erinnerte:

»An einem Abend, so um '27 wahrscheinlich, kamen folgende Herren in einer Wohnung zusammen: der Theaterkritiker Ihering, der auf der Seite von Brecht war im Gegensatz zu Kerr (›der nächste Kerr bitte‹, wurde damals verlangt), der Feuilletonkorrespondent der ›Frankfurter Zeitung‹ Siegfried Kracauer, der Essayist und Philosoph Walter Benjamin, der Stückeschreiber Bertolt Brecht und der Essayist und Philosoph Ernst Bloch. Die kamen zusammen zu dem Plan, gemeinsam ein Gremium zu bilden, das eine neue Zeitschrift herausgibt. Sie sollte den Titel tragen: ›Zeitschrift für Kulturbolschewismus‹. Unter ›Kulturbolschewismus‹ verstand man damals das Bauhaus; Gropius und alles, was eben da gut und teuer und fremdartig und sonderbar war und epatierend, das alles war ›Kulturbolschewismus‹.«[9])

Exakt die von Bloch angeführten Personen – sie müssen lediglich um den eher peripher beteiligten Bankbeamten Gustav Glück ergänzt werden – waren am 26. November 1930 zusammengekommen, um Themen der ersten Hefte festzuhalten.

Blochs Anteil am Gespräch ist knapp, aber kennzeichnend. Brecht, dem sehr an der Erarbeitung von Bewertungskriterien für das Denken gelegen war, schlug als Thema vor: »Wie wird denn überhaupt wissenschaftlich gedacht?« »Bloch: erwidert darauf, daß in den verschiedenen Wissenschaften verschieden gedacht wird.« Den dieser Replik unmittelbar folgenden Themenvorschlag »Über das Klassen-Denken« dürfte Bloch eingebracht haben, denn er ergänzte dazu: »Wie hoch reicht da das Klassenbewußtsein hinein?« Und es war wohl auch Bloch, der dieser Frage eine weitere Anregung folgen ließ: »Über das Buch von Lucács[!]: Geschichte und Klassenbewußtsein ein Referat schreiben, sehr wichtig, aber nichts fürs erste Heft.« Die sieben Jahre nach Erscheinen von »Geschichte und Klassenbewußtsein« zunächst überholt wirkende Idee wird durch die heftige Attacke begreifbar, die von seiten der Kommunistischen Partei gegen das Buch geführt wurde. Bloch war – wie auch Benjamin im Jahr zuvor[10]) – nicht bereit, die Ablehnung des Buches zu respektieren.

Die Antwort auf die Frage, »was er für das erste Heft schreiben will«[11]), ist Bloch in dem Gespräch schuldig geblieben. Von »Krise und Kritik« erschien kein Heft; die divergierenden Interessen der Beteiligten konnten nicht zusammengeführt werden.

3

»Mit den Stil- und Denkmitteln unserer Oberlehrer auf den Universitäten geht das eben nicht.«

Unmittelbar nach dem »Internationalen Kongreß zur Verteidigung der Kultur« im Juni 1935 in Paris setzte ein Briefwechsel zwischen Ernst Bloch und Bertolt Brecht ein, von dem drei Stücke überliefert sind. Es kann davon ausgegangen werden, daß weitere fehlen. Blochs Schreiben vom 16. Juli 1935, das an dieser Stelle abgedruckt sei, ist eine Antwort auf Brechts gleich nach dem Schriftstellerkongreß geschriebenen Brief, in dem dieser die Pariser Zusammenkunft der Schriftsteller ironisierte und das unterbrochene Gespräch über »Erbschaft dieser Zeit« wieder aufnahm:

»Lieber Ernst Bloch, unser Colloquium interruptum unter dem Röhren der großen Geister (es ist schwer, ein vernünftiges Wort zu sprechen, wenn um jeden Preis die Kultur gerettet werden soll) hat mich wieder auf Ihr Buch gestoßen. Ihre Eulenspiegeleien eines großen Herrn.«

Spöttisch warf Brecht dem Autor von »Erbschaft dieser Zeit« »regelwidriges Benehmen als Philosoph« vor; der Bratenrock könne jetzt nicht ausgezogen werden. Es sei systematisch vorzugehen, bei Weltuntergängen müsse man sich verlassen können. Brecht verband mit seinen Vorwürfen eine Bestellung:

»Es könnte eine große Sache sein, wenn Sie sich die Philosophie vornähmen und untersuchten, wo das abendländische Berufsdenken absackt, weil es auf Anpassung an nicht mehr haltbare ökonomische, politische Zustände ausgeht. Es muß da ganz große verödete Felder geben, höchst interessante Problemschrumpfungen. [. . .] Aber Sie müssen das Buch, dieses Buch unter allen Umständen im akademisch-philosophischen Jargon schreiben, ja, in diesem Gaunerwelsch. Sie verstehen: in wissenschaftlichem Ton.«[12])

Bloch antwortete wie folgt (Bertolt-Brecht-Archiv 654/158):

16.7.35 Montrouge (Seine) près Paris/ 42, Place Jules Ferry
6.8.35 (leider liegen geblieben)

Lieber Bert Brecht,

es halten sich Spass und Ernst in Ihren freundschaftlichen Zeilen ununterscheidbar die Wage. Unterscheidender antworte ich: wenn ein bedeutender Dichter sich heutzutage, aus guten Gründen »literarisiert« oder »theoretisiert«, vielleicht hat es dann auch seinen überlegten Sinn, wenn umgekehrt Philosophen den Bratenrock ausziehen, gelegentlich, und das treiben, was leicht wie Allotria (allerdings niemals wie Eulenspiegelei) aussieht. Es wachsen dadurch der Erkenntnis neue Formen zum Zweck der Durchdringung oder auch nur Beachtung kleiner, abseitiger, irritierender Gegenstände zu, deren Gewicht bei durchgehends würdiger Methode gar nicht wägbar ist. Aber vielleicht meinen wir etwas ganz Verschiedenes, und ich wäre Ihnen dankbar, wenn Sie mir numerieren würden, was denn Ihnen (der Behandlung, dem Stoff nach?) dem Guten im Weg steht. Das wäre zugleich eine Fortsetzung unseres Gesprächs, das Problem der nicht ausgekreisten, sondern endlich fachkundig besetzten und besiegten »Wärme« (»Irratio«) betreffend. (Jetzt schon macht sich, weil man gar nichts davon versteht und gar nichts hierin getan hat, in der Partei eine Art Vulgärmystizismus breit). Mein nächstes Buch rückt dem »Dunkel« spezifisch auf den Leib und lehrt, zu sprechen, das heisst, denen, die munkeln, aufs faschistische Maul zu schlagen (Vulgärmystizisten bei uns putzt es die Zähne). Aber mit den alten Anschlägen, mit den Stil-und Denkmitteln unserer Oberlehrer auf den Universitäten geht das eben nicht. Zum (höchst erwünschten) Lehrbuch mit Paragraphen ist noch nicht die Zeit und auch noch nicht der Stoff. Auch Experiment im Vielen, mit einheitlich festgehaltenem Ziel, bereitet ihn vor.

Kurz, ein kleiner Briefwechsel wäre hier nützlich. Herzlich

Ihr Ernst Bloch.

Es ist deutlich, daß hier voeinander abweichende Vorstellungen über die Art, wie im Angesicht der Gefahr Philosophie zu betreiben sei, formuliert werden. Während Brecht meinte, den faschistischen »Fälschungen« der Kultur könne man nur mit erprobten, wissenschaftlichen Mitteln begegnen, sah Bloch gerade im Überschreiten herkömmlicher Methoden neue Möglichkeiten, das Vergangene vor dem Mißbrauch zu schützen.

Auch Brechts zweiter Brief bezog sich auf den Übergriff faschistischer Ideologie auf das abgekühlte Gefühlsleben der Menschen.[13])

Aus der Exilzeit sind bislang keine weiteren Briefe zwischen Bloch und Brecht aufgetaucht. Man kann sich jedoch vorstellen, daß es auch im amerikanischen Exil Berührungen gab. Bloch und Brecht gehörten 1944 zu den Gründungsmitgliedern des Aurora-Verlags New York, den Wieland Herzfelde ins Leben gerufen hatte, Gesprächspartner beider auch nach dem Exil, wo er nur wenige Häuser von Blochs entfernt in Leipzig wohnte.

4

»Dein Hans Pfeiffer scheint wirklich begabt.«

Nach der Rückkehr Blochs und Brechts in den Ostteil Deutschlands wurde die Beziehung erneuert. Bloch und Brecht lebten in einer Phase der intensiven Umsetzung langjähriger Pläne, die der Leipziger Lehrstuhl und das Berliner Ensemble ihnen boten. Gelegenheiten der Begegnung gab es reichlich, und es waren nicht nur offizielle. Karola Bloch berichtet, daß Bloch im Sommer 1951 bei Brechts in Weißensee wohnte, als er seine Tochter Mirjam wiedertraf. Brecht ist offenbar öfter bei Blochs in Leipzig gewesen.[14] Allerdings waren das wohl kaum ausgedehnte Treffen. Was sie zusammenführte, war die Arbeit. Für den Austausch von Höflichkeiten blieb da kein Raum.

Zeugnisse der gegenseitigen Wertschätzung haben sich erhalten. Dazu zählen auch die Widmungsexemplare Blochscher Bücher in Brechts Bibliothek: »Subjekt–Objekt« (1951) – die »Erläuterungen zum Hegel« hatte Brecht schon Peter Huchel gegenüber hervorgehoben[15] –, »Avicenna und die aristotelische Linke« (1952) und der erste Band von »Das Prinzip Hoffnung« (1954). Der zweite enthält keine Widmung.[16]

Der im folgenden mitgeteilte Briefwechsel belegt einmal mehr, daß Bloch und Brecht einander keineswegs nur mit Distanz begegneten.[17] Blochs Brief, dessen Durchschlag sich wie Brechts Antwort im Besitz von Prof. Hans Pfeiffer in Leipzig befindet, lautet (Bertolt-Brecht-Archiv E 23/156–157):

10.11.53
Prof.Bl./Fr.

Herrn
Bertolt Brecht

Berlin-Weissensee
Berliner Strasse 190

Lieber Brecht,

es ist eine besondere und schöne Angelegenheit, in der ich mich an Dich wende. Ein Student der Philosophie, Hans Pfeiffer, Lehrer an der Oberschule in Grimma für deutsche Geschichte, ein reifer und vorzüglicher Mann, hat ein Stück geschrieben, das im Theater in Greifswald angenommen wurde und dort im Februar voraussichtlich seine Premiere haben wird. Herr Pfeiffer hat das Stück mir grossenteils vorgelesen. Ich finde es spannend und beziehungsvoll, auch, soweit ich von der Sache etwas verstehe, technisch gut gemacht. Jener Grundsatz jeder dramatischen Technik scheint mir hier beherzigt zu sein, der sich mit der Aufschrift bei Neubauten deckt: Nichtbeschäftigten ist der Zutritt zur Baustelle untersagt. Ich habe Dir schon einmal zwei Herren geschickt und Deine Zeit damit in Anspruch genommen, zwei Herren, die keineswegs das Kaliber Pfeiffers haben. Ausserdem handelt es sich nicht um Beratung eines Anfängers, sondern freundliche Kenntnisnahme eines Kollegen, der schon sehr viel von Dir gelernt hat und dankbar dafür wäre, noch mehr zu lernen. Also gab ich Herrn Pfeiffer den Rat, mit gleicher Post das Stück an Dich zu schicken mit der Bitte, es zur Kenntnis zu nehmen und den dramatischen Kleiderstoff mit dem Finger zu prüfen. Natürlich wäre der Verfasser besonders erfreut darüber, wenn er Dich zu einer Dir gelegenen Zeit einmal in Berlin besuchen und sprechen könnte.
Ich weiss, und fühle mich mit Dir auch hierin solidarisch, dass Du nicht sonderlich gern Briefe schreibst. Trotzdem ist hier der besondere Fall so, dass eine baldige Antwort auch sachlich äusserst erspriesslich und dankenswert wäre.

Am Schluss zu etwas anderem. Du erinnerst Dich vielleicht, dass ich Dir auf Dein Ersuchen für das »Theaterarbeit«-Buch eine ältere Arbeit schickte über das Deine mit dem Titel »Ein Leninist der Schaubühne«. Klar, dass das nicht in den Zusammenhang passte, der sich überwiegend mit der Arbeit des Berliner Ensembles beschäftigte. Immerhin freut es mich, dass ich diesen sehr umgearbeiteten alten Aufsatz, der einmal in der »Weltbühne« erschienen war, nun in den ersten Band des Buches »Das Prinzip Hoffnung« hineingenommen habe, wo er auch als Zeichen unserer alten Verbundenheit seinen Mann stellen möge. Denn es gibt keine tüchtige Philosophie, wo der Brecht der Lehrstücke und auch des noblen Vergnügens[18]) nicht vorkommt.

Herzlich
Dein[19])

Brecht antwortete (Bertolt-Brecht-Archiv E 22/92):

BERTOLT BRECHT 17. Januar 1954

Lieber Bloch,

Dein Hans Pfeiffer scheint wirklich begabt, aber er hält hoffentlich sein Stück nicht für eine Anklage gegen den Kapitalismus. Da ist eher so etwas wie ein neuer Ödipus darinnen. Es ist schade, daß das Stück nicht in Deutschland spielt, denn gerade dieses »von nichts wissen und Höheres anstreben« ist verdammt deutsch. Ich werde zur Premiere in Greifswald jemanden schicken, falls ich erfahre, wann sie stattfindet. Und natürlich spreche ich gern mit Pfeiffer.

Über die Aufnahme Deines Aufsatzes in das Buch freue ich mich sehr. Wann kann man es zu lesen bekommen?

Alles Gute, Dein brecht

Hans Pfeiffer (Jahrgang 1925) studierte von 1952 bis 1956 am Institut für Philosophie und war dann Assistent für Ästhetik. 1957 mußte er das Institut verlassen, weil er Blochs Entlassung nicht zustimmen wollte.

Pfeiffers Stück »Nachtlogis«, das den Anlaß für die Briefe gab, spielt 1832 in London. Ein englischer Anatom, der an einem Atlas des menschlichen Körpers arbeitete, wurde Mitwisser verbrecherischer Methoden, um das geltende Sezierverbot zu umgehen. Pfeiffer sah den Grundkonflikt darin, »daß ein Wissenschaftler [. . .], der objektiv dem Fortschritt der medizinischen Wissenschaft, damit also der Förderung der Humanität diente, dieses Ziel nur durch die Schuld seiner Gesellschaft, nur durch inhumane Mittel erreichen konnte«.[20] Der Dramatiker legte – vor allem in seiner Vorrede – den Schwerpunkt auf die »sozialen Ursachen«: »Eine Gesellschaft, die auf dem Verbrechen beruht – nämlich auf dem permanenten Diebstahl höchsten menschlichen Wertes, der Arbeitskraft – muß notwendig Verbrechen erzeugen: Krieg, Mord, Raub, Erpressung, Korruption, Spekulation, Prostitution.«[21] Offenbar war es dieser Akzent, der Brecht zu dem Hinweis veranlaßte, eher als eine Anklage gegen den Kapitalismus sei »so etwas wie ein neuer Ödipus« im Stück. Brecht warnte davor, die Tragik individueller Schuld auf die Gesetze der Klassengesellschft zu übertragen. Hans Pfeiffer verstand seine Figur – wie es in der Vorbemerkung zum Stück hieß – als »einen Mann, auf den das Brechtsche ›von nichts wissen und Höheres anstreben‹ zutrifft, einen modernen Parzifal sozusagen, der nichts fragt und der nichts weiß. Dieses ›von nichts wissen und Höheres anstreben‹ ist in der Vergangenheit Ursache zur Verübung und Duldung scheußlicher Verbrechen gewesen.«[22]

Die Uraufführung von »Nachtlogis« fand nicht – wie geplant – in Greifswald statt. Man hatte das Stück abgesetzt, weil der Universität für wissenschaftliche Zwecke immer noch zu wenig Leichen zur Verfügung standen.[23]) Zu der Premiere, die erst am 27. Februar 1955 in Altenburg stattfand[24]), hatte Brecht, Pfeiffers Erinnerung nach, niemanden geschickt. Auch ein Gespräch zwischen Pfeiffer und Brecht kam nicht zustande.[25])

Den Beitrag über die Arbeit des Berliner Ensembles für »Theaterarbeit« hätte Bloch schreiben können. Er kannte natürlich die Inszenierungen des Theaters. Sein Dank für Ehrenkarten zur »Kreidekreis«-Premiere 1954 hat sich beispielsweise erhalten.[26])

5

»Versuchen wir also, den großen Sprachpfleger und Schatzgräber für unsere Akademie zu interessieren.«

Das Jahr 1955, in dem er seinen 70. Geburtstag feierte, brachte endlich die verdienten offiziellen Ehrungen für Ernst Bloch. Im März wählte ihn die Deutsche Akademie der Wissenschaften zu ihrem Ordentlichen Mitglied. Zum Geburtstag am 8. Juli erhielt er auch Glückwünsche von Wilhem Pieck, Otto Grotewohl und Walter Ulbricht. Außer dem Vaterländischen Verdienstorden am 8. Juli gab es am 7. Oktober den Nationalpreis II. Klasse für Wissenschaft und Technik »in Anerkennung seiner hervorragenden Mitwirkung an der Entwicklung der Friedenswirtschaft«.[27])

Brecht hatte Anteile an den Würdigungen. Daß er dabei nicht einer formalen Gewohnheit nachkam, sondern wirklich etwas von Bloch erwartete, zeigt unter anderem auch ein Vorschlag, den Brecht auf der Präsidiumssitzung der Akademie der Künste vom 1. März 1955 unterbreitete. Es solle unbedingt versucht werden, vier bis fünf ausgezeichnete Vorträge zu organisieren, um den Mitgliedern die Möglichkeit zu geben, »sich mit zentralen Fragen zu beschäftigen«. Die Liste der ins Gespräch gebrachten Referenten, zu denen auch Hans Mayer, Wolfgang Steinitz und Jürgen Kuczynski zählen, wird von Ernst Bloch angeführt.[28])

Im Umfeld des 70. Geburtstages von Ernst Bloch ist Brecht mehrfach um Äußerungen gebeten worden. Max Schroeder ersuchte ihn in einem Schreiben vom 28. Januar 1955 um einen Beitrag für die geplante Festschrift des Aufbau- Verlages.[29]) Brechts Reaktion darauf ist nicht überliefert. Die Festgabe des Verlages zum 70. Geburtag enthält jedoch nur Texte von Bloch selbst.[30])

Blochs Leipziger Kollege Rugard Otto Gropp, der später noch vehement gegen Bloch auftreten sollte, wandte sich am 16. April 1955 mit der Frage an Brecht, ob dieser einverstanden sei, auf die Tabula gratulatoria der akademischen Festschrift gesetzt zu werden.[31]) Käthe Rülicke teilte Gropp Brechts selbstverständliches Einverständnis mit[32]), und die Festschrift des Deutschen Verlags der Wissenschaften führte unter den Gratulanten Brechts Namen auf.[33])

Vier Wochen vor dem Geburtstag bat der Rektor der Karl-Marx-Universität, Georg Mayer, Brecht, ein persönliches Glückwunschschreiben für eine Geschenkmappe der Universität mit Gratulationsbriefen von namhaften Persönlichkeiten, Freunden und Kollegen Blochs zu verfertigen.[34]) Die Geschenkmappe ist bislang noch nicht aufgetaucht. Es ist zweifelhaft, daß Brechts knapper Geburtstagsbrief aus Buckow darin enthalten war.[35])

Auch zur Verleihung des Nationalpreises läßt sich Brechts Zustimmung belegen. Bereits am 22. Juni 1954 hatte die Sektion Dichtkunst und Sprachpflege in die Plenartagung der Akademie den Vorschlag eingebracht, Ernst Bloch mit dem Nationalpreis auszuzeichnen.[36]) Es lag eine auf den 15. Juni 1954 datierte Begründung Wolfgang Harichs vor, in der ausdrücklich auch auf Blochs Verhältnis zur Literatur und zu Brecht verwiesen wurde. Blochs Werk stehe, hieß es darin, auch mit der fortschrittlichen deutschen Literatur der Gegenwart in Wechselwirkung; »seine kritischen Äußerungen zur Dramentheorie Bertolt Brechts usw. sind aus der Literaturgeschichte des demokratischen Deutschland nicht mehr fortzudenken«.[37])

Man mag in der Akademie 1954, als Blochs Philosophie nicht widerspruchslos in der Öffentlichkeit galt, die Weitergabe des Vorschlages nicht für opportun gehalten haben. Denkbar ist auch, daß die Auszeichnungsabsicht auf größeren Widerstand als im Würdigungsjahr 1955 stieß, wo auch nur die II. Klasse in Frage kam. Jedenfalls erneuerte die Sitzung der Sektion Dichtkunst und Sprachpflege am 14. April 1955 ihren Vorschlag.[38]) Die Bitte um Stellungnahme zu den Nationalpreisvorschlägen, die an den abwesenden Brecht schriftlich ging[39]), beantwortete dieser am 16. Mai 1955 mit einer Befürwortung der Vorschläge Bloch, Leonhard Frank, Hans Mayer und Ludwig Renn.[40]) Bestätigt wurden auf der Präsidiumssitzung am 10. Juni 1955 unter den Vorgeschlagenen Alexander Abusch, Ernst Bloch, Hans Mayer und Alfred Kantorowicz.[41])

Für Bloch war als Auszeichnungsgrund »sein philosophisches Lebenswerk«[42]) angegeben worden. Am 7. Oktober hat Brecht Bloch telegraphisch zum Nationalpreis gratuliert.[43])

Das schönste Zeugnis der Achtung Brechts vor Bloch ist Brechts Versuch, die Akademie der Künste dazu zu bringen, Ernst Bloch als Ordentliches Mitglied zu berufen. Brecht bezog sich in seinem Schreiben, das in einem maschinenschriftlichen Durchschlag im Bertolt-Brecht-Archiv überliefert ist (Signatur 1122/31–32), auf die Zuwahl Blochs in die Akademie der Wissenschaften. Der Text dürfte auf Frühjahr 1955 zu datieren sein.

An die Akademie der Künste in Berlin

Ich höre, dass Bloch einem Ruf in die Akademie der Wissenschaften folgen wird. Diese Geneigtheit eines grossen und freien Geistes zu solcher Tätigkeit sollten wir gleich ausnutzen und ihn auffordern, auch uns zu helfen. Warum sollen gerade wir ihn ungeschoren lassen?

Es ist nicht nur, dass sich dieser ungelehrige Gelehrte allezeit mit den Künsten ausnutzbar befasst hat, er hat auch seine Wissenschaft auf erstaunlich künstlerische Weise betrieben. Welche Gepflogenheit ihm das Misstrauen mancher seiner Kollegen zugezogen haben dürfte. Welches Misstrauen ihm allerdings schon an und für sich gebührte, da er an Probleme oft von einer Seite heranging, die von der Wissenschaft noch nicht wahrgenommen worden war und also als unwissenschaftlich bezeichnet werden konnte. Er glich mitunter jenem Mathematiker, der den Flächeninhalt einer unregelmässigen Figur auf folgende Art berechnete: Er zeichnete sie auf einen Karton, schnitt sie mit der Schere aus und legte sie auf eine Waage. Dann schnitt er ein einfaches Viereck aus, legte es auf die andere Waagschale und fügte solange einfache, leichtberechenbare Streifen zu, bis er ein Gleichgewicht erzielte. Fachleute haben oft etwas gegen Leute, die die Grenzen ihres Faches nicht respektieren, sondern erweitern. Bloch leistet sich manche Übergriffe mit den Begriffen. Er hat genug Phantasie, kühn zu sein. Und damit sind wir bei den Künsten angelangt, denn Kühnheit ist es, was wir brauchen können. Und bestände sie nur im Humor, den Bloch in die Philosophie einzuführen, kühn genug war. Die Kühnheit in den Künsten entspricht in keiner Weise der Kühnheit, mit der in unserer jungen Republik die altgewohnten Besitz- und Produktionsverhältnisse behandelt werden. Wir müssen in den Künsten ein neues Verhältnis zu den Wissenschaften (besonders auch der Philosophie) eingehen. (Und ich denke bei dem Wort ›Verhältnis‹, von Bloch belehrt,

nicht an jene blasse Abstraktion der ›Verhältnisse, die da und da herrschen‹, sondern an das lustige und fruchtbare Verhältnis, das die Geschlechter eingehen.)
Versuchen wir also, den grossen Sprachpfleger und Schatzgräber für unsere Akademie zu interessieren.

Brecht

Im Zentralarchiv der Akademie der Künste der DDR hat sich Brechts Vorschlag nicht erhalten. Trotzdem wird das Original seinerzeit den Empfänger erreicht haben. Am 19. Januar 1956 ist nämlich der Vorschlag, Bloch zum Ordentlichen Mitglied der Akademie der Künste zu wählen, in der Sitzung der Sektion für Dichtkunst und Sprachpflege zum Antrag erhoben worden. Das Protokoll der Sitzung vermerkt:
»Nach längerer Diskussion einigen sich die Anwesenden, die Herren:
    Professor Dr. Bloch
    Professor Dr. Mayer
    Professor Dr. Kantorowicz
dem Präsidium zur Zuwahl in die Akademie vorzuschlagen.«[44]

Brecht fehlte bei dieser Sitzung ebenso wie bei der vom 24. Mai 1956, als die Vorschläge bestätigt wurden.[45]

Das Präsidium der Akademie entschied anders als die Sektion. In seiner Sitzung vom 14. Juni 1956, an der Brecht teilnahm, stimmte es der Zuwahl von Hans Mayer zu. Die Frage von Kantorowicz Aufnahme wurde für ein Jahr zurückgestellt. Bei Ernst Bloch befand man, daß dieser »wichtiger in der Akademie der Wissenschaften« sei.[46] Die Pointe von Brechts Schreiben, Bloch als Grenzgänger zwischen Wissenschaft und Kunst in beide Akademien aufzunehmen, blieb wirkungslos.

6

»Aber etwas fehlt.«

Ernst Bloch hat immer wieder, wenn er auf Brecht zu sprechen kam, das achte Bild aus der Oper »Aufstieg und Fall der Stadt Mahagonny« vergegenwärtigt. Es ist der Dialog der Holzfäller, der mit der Zeile »Alle wahrhaft Suchenden werden enttäuscht« überschrieben ist:

» *Paul*
   Man raucht.
Heinrich
   Man schläft etwas.
Paul
   Man schläft.
Jakob
   Man schwimmt.
Paul
   Man holt sich eine Banane!
Joe
   Man schaut das Wasser an.
Paul zuckt nur noch mit den Achseln.
Heinrich
   Man vergißt.
Paul
   Aber etwas fehlt.
Jakob, Heinrich, Joe
   Wunderbar ist das Heraufkommen des Abends
   Und schön sind die Gespräche der Männer unter sich!
Paul
   Aber etwas fehlt!
Jakob, Heinrich, Joe
   Schön ist die Ruhe und der Frieden
   Und beglückend ist die Eintracht.
Paul
   Aber etwas fehlt.
Jakob, Heinrich, Joe
   Herrlich ist das einfache Leben
   Und ohnegleichen ist die Größe der Natur.
Paul
   Aber etwas fehlt. «[47])

In Paul Ackermanns Satz hat Bloch einen Kern seiner Philosophie erkannt. »Etwas fehlt«, das sei »einer der tiefsten Sätze von Brecht, in zwei Worten«; er enthalte den entscheidenden »Stachel zur Utopie«.[48]) Bei allen offenkundigen Unterschieden zwischen dem Philosophen Bloch und dem Stückeschreiber Brecht gibt es eine nahe Verwandtschaft im Grundimpuls, im Motiv zu arbeiten. Brechts Verse, die Bloch als ein Motto im »Prinzip Hoffnung« gesetzt hat, fassen diese Überzeugung: »So wie die Erde ist/Muß die Erde nicht bleiben./Sie anzutreiben/Forscht, bis ihr wißt.«[49]) Bloch und Brecht hat die Gewißheit, daß etwas fehlt, daß noch nichts fest geworden ist, umgetrieben. An der Entwicklung der gelehrten und belehrten Hoffnung, an der Erkenntnis des Vorscheins mitzuarbeiten, sahen sie sich genötigt.

Bloch hat die Spuren dieses Umgetriebenseins sorgfältig in Brechts Texten und in Brechts Theatertheorie herausgefunden. Die Verfremdung verursache, Blochs Ansicht zufolge, im »Unterschied von der folgenlosen Literatur [...] einen besonders heftigen Aufruf zur Nachdenklichkeit mit antizipierenden Folgen«.[50]) Das epische Theater sei geeignet, »jenes wissenschaftliche Stutzen, philosophische Staunen, womit das gedankenlose Hinnehmen von Erscheinungen, auch Spiel-Erscheinungen aufhört und Fragestellung, erkennenwollendes Verhalten entspringt«[51]), herbeizuführen.

Gerade im Spielcharakter, im positiv Unfertigen der Brechtschen Stücke liege der Vorzug einer Dramatik, die die Zuschauenden einbeziehen und dadurch verändern will. Brechts Stücke schaffen einen offenen Versuchsraum, sie ertragen »keinen Schlußstrich unter absolvierte Bemühungen«. »Sie sind Haltungs-Experimente auf dem Laboratorium der Bühne, keine Stilleben dopo lavoro.«[52])

Das fand Bloch auch formal und kunsttechnisch bestätigt in der Verwendung der Montagetechnik, die ihm Brecht zum künstlerisch Avanciertesten zählen ließ, sowie in der Praxis der Unterbrechung bloß verabredeter Zusammenhänge, um Bekanntes anders, fremd sehen zu lernen.

Bloch mochte Brechts Satz, der Kommunismus sei das Mittlere, weil er mit dem Dichter davon überzeugt war, daß der Marxismus »nur eine *Bedingung* für ein Leben in Freiheit, das Leben in Glück, das Leben in möglicher Erfüllung, das Leben mit Inhalten«[53]) bilde. Die Beseitigung unmenschlicher Besitzverhältnisse sei nicht das Ziel, sondern der Ausgangspunkt für selbst bestimmtes Leben. »Etwas fehlt«, damit dachte Bloch nicht an die »Freiheit zum Erwerb«, sondern an die »Freiheit vom Erwerb«.[54])

Es bestätigt nur die Beobachtungen der Nähe von Bloch und Brecht, daß dieser in seinem Vorschlag, Bloch in die Akademie der Künste aufzunehmen, gewissermaßen Blochs Argumene aus dem Exilbrief zitiert. Wieder geht es um die Verschwisterung von Kunst und Wissenschaft, um die Unumgänglichkeit, Grenzen zu überschreiten –

auf die Gefahr hin, sich das Mißtrauen der Kollegen zuzuziehen. Brecht, der Kunst wissenschaftlich betrieben hat, gesteht jetzt Bloch zu, die Wissenschaft künstlerisch zu betreiben. Allotria ist das nicht, und den Ruf nach dem Bratenrock läßt Brecht auch nicht mehr ertönen.

Was für Kunst und Wissenschaft gilt, läßt sich auch für die Verschränkung von Sprache und Denken bei Bloch und Brecht sagen. Wie Bloch ein Denker war, der elementar aus der Sprache lebte, ist Brecht ein Dichter, dessen Werk ganz im Denken gründete.

Ernst Bloch und Bertolt Brecht teilten die Hoffnung auf ein Ende des Zustandes, in dem es Mühselige und Beladene, aber auch Erniedrigte und Beleidigte gibt. Die Geburt einer anderen Welt scheint wieder einmal aufgeschoben zu sein. Es ist die Situation, von der Brechts Gedicht »An die Nachgeborenen« spricht: »Das Ziel/Lag in großer Ferne/ Es war deutlich sichtbar, wenn auch für mich/Kaum zu erreichen.« »Echte Adventsstimmung«, wie sie Bloch im »Lied der Seeräuber-Jenny« ausmachte, ist zu bewahren, wenn das Ziel nicht für alle unerreichbar werden soll. Diese Zeugnisse der Antizipation können ihren Teil dazu beitragen.

Anmerkungen

Die unveröffentlichten Texte von Brecht und Bloch werden mit freundlicher Genehmigung der Bertolt-Brecht-Erben und des Suhrkamp-Verlages wiedergegeben.
1) Landmann, Michael: Gespräch mit Ernst Bloch (Tübingen 22. Dezember 1967). In: Bloch-Almanach 4 (1984), S. 23.
2) Über Walter Benjamin. Frankfurt a. M. 1968, S. 22.
3) Vgl. Ernst Bloch an Theodor W. Adorno, 4. November 1928. In: Bloch, Ernst: Briefe 1903–1975. Hrsg. v. Karola Bloch u. a. Frankfurt a. M. 1985, Bd. II, S. 412.
4) Bloch, Ernst: Lied der Seeräuber-Jenny in der Dreigroschenoper. In: Anbruch (Wien) 11 (1929) 3 (März), S. 125–127.
5) Bloch, Ernst: Das Experiment in Mahagonny. In: Neues Forum (Wien) 14 (1967) 164/165 (August/September), S. 647–651.
6) Ernst Bloch an Siegfried Kracauer, 25. Mai 1932. In: Bloch, Ernst: Briefe, Bd. I, S. 357.
Begegnungsmöglichkeiten zwischen Bloch und Brecht bot Mitte der zwanziger Jahre auch die »Gruppe 1925«, der beide angehörten. Ein Besuch derselben Sitzung durch beide ist nicht nachweisbar, aber sicher sahen sie sich,

etwa im Zusammenhang mit gemeinsamen Erklärungen. Vgl. Petersen, Klaus: Die »Gruppe 1925«. Geschichte und Soziologie einer Schriftstellervereinigung. Heidelberg 1981.
7) Benjamin, Walter: Gesammelte Schriften. Hrsg. v. Rolf Tiedemann u. Hermann Schweppenhäuser. Bd. VI. Frankfurt a. M. 1985, S. 619.
8) Vgl. ebd., S. 619 f.
9) Bloch, Ernst/Oxenius, Hans Götz: Gespräch über die zwanziger Jahre (20. Januar 1962). In: Bloch-Almanach 2 (1982), S. 16.
10) Vgl. Benjamin, Walter: Gesammelte Schriften. Bd. III. Frankfurt a. M. 1972, S. 171.
11) Sämtliche Auszüge aus dem Sitzungsprotokoll folgen dem Typoskript aus dem Benjamin-Archiv, Frankfurt am Main, Ts 2487 f., das nach der Kopie im Bertolt-Brecht-Archiv, Berlin, zitiert wird (Z 8/281 f.).
12) Brecht, Bertolt: Briefe 1913–1956. Hrsg. v. Günter Glaeser. Berlin, Weimar 1983, Nr. 261.
13) Vgl. ebd., Nr. 262.
14) Bloch, Karola: Aus meinem Leben. Pfullingen 1981, vgl. S. 199, S. 204 f., S. 215.
15) Bertolt Brecht an Peter Huchel, 1. Juli 1949. In: Brecht, Bertolt: Briefe, Nr. 606.
16) Datiert sind zwei der Widmungen: die in »Subjekt–Objekt« auf Leipzig, Oktober 1951, und die in »Avicenna« auf August 1952. »Avicenna« ist nur Brecht, der erste Band des »Prinzip Hoffnung« und »Subjekt–Objekt« Brecht und Weigel gewidmet, letzteres »in herzlicher Freundschaft« (Siehe die Abbildung).
17) Vgl. aber: Klatt, Gudrun: Leninist auf der Schaubühne und Philosoph ohne Bratenrock. Spuren zwischen Bertolt Brecht und Ernst Bloch. In: notate (Berlin) 9 (1986) 3 (Mai), S. 10–12.
18) Den Hörfehler seiner Sekretärin, die »des lobenden Vergnügens« geschrieben hatte, korrigierte Bloch. Vgl. auch: Bloch, Ernst: Das Prinzip Hoffnung. Frankfurt a. M. 1982, Bd. I, S. 492.
19) Die Unterschrift fehlt auf dem Durchschlag.
20) Pfeiffer, Hans: Nachtlogis. Schauspiel in 5 Akten. Berlin [1955]. [Vervielfältigtes Bühnenmanuskript], S. I.
21) Ebd., S. II.
22) Ebd., S. III.
23) Vgl. Zwerenz, Gerhard: Anatomie contra Theater? In: Die Weltbühne (Berlin) 9 (1954) 14 (7. April), S. 442–443.
24) Vgl. die Besprechung in: Theater der Zeit (Berlin) 10 (1955) 4 (April), S. 45–47.
25) Hans Pfeiffer sei herzlich für Auskünfte und für die freundliche Bereitstellung der Briefe von Bloch und Brecht gedankt.
26) Vgl. Sekretariat Bloch (Franke) an das künstlerische Betriebsbüro des Berliner Ensembles, 30. Sept. 1954 (Helene-Weigel-Archiv, Ko 8997).
27) Zudeick, Peter: Der Hintern des Teufels. Ernst Bloch – Leben und Werk. Moos und Baden-Baden 1985, S. 218 f.

28) Zentrales Akademiearchiv der Akademie der Künste der DDR, Mappe 17, Präsidium, Blatt 164.
29) Bertolt-Brecht-Archiv 1083/57.
30) Bloch, Ernst: Wissen und Hoffen. Auszüge aus seinen Werken (1918–1955). Berlin 1955.
31) Bertolt-Brecht-Archiv 752/15.
32) 11. Juni 1955, Bertolt-Brecht-Archiv 752/14.
33) Ernst Bloch zum 70. Geburtstag. Hrsg. v. Rugard Otto Gropp. Berlin 1955.
34) 11. Juni 1955, Bertolt-Brecht-Archiv 752/19.
35) Bertolt Brecht an Ernst Bloch, 6. Juli 1955. In: Brecht, Bertolt: Briefe, Nr. 819. Welcher Aufsatz und welches Gedicht gemeint sind, ließ sich nicht ermitteln.
36) Zentrales Akademiearchiv, Mappe 119, Präsidium, Blatt 9.
37) Zentrales Akademiearchiv, Mappe 8, Präsidium: Nationalpreise.
38) Zentrales Akademiearchiv, Mappe 315, Sektion Dichtkunst und Sprachpflege, Blatt 164.
39) Deutsche Akademie der Künste (Dr. Häckel) an Bertolt Brecht, 22. April 1955, Bertolt-Brecht-Archiv 830/34.
40) Sekretariat Brecht an die Deutsche Akademie der Künste (Dr. Häckel), Bertolt-Brecht-Archiv 830/41.
41) Zentrales Akademiearchiv, Mappe 17, Präsidium.
42) Zentrales Akademiearchiv, Mappe 315, Sektion Dichtkunst und Sprachpflege, Blatt 167 (Sitzung vom 18. Mai 1955).
43) »Herzlichen Gruss zum Nationalpreis. Ihr Brecht«, Bertolt-Brecht-Archiv 757/23.
44) Zentrales Akademiearchiv, Mappe 315, Sektion Dichtkunst und Sprachpflege, Blatt 181.
45) Ebd., Sitzungsprotokoll vom 24. Mai 1956.
46) Zentrales Akademiearchiv, Mappe 17, Präsidium, Blatt 221.
47) Brecht, Bertolt: Werke. Große kommentierte Berliner und Frankfurter Ausgabe. Hrsg. v. Werner Hecht, Jan Knopf, Werner Mittenzwei und Klaus-Detlef Müller. Bd. 2: Stücke 2. Frankfurt a. M./Berlin und Weimar 1988, S. 349 f.
48) Bloch, Ernst: Tendenz – Latenz – Utopie. Frankfurt a. M. 1985, S. 366.
49) Bloch, Ernst: Das Prinzip Hoffnung, Bd. II, S. 873.
50) Bloch, Ernst: Das Prinzip Hoffnung, Bd. I, S. 482.
51) Ebd., S. 481.
52) Bloch, Ernst: Ein Leninist der Schaubühne. In: Die neue Weltbühne (Prag/Zürich/Paris) 34 (1938) 20 (19. Mai), S. 624.
53) Bloch, Ernst: Tendenz – Latenz – Utopie, S. 366.
54) Ebd. – Gerhard Seidel bin ich für freundliche Hinweise verbunden. Mein besonderer Dank gilt Petra Uhlmann vom Zentralen Akademiearchiv.

ERINNERUNGEN AN ERNST BLOCH

Von Ruth Römer

I

1947 kam ich im Alter von zwanzig Jahren aus meiner zerbombten Heimatstadt Dresden zum Herbstsemester in die zerbombte Universität Leipzig und begann mit dem Studium der Germanistik, der Philosophie und der Geschichte. Meine Ausbildung in den zurückliegenden Jahren war schlecht gewesen; gelernt hatte ich nicht sehr viel. Dafür gab es Gründe. Ich hatte verschiedene Schulen besucht, zunächst die Realschule, dann eine Privatschule, die zum Abitur führen sollte. Im Kriege war der Schulunterricht häufig ausgefallen, es gab »Kohlenferien«, d. h., die Schulen konnten nicht mehr geheizt werden. Dafür waren wir alle ausgebildet im Gebrauch der Feuerpatsche, das ist ein Stock mit einem daran befestigten Lappen. Damit sollten wir Bombenfeuer löschen. Der Bombenangriff vom 13. und 14. Februar 1945 legte Dresden in Schutt und Asche, keine Feuerpatsche half. Meine Angehörigen und ich standen mit nichts auf der Straße, selbst unsere Papiere waren verbrannt. In der furchtbar heimgesuchten Stadt mit ihren fünf Meter hohen Leichenbergen war an Lektüre und Bildung nicht zu denken. Ende 1946 gelang es mir, in einem Abiturkursus, der in einem stehengebliebenen Flügel des Wettin-Gymnasiums für ehemalige Kriegsteilnehmer, Flüchtlingskinder und andere aus der normalen Lebensbahn geworfene junge Leute eingerichtet worden war, die Hochschulreife zu erwerben.

Meine Unbildung hatte aber noch andere, tiefere, nämlich soziale Gründe. Ich bin ohne Familie, ohne Vaterland und ohne Religion aufgewachsen. Mein Vater Otto Kipp war Kommunist gewesen und 1933 verschwunden. Ich hielt ihn für tot. Ihm war es jedoch gelungen, aus dem schwer bewachten Polizeigefängnis in der Dresdner Schießgasse zu entkommen und sich ins Ausland durchzuschlagen. Er kämpfte in den Internationalen Brigaden gegen die spanischen Faschisten, wurde verwundet, an die Deutschen ausgeliefert und in das 1937 eingerichtete Konzentrationslager Buchenwald gebracht. In den letzten Monaten des Krieges trat mein Vater auf geheimnisvollen und mir unbekannten Wegen mit mir in Verbindung. Er schrieb mir Briefe, und ich schrieb zurück. Er war ein sogenannter Kapo, für welches Amt die SS sonst zumeist Kriminelle verwendete, arbeitete im Krankenbau und hat unter vielfachem Einsatz seines Lebens Häftlinge gerettet, indem er die Totenlisten fälschte. Ehe die SS im April 1945 abzog, wollte sie noch 46 Häftlinge erschießen, die »46 von Buchenwald«. Darunter war mein Vater. Die Todgeweihten wurden von ihren Kameraden, die sich, wie sie mir später versicherten, für sie hätten erschießen lassen, verborgen. Mein Vater steckte drei Tage lang in einem Erdloch. Als die amerikanischen Befreier nahten, wollte er ihnen entgegengehen, brach aber am Tor ohnmächtig zusammen. Das Bild meines Vaters hängt im Museum von Buchenwald. Nicht retten konnte er den Bruder meiner Mutter, der wegen Homosexualität aus einem Dresdner Gefängnis in das Lager gebracht worden war. Er wußte nichts von seiner Einlieferung. Meine Großmutter bekam etwa im Jahre 1943 die Nachricht von Buchenwald, ihr Sohn sei einem Herzversagen erlegen. Wir setzten sogar eine uns zugeschickte Urne in Dresden-Tolkewitz bei. Mein Vater geriet nach der Befreiung durch die Amerikaner wegen seiner Kapofunktion in falschen Verdacht und mußte noch eine Odyssee durchmachen. Die Amerikaner steckten ihn, zusammen mit SS-Verbrechern, in dem Konzentrationslager Dachau in eine Zelle. Ich reiste auf abenteuerlichen Wegen nach Dachau, kam aber nicht an ihn heran. Nach Monaten wurde er rehabilitiert, sagte in amerikanischen Kriegsverbrecherprozessen in Ober-Ursel als Zeuge aus und besuchte mich 1946 in Dresden. Wir umarmten uns im Finstern, es war Stromsperre.

Meine Mutter brachte sich und mich in den dreißiger und vierziger Jahren als ungelernte Fabrikarbeiterin in der Blechbude von Anton Reiche durch. Sie mußte Bleche schichten und schnitt sich dabei häufig tief in die Finger. Dabei hatte sie es noch besser als die Arbeiter an den Blechstanzen, diese verloren bei Unachtsamkeit ihre Finger gleich ganz. Sie verdiente in der Woche zwanzig Mark, und wenn es Kurzarbeit gab, dann weinte sie, denn dann sank der Wochenlohn auf sechzehn oder gar auf vierzehn Mark ab. Wenn ich ein Paar neue Schuhe brauchte, weinte sie auch. Meine Großmutter war Putzfrau in der Sedan-Schule in Dresden, die ich später auch besuchte. Schon als kleineres Kind nahm sie mich in die Schule mit, und ich durfte mit Kreide an die Wandtafel malen. Und das tue ich nun heute noch. Im Haushalt der beiden Frauen, bei denen ich aufwuchs, gab es außer meinen Schulbüchern kein einziges Buch, und ich habe von ihnen nie etwas Wissenswertes erfahren.

Dies alles erklärt mir, weshalb ich sofort nach dem Kriege Kommunistin wurde. Ich glaubte, das, wofür mein Vater gekämpft und gelitten hatte, müsse das Gute sein. Wenn heute Leute meines oder eines noch weiter fortgeschrittenen Alters zu mir sagen: »Na, wir haben doch alle bei Hitler ein bißchen mitgemacht, an ihn geglaubt«, so schweige ich meist, weil sie mir die Wahrheit nicht glauben würden, und die ist: Ich habe nicht eine Sekunde mitgemacht, nicht eine Sekunde an Hitler geglaubt, und unter dem Bombenhagel im Keller eines über mir zusammenstürzenden Hauses habe ich nur ihn verflucht, nicht die Bombadierer. Damals war ich siebzehn.

Als »Arbeiterkind« bekam ich ein Stipendium. Es betrug zuletzt 130 Mark im Monat. Das reichte damals aus; ein möbliertes Zimmer kostete 25 Mark. Von meiner Mutter konnte ich keinen Pfennig bekommen, und das Verhältnis zu meinem Vater gestaltete sich unglücklich. Er und ich wurden einander zu einer Enttäuschung. Als moskauhöriger, kenntnisarmer Kommunist machte er jede Schwenkung der Parteilinie mit. Er erläuterte mir sogar den Aufwand der sowjetischen Führung mit ihrer Verpflichtung zur Repräsentation in der Welt. Er verachtete Intellektuelle und Studenten, meinte, sie schöben auf dem Schwarzen Markt, seien ein hochnäsiges und politisch unzuverlässiges Pack, das auf Arbeiter herunterblicke. Ich hatte nichts zu verschieben, war nicht hochnäsig, sah auch nicht auf Arbeiter herunter, aber ich war doch sehr hochgestochen und für alles »Höhere« entflammt. Als er dann auch noch eine neue Ehebindung einging, kam es zur völligen Entfremdung.

Die jungen Leute, die ich an der Philosophischen Fakultät kennenlernte, waren jedoch in einer ähnlichen Lage wie ich. Wir hatten unter dem Nationalsozialismus abgeschnitten von der deutschen und der zeitgenössischen internationalen Kultur und Wissenschaft gelebt. Was der Nationalsozialismus an geistiger Verwüstung hinterließ, habe ich mein Leben lang gespürt, und manchmal kommt es mir so vor, als hätte ich gewisse Mängel niemals ausgleichen können. Auch in Nachkriegsdeutschland gab es kaum Bücher, wichtige Bücher waren in den Bibliotheken auf Monate hinaus vorbestellt. Ich habe wohl erst Ende der vierziger Jahre zum ersten Mal einen Roman von Thomas Mann in die Hand bekommen. Orwells »Neunzehnhundertvierundachtzig« zirkulierte unter uns, man mußte das Buch in einer Nacht auslesen und dann weitergeben. Wir saßen in notdürftig reparierten Hörsälen, wir hatten in den Vorlesungen Hunger, die jungen Männer gingen in umgenähten Militäruniformen. Was ich an den Füßen trug, weiß ich nicht mehr, ich weiß nur noch, daß ständig alles zusammenbrach und die Schuhmacher nur gegen Bestechung arbeiteten. Trotz dieser Umstände waren wir jungen Barbaren in zerschlissenen Kleidern fröhlich und voller Hoffnung. Es konnte ja immer nur besser werden. Ich zumal wußte: Der Kapitalismus und der Imperialismus, an allem Elend der Welt schuld, waren besiegt, jetzt würde das sozialistische Himmelreich, das Reich der Gerechtigkeit anbrechen, die Armen, Ausgebeuteten und Entrechteten würden zu einem menschenwürdigen Dasein gelangen.

Ich war 1946 Mitglied der Sozialistischen Einheitspartei Deutschlands geworden und kannte aus Broschüren von Marx, Engels, Lenin, Kautsky und Plechanow den Weltenplan. Ich lebte begeistert. Bei Demonstrationen zum Ersten Mai oder ähnlichen Spektakeln kamen mir die Tränen der Rührung. Noch heute gibt es mir bei der »Internationale«: »Wacht auf, Verdammte dieser Erde, die stets man noch zum Hungern zwingt«, einen Stich ins Herz. Ich kannte ja solche Verdammte, und ich habe sie auch heute nicht vergessen, da ich in freundlicheren Verhältnissen lebe und mir die Schuhe nicht mehr von den Füßen fallen. Vier Jahre lang schwor ich auf die Partei. Dann bahnte sich langsam die Wende an, aber es vergingen noch einmal etwa drei Jahre, bis ich mich endgültig vom Marxismus und vom Kommunismus gelöst hatte. Nur langsam begriff ich, was sich da vor meinen Augen vollzog.

Ich brachte einen großen Wissensdurst mit auf die Universität, hatte aber keinen Menschen, der mir hätte einen Rat geben können. Ich hörte das Heterogenste und wußte nicht im mindesten Bahn und Ziel. Gleich in den ersten Semestern besuchte ich die Vorlesungen und die Seminare ausgezeichneter und in ihren Fächern noch heute renommierter Wissenschaftler. Martin Greiner, selbst noch jung, hielt Vorlesungen über Probleme der Literatur des 20. Jahrhunderts und über Poetik. Sein Vortrag war Wort für Wort ausgearbeitet und geistreich, aber für Anfänger häufig nicht ganz verständlich. Er warf mit kühnen Wendungen um sich, zum Beispiel: »Dichtung ist Zeitvertreib« und »Schillers Sprachgewand ist zum Konfirmandenanzug des deutschen Geistes geworden«. Hermann August Korffs Vorlesungen glichen Feierstunden. Korff kam in den Senatssaal des alten Universitätsgebäudes geschlurft und blühte hinter dem Katheder auf. Sein schlohweißes Haar leuchtete, er faltete die ringgeschmückten Hände und sprach nach einem stenographischen Konzept druckreife Sätze über Klassik und Romantik. Eines Tages stellte er uns eine junge Studentin vor – sie war ein Jahr älter als ich –, die uns die Mignonlieder vorsprach. Diese ungewöhnliche Rezitation in einer Vorlesung machte den solennen Charakter deutlich. Das Mädchen, eine interessante rothaarige Schönheit, heiratete kurz darauf den 44 Jahre älteren Korff. Eine andere Studentin wollte Korff auf sich aufmerksam machen. Sie setzte sich stets in die erste Reihe, direkt vor sein Pult, und wurde regelmäßig ohnmächtig. Das alles sprach sich an der Universität herum, aus der Chemie und der Medizin kamen die Studenten, um diese Sensation anzustaunen.

Eines Tages im Jahre 1950 starteten FDJ-Funktionäre eine Provokation gegen Korff. Als Korff mit seiner Vorlesung beginnen wollte, standen sie auf und verlangten von ihm, er solle ein »Friedensmanifest« unterschreiben. Korff weigerte sich und ging spornstreichs zum Rektor. Ihn stellte er vor die Alternative: Entweder entschuldigt sich die FDJ bei ihm, oder er gibt seine Professur auf. Den Nazis hatte Korff, wie ich erst später erfahren habe, nicht so mutig widerstanden. Der Rektor beorderte den FDJ-Vorsitzenden zu sich, der entschuldigte sich bei Korff und erklärte alles für ein »Mißverständnis«. In der nächsten Vorlesung berichtete Korff von der ihm widerfahrenen Genugtuung und bekam ohrenbetäubenden Beifall. Die Studenten trampelten minutenlang, und ich trampelte mit.

Die älteren Stufen der deutschen Sprache erlernte ich bei Elisabeth Karg-Gasterstädt, Herausgeberin des großen Altdeutschen Wörterbuchs der Sächsischen Akademie der Wissenschaften, das heute bei dem Buchstaben F hält, einer zarten, gütigen alten Dame, die mir einmal ihr eigenes Tatian-Exemplar überließ, als ich in der Universitätsbibliothek bis zu ihr in die Arbeitsstelle des Wörterbuchs vorgedrungen war und ihr klagte, es sei kein Tatian verfügbar. In der Erinnerung an diese Großmut verleihe ich heute auch Bücher an meine Studenten, die ich aber häufig nicht so prompt und nicht so sauber zurückbekommen wie Frau Karg-Gasterstädt ihren Tatian. Ludwig Erich Schmitt ließ im Hörsaal 11 sein ungeheures Wissen über das Alt- und Mittelhochdeutsche in wahren Salven auf uns niedergehen. In einer Vorlesung zur Literatur des 13. und 14. Jahrhunderts kam er nicht über den Anfang des 13. Jahrhunderts hinaus, weil er einfach zuviel wußte. Theodor Frings, der häufig als König unseres Faches bezeichnet wurde, war eine wahrhaft königliche Erscheinung, ein großer Wissenschaftler, aber ein mäßiger Didaktiker. Er brachte einen Stoß Zettel mit in die Vorlesung und sprach dann über – wie uns schien – beliebig herausgehobene Stichpunkte. Einmal sagte er mit seiner kräftigen Stimme: »Drittens« – alles lachte, denn es hatte kein Erstens und kein Zweitens gegeben. In den Seminaren kündigte sich das Kommen des Meisters dadurch an, daß der Assistent auf beiden Armen ein Kissen vor sich hertrug und auf dem Stuhl hinter dem Katheder plazierte.

Mittelalterliche Geschichte hörte ich bei Heinrich Sproemberg, der uns mit des Reiches Herrlichkeit bekannt machte. In meiner Abschlußprüfung war er leicht verwundert darüber, daß ich die Tochter eines Babenbergers mit der Nichte verwechselt hatte. Sein Lieblingsthema war die fränkische Landnahme, und eine Freundin, die vor ihrem Examen verzweifelt ein Thema suchte, weil sie von nichts etwas wußte, lernte auf den Rat von Kennern hin acht Tage und acht Nächte die fränkische Landnahme auswendig. Sie bekam eine Eins. Weltgeschichte der Neuzeit lehrte Johannes Kühn, ein eleganter kleiner Herr, der sommers in einem weißen Anzug hinter das Katheder trat und dafür viel Beifall bekam.

Geschichte lehrte auch Walter Markov, ein verhältnismäßig junger Mann, Marxist und Parteimitglied, den die Studenten seiner nächsten Umgebung und seine Assistenten ordnungsgemäß duzten. Von ihm ging die Sage, seine Kinder lernten als erste Wörter die Namen *Lenin* und *Stalin* und würden mit den Worten gefüttert: »Ein Löffelchen für Lenin, ein Löffelchen für Stalin.« Er schien über gute Beziehungen zur Besatzungsmacht zu verfügen, das zeigte sich in seinen Ankündigungen. Während alle anderen Professoren die Formel gebrauchen mußten: »Vorbehaltlich der Zustimmung der Sowjetischen Militäradministration gedenke ich zu lesen . . .«, schlug Markov schlicht an: »Im kommenden Semester lese ich . . .«. Im Verlaufe von Stalins Kampagne gegen Tito im Jahre 1948 wurde Markov urplötzlich aus der SED ausgeschlossen. Das konnte niemand fassen. Die strammen Kommunisten um ihn herum überlegten sich, ob sie ihm weiterhin wie früher in den Mantel helfen sollten, wenn er das Seminar verließ. Er behielt aber seinen Lehrstuhl und ist nun, nach mehr als vierzig Jahren, rehabilitiert worden.

Eine andere Zelebrität war der Romanist Werner Krauss. Von den Nazis zum Tode verurteilt, hatte er in der Zelle seinen Roman »PLN« geschrieben. Er machte den Eindruck eines schlecht gepflegten Genies. Seine Rede war geschliffen, seine Fingernägel schwarz, die Schnürsenkel hingen offen um die Schuhe, und er sprach in einem Eckhörsaal des Alten Amtsgerichtes zum Fenster hinaus, sein Publikum kaum jemals ansehend. Um ihn bildete sich bald eine linientreue Studentenclique, die alle aus den Seminaren hinausdrängte, die ihnen nicht paßten, darunter auch mich. Es ist anzunehmen, daß Krauss das gar nicht bemerkt hat.

Philosophie lernte ich bei Karl-Heinz Volkmann-Schluck kennen, im Philosophischen Seminar in der Ritterstraße 14 ganz oben. Er war existentialistisch ausgerichtet, was ich aber damals nicht wußte und was ich auch nicht verstanden hätte. Er sprach sehr konzentriert und ein wenig weltverloren, ohne Kontakt zu seinen Zuhörern. Von ihm habe ich zuerst Hegels Diktum aus dem Anfang der »Logik« gehört: »Das reine Sein und das Nichts ist dasselbe«, das mich maßlos in Erstaunen setzte. Eine ganz ungewöhnliche Erscheinung war der Philosophieprofessor Alfred Menzel. Er verfügte über ein phänomenales Gedächtnis und sprach ohne jede schriftliche Vorlage vollständig frei und darüber hinaus druckreif. Von ihm erzählten sich die Studenten, daß er in einem Seminar über Faust ohne Textexemplar gewesen sei und ein beflissener Student ihm das seine angeboten habe. Da soll Menzel geantwortet haben: »Danke, Herr Kommilitone, ich bedarf dessen nicht.«

Das waren meine Lehrer, und ich verdanke ihnen viel. Sie alle waren ausgeprägte Persönlichkeiten und voller Würde. Leipzig war dazumal noch eine intakte Ordinarienuniversität, und wir empfanden Respekt vor unseren Lehrern, hätten sie niemals frech angeredet oder beleidigt. Wie sehr haben sich die Zeiten geändert. Wenn Frings in Leipzig durch die Universität oder in Berlin durch die Akademie der Wissenschaften schritt, hätte niemand es gewagt, ihn anzureden oder aufzuhalten. Natürlich ist das alles auch kritisierbar. Aber wie heute in der Bundesrepublik Studenten die Professoren behandeln, nämlich nicht als Lehrer, sondern als Diener, die Scheine auszustellen haben, die sie auf dem Gang oder auf der Treppe ungeniert nach der Zeit und dem Ort ihrer Sprechstunde fragen, anstatt sich am Schwarzen Brett zu informieren, und gegen die sie wüste Pamphlete veröffentlichen, wenn sie nicht auf ihrer linken politischen Linie liegen, das war damals alles ganz unvorstellbar.

In den ersten Jahren meines Studiums saß die SED noch nicht im Sattel. Die Professoren waren zumeist »bürgerlich« und trugen ihre Stoffe vor, als sei nichts geschehen und der Lehrbetrieb nur ein paar Jahre aus nicht näher zu benennenden Gründen unterbrochen gewesen. Ich habe in Leipzig niemals eine irgendwie geartete Auseinandersetzung mit dem Nationalsozialismus oder mit den Verbrechen der Nationalsozialisten erlebt, ja die Ereignisse wurden nicht einmal erwähnt. Es muß in Westdeutschland ähnlich gewesen sein, damals herrschte also nationale Einigkeit an den deutschen Universitäten.

Die SED veranstaltete Riesenversammlungen, auf denen sie ihre Ziele vorstellte. Ich entsinne mich einer großen Veranstaltung mit Otto Grotewohl in dem Kino »Capitol« in der Petersstraße. Grotewohl pries das neue Regime und forderte die Studenten zu einem neuen Lernen auf. Der gewählte Vorsitzende des Studentenrates, Wolfgang Natonek, widersprach Grotewohl und plädierte dafür, die althergebrachten akademischen Traditionen fortzusetzen. Ich hätte Natonek am liebsten öffentlich widersprochen. Wie konnte man denn nur nicht für die neue Gesellschaft und für ein neues Lernen sein – ich kannte nicht einmal das alte. Kurz vor den Studentenratswahlen 1948 wurde Natonek von den Sowjets in der Nacht verhaftet und blieb verschwunden. Nun setzte das Schweigen ein, das für diese totalitäre Diktatur kennzeichnend ist. Natonek wurde offiziell nicht mehr erwähnt, niemand sprach über seine Verhaftung, er wurde zur Unperson. Ich war natürlich erschrocken, aber ich brachte das Ereignis mit meiner Parteimitgliedschaft überhaupt nicht in Verbindung. Viel später habe ich erfahren, daß Natonek zu 25 Jahren sibirischem Arbeitslager verurteilt worden war. Er soll dann durch eine Amnestie oder die Intervention von Adenauer 1955 freigekommen sein. Wenn ich ihm heute begegnete, würde ich in die Erde versinken.

Wenn ich mir unsere damalige Lage vergegenwärtige, so drängt sich mir das Bild »Wüste« auf. Das Land war verwüstet, die Städte waren verwüstet, die Universität lag halb in Trümmern, es war kalt und dunkel. Für das Mensaessen mußte man Kartoffeln abgeben, aber wo sollte man nun wieder die hernehmen? Wir kauften auf Lebensmittelkarten; in einem Café in der Nähe des Hauptgebäudes gab es eine undefinierbare rosa Creme zu essen, das dünkte uns schon viel. Aber noch wüster lagen die Geister darnieder. Kontakte zu anderen deutschen oder ausländischen Universitäten, Auslandsreisen, Studentenaustausch – das alles gab es nicht, und wir lebten in der tiefsten Provinz.

1948 kam jemand aus der großen Welt zu uns, der eine Atmosphäre der Umgetriebenheit und Weltläufigkeit in unser zurückgefallenes Leipzig, das einst Zentrum der Wissenschaft gewesen war, mit sich brachte, und das war Hans Mayer. Er kam von irgendwoher aus dem Westen und dozierte in überfüllten Hörsälen etwas, was sich Weltliteratur nannte und wovon wir kulturellen Hungerleider noch nie etwas gehört, geschweige denn gelesen hatten. Bei ihm erfuhren wir von ganz anderem als von Goethe, Stifter oder Tieck, und es war aufregend und interessant. Zum ersten Mal hörte ich Namen wie André Gide, John Dos Passos, Jean Giraudoux, Albert Camus, André Malraux, Marcel Proust, John Steinbeck, Ernest Hemingway. Auch Mayer war exklusiv. Er schlug an: »Wegen einer kurzen Auslandsreise muß die Vorlesung heute ausfallen.« Wir staunten, niemand bei uns machte Auslandsreisen. Mayer trug nervös vor, unter reichlichen Hinweisen auf persönliche Beziehungen. Er sagte in einer anderthalbstündigen Vorlesung sechzigmal *entscheidend* und ebenso oft *wesentlich*. Nach Pennälermanier zählten wir mit. 1949 brachte Mayer Bertolt Brecht mit in den Hörsaal. Es war das einzige Mal, daß ich Brecht von Angesicht gesehen habe. Von seiner Bedeutung hatte ich damals nur ein verschwommenes Bild. Er sah unscheinbar aus und war einsilbig. Die Einsilbigkeit hatte sicherlich ihre Ursache in uns, denn wir waren nicht gerade eine anregende Gesellschaft für einen Brecht. Ich entsinne mich sehr genau, daß er auf irgendwelchen marxistischen Unsinn von der Weltveränderung antwortete, das sei nicht die Aufgabe des Theaters.

Mayer wirkte nicht anziehend. Er war hochfahrend zu Besuchern, und Studenten berichteten von schweren Zornesausbrüchen. Allmählich ließ die Überfüllung bei Mayer nach, aus Gründen, die ich bis heute nicht kenne. Eine gewisse Glätte, die Mayer anhaftet, stieß ab, aber wir hatten doch über solche Dinge noch gar kein Urteil. Auch ich blieb fern, im Wintersemester 1949/50 war ich zum letzten Mal in einer seiner Vorlesungen.

Mayer galt als Parteimann, war jedoch nicht Mitglied der Partei, sondern durch Verabredung mit KP-Leuten ein Kryptomitglied, wie er in seinen Memoiren schreibt. Die Parteiorthodoxen in Leipzig waren allerdings stets ihm gegenüber mißtrauisch. Ihnen paßte der Jude nicht – sie sind häufig Antisemiten –, ihnen paßte seine Emigration in das westliche Ausland nicht, nicht sein Lehrstoff: hauptsächlich die Literatur der westlichen Welt, nicht seine Ausdrucksweise: er benutzte den Parteijargon nicht, und schließlich nicht seine hohe Bildung und seine hohe Intelligenz.

II

Im Frühjahr 1949 brachte Manfred Buhr – später eine Leuchte der DDR-Philosophie – die Nachricht, es käme ein berühmter Philosoph aus Amerika nach Leipzig, er hieße Ernst Bloch. Wer genau das war, wußte er auch nicht zu sagen. Im Mai 1949 hielt dann dieser neue Professor seine Antrittsvorlesung zu dem Thema »Universität, Marxismus, Philosophie«. Der größte Hörsaal der alten Handelshochschule, die in der Ritterstraße liegt und zur Universität gehört, war gestopft voll mit Studenten. Ich saß in einer Fensternische. Herein kam ein auf den ersten Blick unauffälliger, nicht hoch gewachsener, leicht gebückt gehender, durch starke Brillengläser auf den Boden blickender weißhaariger Mann. Von dem Inhalt der Rede verstand ich so gut wie gar nichts, aber Stichwörter, die da fielen, waren ganz nach meinem Sinn: Sozialismus, Kapitalismus, Entfremdung, bürgerliche Klasse, Mehrwert, Produktivkräfte, Jugend als Morgendämmerung. Blochs Vortrag war etwas leise, er sprach auch undeutlich, er nuschelte, neigte das gewaltige Haupt tief über das Manuskript, was er aber in Wahrheit nicht nötig hatte, denn er trug dann später in den Vorlesungen nach wenigen vollgekritzelten Zetteln völlig frei vor. Was in der Rede noch alles steckte und schon den Stoff zu dem Konflikt zwischen ihm und der Partei enthielt: der deutlich ausgesprochene Erbe-Gedanke, Erbe an der antiken, der klassischen und der bürgerlichen Philosophie; das Lob des klugen Idealismus; Andeutungen, die Lehre sei nicht fertig und könne noch vollendet werden – das erkannte ich nicht als Abweichung von der reinen Lehre des Marxismus, und natürlich nahm ich nicht Anstoß an einem Satz, der mir heute nur noch ein Kopfschütteln entlockt: »Wer der Wahrheit nachwill, muß in das mit Marx eröffnete Reich; es gibt sonst keine Wahrheit mehr, es gibt keine andere.«

Vom ersten regulären Semester Blochs an, dem Wintersemester 1949/50, bis zum Ende meines Studiums im Sommer 1952 besuchte ich seine Vorlesungen und Seminare, und zwar, wie ich glaube, sämtliche. Sechzehn sind in meinem Studienbuch aufgezählt und mit seiner Unterschrift versehen. Die Themen waren in erster Linie Hegel, sodann Geschichte der Philosophie, Hauptfragen der Philosophie, Logik, Erkenntnistheorie, soziale Utopien und auch so etwas Zweitklassiges wie der »Anti-Dühring« von Friedrich Engels. Ich verließ in der Philosophie alle meine anderen Lehrer und ging unter die Zuhörer Blochs. In den letzten Semestern, dem Vorexamens- und dem Examenssemester, hörte ich fast ausschließlich bei ihm. Gleich im Winter 1949 fing er mit seinem Hauptthema Hegel an, und ich, unwissend aber kühn, wie ich war, meldete mich zu einem Referat über Hegels Geschichtsphilosophie. Er nahm das Angebot dankbar an, denn schon damals fanden Professoren schwer Referenten. Ich las nun Hegels Gedanken über die

Geschichte, die ganz das Rechte für meinen damaligen Geisteszustand waren. Das hört ein junger, in einer Diktatur aufgewachsener Mensch natürlich gerne, daß die Geschichte gar nicht anders kann, als sich auf die Freiheit hin zu bewegen.

Dann kam der Nachmittag meines ersten Seminarvortrages. Mit Herzklopfen bewältigte ich meine Aufgabe. Bloch saß rechts neben dem Pult und hörte schweigend zu. Er unterbrach mich nicht, stellte keine Rückfragen, begann auch keine Diskussion. Als ich geendet hatte, klatschte er in die Hände. Das war eine bedeutende Auszeichnung. Das Seminar war bald danach zu Ende, ich wurde nach so viel Erfolg von den Studenten umringt; einer fragte mich, nach welcher Ausgabe ich Hegel zitiert hätte. Die Frage verblüffte mich, denn in den zwei Jahren meines bisherigen Studiums hatte ich mir keinen Begriff von philologischer Exaktheit angeeignet. Als ich noch so stand und parlierte, meldete man mir, Professor Bloch wünsche mich zu sprechen. Ich ging sofort zu ihm. Er fragte mich, ob ich ein Examenssemester sei. Ich verneinte. Daraufhin forderte er mich auf, mit ihm in die nahe gelegene Nikolaikirche zu gehen und ein Orgelkonzert anzuhören. In seiner Begleitung war noch eine jüngere Institutssekretärin. Zu dritt hörten wir das Konzert, und vorher und nachher erörterte er in der sprunghaften Art, die ihm eigen war und die eine große Flexibilität beim Zuhörer erforderte, in der ich es ihm gegenüber nie zur Meisterschaft gebracht habe, mehrere christliche Themen, darunter die Frage, die wohl eine Scherzfrage ist, warum zwei Jünger ausgerechnet nach Emmaus hinaus gingen und was sie dort zu tun gehabt hätten. Ich konnte dazu nur verlegen nicken. Dieses »Kann Euch nicht eben recht verstehen« begleitete mich noch lange.

Der Umgangston dieses Professors unterschied sich von allem, was ich bisher an der Universität erlebt hatte. Bloch war freundlich, scherzend, leutselig, aber niemals von einer falschen anbiedernden Leutseligkeit, er war niemals jovial, vertraulich oder taktlos. Er behandelte jeden Gesprächspartner als gleichberechtigt. Es zeigte sich schon hier bei ihm etwas, was ich noch oft beobachten konnte: Er suchte Leute, mit denen er sich einigermaßen gut unterhalten konnte, und war dankbar, wenn er ein auch nur irgendwie brauchbares, passendes und Unterhaltung versprechendes Gegenüber gefunden hatte. Der himmelweite Abstand zwischen dem genialen Philosophen und der lernenden Studentin ist im Laufe der Zeit nie geringer geworden, wenn er auch von äußeren Formen mehr in mein Bewußtsein zurücktrat. Bloch hat noch oft erwähnt, daß wir »uns in einem Bach-Oratorium kennengelernt« hätten. Es war nur ein Orgelkonzert gewesen, aber er hielt das Ereignis für irgendwie symbolisch. Dieser Tag mit dem Hegel-Referat und dem anschließenden Kirchenkonzert war für mein Leben ein Blitz, dessen Schein es noch heute, nach vierzig Jahren, erhellt.

Bloch las stets in großen Sälen vor einem großen Auditorium. Seine Darstellung war einfach und vollkommen verständlich, in gar keiner Weise esoterisch oder hochtrabend. Im Gegenteil, jeder konnte sich angesprochen fühlen und mußte sich nicht seiner heimlichen jugendlichen Fragen an Gott und die Welt schämen. Mit lauter Stimme und mit Pathos, den rechten Arm weit ausschwingend, formulierte er: »Und nun, meine Damen und Herren, stehen wir vor der Frage, die sich das ärmste Dienstmädchen und der größte Philosoph gleichermaßen stellen: Was ist der Sinn des Lebens?« Er bekam häufig auf offener Szene Beifall und wurde am Anfang wie am Ende seiner Vorlesungen mit heftigem und langem Klopfen, manchmal mit Trampeln bedacht. 1950 begann er mit seinen Zyklen über die abendländische Philosophie, die sich über vier Semester hinzogen. Es waren Sternstunden der akademischen Lehre. Ich habe in meinem mehr als vier Jahrzehnte dauernden Universitätsleben keinen Professor angetroffen, dem von seinen Zuhörern so viel Anerkennung und Zuneigung entgegengebracht worden wäre.

Seine Seminare hielt er in damals ungewohnter Art. Da er selbst Pfeife rauchte, erlaubte er das Rauchen. Man saß zwanglos und eher wie an einem Teetisch zusammen. Er plauderte und stellte seine philosophischen Fragen. Wir plauderten natürlich nicht, weil wir dazu gar nicht imstande waren. Alle anderen Seminare nahmen sich dagegen eher wie ein Schulunterricht aus mit dem Professor als Lehrer. Bloch war in weitaus höherem Maß unser Lehrer, weil wir hingerissene Schüler waren, aber es ging viel ungezwungener zu.

Es bildete sich nun bald ein kleiner Studentenkreis um ihn herum, und diesen lud er zu sich in sein Haus ein. So kam ich zuerst in Gesellschaft von vielen in das entzückende Haus Wilhelm-Wild-Straße 8, in dem ich Jahre später noch so oft herzliche Gastfreundschaft genießen sollte. Ich hatte in meinem Leben noch nie eine so hübsche Villa betreten. Unten, hinter der Diele, von der man auch in die Küche gelangte, lagen zwei Räume. In dem einen standen die Schränke mit der Spielzeugsammlung seiner Frau und ein Flügel, in dem anderen, dem größeren, Sessel und ein Sofa, darüber hing das von Willy Geiger 1921 gemalte Jugendbildnis Blochs, das ein ergreifendes Antlitz zeigt. Fast alle Tische, Stühle und Fensterbretter waren mit Büchern und Zeitschriften bedeckt. Der große Raum hatte eine sehr schöne verglaste Veranda, und dort saßen die Studenten um ihn. Die Gespräche drehten sich um Literatur und um Philosophie, wobei immer mächtige Sprünge in der Zeit vollführt wurden. Sie drehten sich aber nicht um seine eigene Philosophie, er trat nicht als Exeget seiner selbst auf. Die Gespräche waren auch nicht aktuell politisch. Er glaubte wohl, wir seien politisch alle einer Meinung, und damit mag er nicht unrecht gehabt haben, denn jemand, der seine marxistische Grundüberzeugung nicht geteilt hätte, wäre den Einladungen vielleicht nicht gefolgt.

Ich lernte nun auch und später noch viel besser Karola Bloch kennen, eine schöne, hochgewachsene Frau von stolzer Haltung und großem Charme. Karola ist einer der besten, gütigsten, großzügigsten Menschen, die ich kenne, und sie hat mir die achtundzwanzig Jahre, die wir bis zum Tode Blochs miteinander verbunden waren, und noch einige Jahre darüber hinaus Freundschaft und Treue gehalten. Sie war eine glänzende Gastgeberin. Auch später, als ich oft ganze Wochenenden in dem Haus verbrachte, mußte ich sie immerzu bewundern. Sie kochte hervorragend, und sie war dabei nie aufgeregt oder hastig, sondern erledigte alles mit größter Ruhe und Gelassenheit, wie nebenbei. Wie sie das bewerkstelligte, weiß ich nicht. Sie verschwand eine Stunde oder eine halbe in der Küche und servierte dann das Essen. Allerdings hatten Blochs eine Hausgehilfin. Bloch und sein Werk waren das Zentrum ihres Lebens. Soweit ich sein Leben überschaue, hat sie unendlich viel für ihn getan, hat ihn in Amerika auch viele Jahre lang ernährt, und ohne sie hätte er sein Werk nicht vollenden können. Sie war für mich immer der Inbegriff dessen, was ich unter einer Dame verstehe. Ich sagte es Bloch einmal, was für eine Dame Karola doch sei. Er antwortete etwas unwirsch: »Ach was, sie ist doch keine Dame.« Wahrscheinlich war ihm diese Kategorie zu bürgerlich.

Alle Welt hielt Bloch für einen Parteigenossen und mußte ihn nach seinem Auftreten auch dafür halten. Daß er nie Mitglied der Kommunistischen Partei gewesen war und der SED auch nicht angehörte, als er in einem sozialistischen Land seine Elogen auf den Sozialismus hervorbrachte, auf so einen Gedanken wäre niemand von uns gekommen. Es dauerte eine Weile, bis wir begriffen hatten, daß es auch solche Existenzen gab. Ein junger Genosse wurde getadelt, weil er eine Woche nach

Blochs Ankunft ihn zu einer Parteiversammlung eingeladen hatte: Man dürfe den »Genossen Bloch« nicht überfallen, man müsse ihm Zeit lassen. Ich war dabei, wie eine FDJ-Funktionärin ihn zu einer Veranstaltung dieses Jugendverbandes einlud und wie er elegant abwehrte, da könne er nicht hinkommen, da müßten die jungen Leute unter sich sein.

Als neuer Direktor des Philosophischen Seminars veränderte er allerlei. Er entließ einige Assistenten, und Professor Menzel entzog er die Prüfungserlaubnis, denn er mißtraute allen nichtmarxistischen Philosophielehrern. Toleranz war nicht gerade Blochs Tugend. In seinen freien Jahren erzählte er mir dann, er sei späterhin auf einer Fakultätskonferenz mit Menzel in ein Gespräch gekommen und habe über dessen unglaublichen Reichtum an philosophischen Kenntnissen gestaunt. Er empfand Reuegefühle.

Dafür machte er Manfred Buhr zu seinem Assistenten, später sogar zu seinem Oberassistenten, wohlinformiert über dessen Stellung in der SED. Buhr lümmelte sich in den Seminaren in den Sessel zurück und schwieg konstant. Selbst wenn es hoch herging, sagte er kein Wort. Ich hielt ihn für unbedarft, aber heute vermute ich, daß er von der Partei den Auftrag hatte, in diesem Kreis ein bißchen aufzupassen, was da so an Abweichendem, Bürgerlichem, Idealistischem geschwätzt würde.

In Blochs Seminaren saßen allerdings zunächst durchaus nicht nur Anhänger des Marxismus, es saßen auch Gegner darin. Ich entsinne mich eines heftigen Streites zwischen zwei Gruppen von Teilnehmern, als die eine behauptete, der Sozialismus sei eine notwendige geschichtliche Stufe und die SED die von der Geschichte berufene Führerin auf dem Weg dahin, und die andere das leidenschaftlich verneinte und darauf hinwies, es gäbe noch andere Parteien, selbt in der DDR, und man dürfe nicht immer von *der* Partei sprechen. Bloch war von diesen ihm unfaßlichen Ketzereien völlig überrascht, aber er war nicht bösartig gegen die Andersdenkenden.

Im Mai 1952 veranlaßte Bloch seine Schüler, seinen Jugendfreund Georg Lukács in einem Brief um eine marxistische »Ästhetik« zu bitten. Er trieb Schabernack mit seinem lieben Djoury. Lukács antwortete uns nicht, nahm aber die Bitte ernst und schrieb später Bloch zurück, er habe aus Scham darüber nicht geantwortet, daß er zu einer Ästhetik noch nicht gekommen sei, erst müsse die »Zerstörung der Vernunft«

fertiggestellt werden. Die Briefe sind in der Ausgabe von Lukács-Briefen nachzulesen. Blochs Verhältnis zu Lukács war schmerzlich. Er verachtete den Dogmatiker ein wenig, war aber stets der werbende Teil. »Lukács hat mir nie verziehen, daß ich nicht in die Partei eingetreten bin«, sagte er zu mir. Daraus ist auch zu ersehen, daß Bloch wußte, was ein Parteieintritt für ihn bedeutet hätte.

Bloch war, als er nach Leipzig kam, 64 Jahre alt. Zum ersten Mal in seinem Leben hatte er eine akademische Position inne, zum ersten Mal war er Professor, für welchen Stand er sonst wenig übrig hatte. In den Vereinigten Staaten von Amerika, wo er seit 1938 lebte, der letzten Station seiner politischen Emigration, die ihn schon durch zahlreiche europäische Länder getrieben hatte, erreichte ihn das Angebot dieser Leipziger Professur, und er konnte es ohne Vorbereitung annehmen. In diesem Alter kümmern sich andere Professoren um ihre Emeritierung. Er erzählte mir, daß er in der Nacht, bevor er den Ruf annahm, Schopenhauers Aufsatz »Über die Universitäts-Philosophie« gelesen und sich dann dennoch dazu entschlossen habe.

Er war von unerhörter Vitalität und Gesundheit. Es war immer sein Ziel gewesen, zugleich 19 und 91 Jahre alt zu sein. Zu seinem 22. Geburtstag hatte er Glückwünsche mit der Frage abgewehrt: »Ist das ein Alter für einen Philosophen?« Er war nie krank, immer präsent, identisch mit sich wie kein zweiter. Als ich ihn bei einer Gelegenheit darauf aufmerksam machte, daß er etwas schon einmal ganz genauso gesagt hatte, antwortete er: »Da sehen Sie, wie identisch ich mit mir bin.« Sein immenses Wissen stand ihm in jedem Augenblick zur Verfügung. Er trug seine Sache mit dem hinreißendsten Schwunge vor, lehrte nicht mit der Buddha-Gebärde oder mit erhobenem Zeigefinger. Sein Schreibstil ist manieristisch, seine Rede war es nie. Die Souveränität, Mühelosigkeit seines Wesens, die Leichtigkeit, mit der ihm die Gedanken kamen und mit der er sie vortrug, waren überwältigend. Nicht Faust war er, »unruhig auf seinem Sessel am Pulte«, nicht ringend und wühlend, sondern sein und seiner Sache gewiß, eine tief religiöse, anbetende Natur auch, die sich zu keinem persönlichen Gott entschließen konnte. Bloch war immer gefaßt, ausgeglichen, kaum je ungehalten, auch in den Jahren 1957 bis 1960 nicht. Jedem, der mit ihm in Berührung kam, ist unvergeßlich das tiefe Vergnügen und das viele Lachen, das ihn und seine Zuhörer bei den vielen Geschichten, die er zu erzählen pflegte, ergriff. Manchmal fragte er, ob man eine Geschichte schon kenne. Jeder verneinte, auch wenn er sie schon dreimal gehört hatte. Seine Erzählkunst war unvergleichlich.

Es war fast die Meeresstille des Gemüts, die er der Welt gegenüber hatte und von welchem demokritischen Ideal er viel sprach. Und doch war sie nicht ganz da, denn er war stets von einem verhaltenen Feuer, er sagte: »Verzeihen Sie, ich bin immer in leichter Emotion.« Das Feuer wartete nur auf den Ausbruch, und der erfolgte regelmäßig im Fortgang der Gespräche, oft auch in seinen Vorlesungen. Gespräche waren sein Lebensinhalt, er lebte in ihnen. Er ging sie ganz sacht an, und wenn er auf Resonanz stieß, sprangen aus seiner Rede die Funken und schlugen dann die Flammen. Er schlug mit der flachen Hand auf den Tisch, sowohl in der Vorlesung als auch zu Hause und sogar im Restaurant, wo er die anderen Gäste erschreckte, ohne es zu bemerken. In den wenigen Tonbändern, die ich von seinen Vorlesungen besitze, sind diese Schläge mit der Hand hörbar. Oder er stand mit ausgebreiteten Armen da, und seine Stimme erhob sich zu großer Vernehmlichkeit. Seine Rede war ein Zauberfluß. *Zauber*, das ist das einzig passende Wort für die Wirkung, die er auf Menschen ausübte. Er war ein Zauberer, und wer nicht ganz stumpf war, den ergriff dieser Mensch. Es gab wenige, die sich diesem Zauber entziehen konnten. Man kann natürlich auch den Platonischen Eros beschwören. Männer wie Frauen waren von Bloch gebannt, da gab es keinen Unterschied. Zauber, das bedeutet auch Verzauberung, Bezauberung, Verhexung, Lähmung und Fessel. Ich war jahrzehntelang gefesselt. Niemals habe ich seinesgleichen gesehen.

In den vielen Jahren, da ich ihn kannte, wurde sein Körperliches etwas hinfälliger, zuletzt wohl doch ziemlich schwach. Seine Augen ließen immer mehr nach, bis er zuletzt nur noch Farbeindrücke wahrnahm. 1962 stellte er das Briefeschreiben ein. Lesen konnte er viele Jahre nicht mehr und hat seine letzten Bücher als Blinder diktiert. Als ich ihn das letzte Mal sah, konnte er noch erkennen, daß mein Kleid am zweiten Tag eine andere Farbe hatte als am ersten. Gedanken an Alter und Tod ließ seine Erscheinung nicht aufkommen. Diesen Eindruck andauernder Jugendlichkeit hatte nicht nur ich. Sein Tübinger Assistent Burghart Schmidt sagte mir Wochen nach Blochs Tod in voller Überzeugung: »Daß dieser Mann sterben würde, konnte man sich nicht vorstellen.« Bloch war ein glücklicher Mensch, die Natur hat ihn mit Gaben überhäuft, sein Leben war trotz aller Widrigkeiten glücklich, und mild und rasch kam der Tod zu ihm. Als Zweiundneunzigjähriger sank er mit den Worten zusammen: »Ich kann nicht mehr.«

III

Bloch suchte nicht eigentlich Anhänger oder Schüler. Einige derer, die ihm in Leipzig nahegestanden hatten, haben in der Bundesrepublik jahrelang von dem Glanz gezehrt, »Bloch-Schüler« gewesen zu sein. Aber so ein Etikett ist gefährlich, man muß das Versprechen ja auch einlösen. Ich habe mich im Wortsinne nie als Bloch-Schülerin verstanden, obwohl ich einen ausgezeichneten Privatunterricht bei ihm genoß, indem er mir die Philosophiegeschichte noch einmal erzählte und mir auch seine eigene Philosophie mit ihren Anfängen und Anlässen erläuterte. Er schenkte mir viele seiner Werke mit schönen Widmungen. Die Blochsche Philosophie ist keine Schulphilosophie, undenkbar sind Altblochianer oder Jungblochianer. Sie ist ein so durch und durch persönliches Erzeugnis, daß sich niemand im Ernste darauf verpflichten kann. Wenn sich heute ehemalige Schüler und Anhänger zusammenfinden, um seiner zu gedenken oder seine Philosophie bekanntzumachen, so geht es zumeist nicht über ein paar Schlagworte hinaus, die sie sich aus dem Werk zu eigen gemacht haben. Der Schlagwortcharakter dieses Philosophie-Erbes ist ohnehin überrraschend. Jetzt ist viel von der Humanisierung der Natur die Rede, einem Wort von Marx, das Bloch sehr häufig gebrauchte, aber was soll man sich darunter vorstellen? Daß die Natur keine Hurrikane mehr schickt? Das »Prinzip Hoffnung« gar ist in die Produktwerbung übergegangen, eine traurige Banalisierung.

Es kann natürlich auch so gewesen sein, daß Bloch glaubte, alle, die sich zu seinen Füßen versammelten, und auch ich seien von der Richtigkeit seiner Lehre überzeugt und würden sie weitertragen. So ist es nicht gekommen. Ich halte seinen philosophischen Grundgedanken, daß die Welt noch nicht am Ende ist und ihr eigentliches Werden in der Zukunft liegt und daß diese mögliche Zukunft sich als Vorschein in Träumen, Tagträumen, Utopien, in der Kunst ankündigt, für einen echten großen philosophischen Gedanken, wenn er auch letztlich ein eschatologisches Weltbild impliziert. Ich teile ihn zwar nicht, aber ich glaube, daß Blochs Herausarbeitung aller utopischen Inhalte des menschlichen Denkens bedeutend ist. Rationale Methoden zur Erkenntnis der Welt oder einen moralischen Fingerzeig findet man in dieser Philosophie nicht. Ich weiß auch, daß ich von ihr, wenn ich nur die Werke gelesen und den Mann nicht gekannt hätte, nicht ergriffen worden wäre.

Es umgab ihn stets so etwas wie Einsamkeit. Das war uns, die wir ihn feinfühlig liebten, stets bewußt. Er hatte keine Partner, niemand war ihm adäquat. Wir fragten uns manchmal beschämt, mit wem er sich eigentlich richtig »unterhalten« könne. Als er von einer Reise nach Westdeutschland zurückkam, wo er Lesungen und Vorträge gehalten hatte, erzählte er erfreut, daß ihn ein früherer Schulkamerad gefragt habe, warum er im Anfang der »Spuren« das Pronomen wechsele: »Ich bin. Aber ich habe mich nicht. Darum werden wir erst.« In Leipzig hat ihn das bestimmt niemand gefragt. Die rührende Seele Karola quälte sich nach seinem Tode, daß sie ihm philosophisch nicht hatte genug sein können. Wer denn hätte ihm genug sein können? Ich war also nie seine Schülerin im eigentlichen Sinne, aber es war mir immer so und ist es heute noch, als sei er mein einziger Lehrer gewesen und als verdankte ich ihm schlechthin alles, was ich weiß.

Bloch sprach pfälzische Mundart, und damit fiel er in Leipzig, diesem Kessel des tiefsten Sächsischen, auf. Er war Mundarten gegenüber tolerant, hat sich nie darüber lustig gemacht, daß gerade die Leipziger so grauenhaft reden. Auch ich muß damals enorm gesächselt haben. Ich kann heute besser Hochdeutsch sprechen, werde aber noch immer, besonders am Telefon, auf sächsischen Lauten ertappt. Dann ärgere ich mich doppelt, zum ersten, daß man es immer noch hört, zum anderen, daß mich das ärgert, denn alle Mundarten sind gleichberechtigt. Wenn Bloch Ulbricht nachmachte, versuchte er sich im Sächsischen, und auf sächsisch rezitierte er auch Goethes Verse aus dem zweiten Teil des »Faust«, die ihm als eine banale Touristenaussage erschienen: »Hier ist die Aussicht frei, der Geist erhoben. Dort ziehen Fraun vorbei, schwebend nach oben. Die Herrliche mitteninn, im Sternenkranze, die Himmelskönigin, ich seh's am Glanze.«

Bloch setzte im Gespräch immer sehr viel als selbstverständlich voraus, sogar Namen und Begebnisse aus seiner Jugendzeit. Man wagte dann nicht nachzufragen, und auch aus diesem Grunde erforderten die Unterhaltungen mit ihm die größte Aufmerksamkeit der Partner.

Seine Erscheinung war sehr gepflegt, seine Kleidung elegant. Er benutzte sogar Parfüm. Sein Gesicht spiegelte jede Regung wider, vor allem der Mund war von außerordentlicher Schönheit. Nur die Augen, hinter den Brillengläsern verborgen, waren unzugänglich, das einzige Unzugängliche in seinem Gesicht.

In Blochs Philosophie ist eine zentrale Kategorie die Heimat. Von der Heimat gehen wir nicht aus, sie liegt nicht hinter uns, sondern wir gehen auf die Heimat, nämlich eine völlig versöhnte Welt zu. Er selbst hatte keine Heimatgefühle und entwickelte auch, soviel ich sehe, keine Anhänglichkeit an irgendeine Gegend. Etwas gerührt war er nach der ersten Reise von Leipzig aus in seine Geburtsstadt. Aber der Philosoph, der so viel über das Wünschen und die Sehnsucht geschrieben hat, wünschte sich nirgendwohin, und ich hatte nicht den Eindruck, daß er irgendeine Sehnsucht hätte. Er war überall zu Hause, wo er bequem sitzen, seine Pfeife rauchen und mit halbwegs verständigen Menschen reden konnte. Er war vollkommen kosmopolitisch und unabhängig. Die vielen Emigrationen und Fluchten, zuerst vor den Nazis, dann vor den Kommunisten, haben ihm im Grunde nicht viel ausgemacht. Damit soll nicht gesagt sein, daß sein Leben nicht hart war und daß es nicht ein Unglück war, wie dieser Mann in der Welt umherirren mußte. Er brauchte nichts, ohne doch ein Diogenes zu sein oder gar eine solche Existenz zu simulieren. Er aß mäßig und war sogar ein wenig mäkelig, Alkohol habe ich ihn kaum je trinken sehen. Er brauchte nicht einmal Bücher. Er spottete über Lukács, der sei ohne seine Zettelkästen verloren gewesen. Er, Bloch, brauche so etwas nicht, »man muß doch auch in der Wüste noch etwas schreiben können«. Einer seiner Wünsche war sogar immer gewesen: »Gebt mir eine Wüste, damit ich ein Prediger sein kann!« Zwei Tage vor unserem Weggang aus Ostberlin nach Westdeutschland waren die Blochs in unserer Wohnung. Sie billigten unseren Entschluß vollauf und bestätigten, daß die Wohnung noch so eingerichtet war, daß niemand eine Fluchtabsicht erkennen könnte. Karola fragte schmerzlich: »Und die vielen Bücher, nehmt ihr die nicht mit?« Bloch sagte: »Ach was, Bücher gibt's überall.« Er mußte seine wunderbaren alten Ausgaben der klassischen Philosophen in seinem Haus zurücklassen. Er hat sie wohl nie entbehrt. Mit 75 Jahren ging er in seine letzte Emigration, klaglos und heiter. Das soll ihm erst einmal einer nachmachen.

Keiner Partei, keiner Gruppe, keiner Nation fühlte er sich zugehörig, auch nicht den Juden. Bei unserem letzten Treffen fragte ich ihn – er war damals 88 Jahre alt –, zu welchem Volk er sich rechne. Er bestätigte ganz unprätentiös: zu keinem. Er wehrte sich auch immer dagegen, als ein Ostjude oder als ein Chassid bezeichnet zu werden. Er habe das Judentum und daß er ein Jude sei erst mit 17 Jahren entdeckt. Und wenn schon, dann sei er doch Westjude. Karola, die in Polen geboren ist, machte damals lange Ausführungen, daß sie sich letztlich als Polin fühle, und fand zudem auch noch, daß die Polen gute Leute seien. Bloch schüttelte dazu nur leicht spöttisch den Kopf.

IV

Ich war, wie schon gesagt, 1946 in Überschwang und Ahnungslosigkeit der SED beigetreten. Schließlich war mein Vater ein tapferer Kommunist gewesen, der dafür beinahe mit dem Leben bezahlt hätte. Die SPD war mir unbekannt. Ich erlebte den Zusammenschluß von SPD und KPD zur SED, durchschaute aber nicht im mindesten, daß die KPD dabei die SPD unterdrückte, wußte nicht, daß die deutschen Kommunisten Tausende Sozialdemokraten in deutsche Zuchthäuser warfen und die Russen sie in sibirische Lager schickten, wo sie elend zugrunde gingen. Ich wußte es nicht, sage ich. Besser wäre: Ich fragte nicht danach. Die Politik der SED war in meinen Augen dazumal vollkommen richtig. Ich glaubte, was in den Zeitungen stand. Auch die plötzliche Gründung der DDR fand ich herrlich und plapperte Phrasen nach wie die, daß die Arbeiterklasse doch ihren eigenen Staat haben müsse. Niemanden mache ich für meine Irrtümer verantwortlich: Eltern, Umstände, Herkunft, Jugend und was da alles von den meisten angeführt wird. Ich sage auch nicht, wie das die Davongelaufenen, Entronnenen, Abtrünnigen häufig tun: Die Partei hat mich getäuscht, enttäuscht. Diese Partei konnte den nicht täuschen, der sich über ihre Geschichte informiert hatte und der ihr Wirken in der Realität zur Kenntnis nahm. Beides hatte ich nicht getan. Es ist meine Meinung, daß der Mensch nicht nur für das verantwortlich ist, was er tut, sondern auch für das, was er glaubt. Vierzehn Jahre lang war ich Mitglied dieser Partei. Tiefe Scham überkommt mich, wenn ich jener Zeit gedenke.

Ich mache auch nicht Bloch für etwas verantwortlich. Ich war Marxistin, ehe ich ihn kennenlernte, und er hat mich nicht beim Marxismus festgehalten. Spätestens 1950 setzte bei mir die Ernüchterung ein. Ich fing mit Wahrnehmungen an, die ich mir offenbar bis dahin verboten hatte. Beiläufig kam es mir so vor, als sei der Sozialismus, den

Bloch verkündete, von anderer Art als der reale. Bloch meinte es mit der Freiheit und der Erlösung des Menschen ehrlich, und er wollte die gesamte abendländische Kultur und Geistesgeschichte in die Zukunft mitnehmen. Wie er die marxistische Lehre souverän handhabte, wie er das Naturrecht darstellte, den klugen Materialismus im Gegensatz zu dem vulgären beschwor, wie er über Münzer und den Bauernkrieg sprach, wie er Platon, Spinoza und Kant verehrte – das alles stach vollkommen von dem dialektischen Materialismus, dem *Diamat* ab, der aus ein paar dürren Lehrsätzen in hölzerner Sprache bestand. Bloch bot uns etwas anderes als einen Katechismus der marxistischen Geschichts- und Literaturbetrachtung. In der DDR wurde damals Lukács sehr propagiert, dessen Werke »Deutsche Literatur im Zeitalter des Imperialismus« und »Fortschritt und Reaktion in der deutschen Literatur« von unsäglicher Ödnis sind. Bloch hielt allerdings etliche junge oder einfache Leute, z. B. seine Sekretärin, eine ältere Frau, ihm außerordentlich zugetan, bei der marxistischen Stange. Sie sagte zu ihm: »Herr Professor, Sie haben mir den Marxismus erst schmackhaft gemacht.«

Ein wichtiger Grund, weshalb damals viele Menschen, die in der DDR litten, dennoch dablieben und nicht nach Westdeutschland gingen, ja so etwas nicht einmal erwogen, war die weitverbreitete Meinung, die Bundesrepublik sei ein faschistischer Staat. Ein Staatssekretär Globke hat Hunderte Intellektueller von der Bundesrepublik ferngehalten. Wir waren gewohnt, totalitär zu denken, zu differenzieren hatten wir nicht gelernt, und so glaubten wir auch, die Bundesrepublik sei durch und durch »faschistisch«. Ich stellte es mir beinahe so vor, als ob die Nazis auf den Straßen Siegheil brüllten. Diese Propagandalüge der Kommunisten war denjenigen willkommen, die es »eigentlich« in der DDR nicht mehr aushalten konnten, aber aus diesem oder jenem Grunde den entscheidenden Schritt nicht wagten.

Mit wem sollte ich meine Zweifel besprechen? Ich bat Bloch um eine Unteredung. Das konnte ich, er kannte mich gut, eine freundliche Beziehung zwischen Professor und Studentin hatte sich längst angebahnt. Er ermunterte mich schon längere Zeit, bei ihm eine Dissertation zu verfassen, und schlug als Thema mehrmals Meister Eckhart vor. Er empfing mich mit Wohlwollen im großen Zimmer, und ich legte los: Wie denn er die Zustände ertrüge, die Propagandalügen der SED, den geistigen Terror gegen die eigenen Leute und gegen Andersdenkende, die Verengung der Lehre, die Engstirnigkeit der Funktionäre und vor allem die Bonzen- und Privilegienwirtschaft. Da kam ich aber schlecht an. Bloch war sehr abweisend und wurde sogar scharf. Seine Argumente waren die: In jeder Gesellschaft gibt es Dinge, die einem nicht passen; man muß lernen, darüber hinwegzusehen; man muß sich nicht mit Kleinigkeiten aufhalten; das große Ziel ist doch klar, die Befreiung der Menschheit aus den Banden der Unterdrückung und Ausbeutung. Und so weiter und so fort. Seine Argumente waren armselig. Auf das Wort *Bonze* reagierte er besonders unwillig. Auch er sei ein Bonze, meinte er, weil er in einer schönen Villa wohne. Dann brachte er eine Studentin ins Spiel, Therese Poser, die zu ihm gesagt hatte: »Ja, die Theorie ist ja ganz gut, aber die Praxis ist schlecht.« Einen solchen Satz fand er im allerhöchsten Grade abgeschmackt – und kleinbürgerlich. Beschämt und ärgerlich verließ ich ihn. An unserem guten Verhältnis änderte das nichts, weder an seinem zu mir noch – wichtiger – an meinem zu ihm.

1952 meldete ich mich bei ihm zum Staatsexamen an. Er fragte mich schon vorher, was für ein exklusives Thema ich mir ausgesucht hätte; seine Erwartungen waren immer hochgespannt, aber ich ließ mich über ein ganz kommunes Thema prüfen, und zwar die Skepsis. Ich wurde von den Propheten über Heraklit durch alle Epochen bis zu Marx gejagt, konnte am Schluß noch die Wendung zum Prozeß, zum aufsteigenden Denken und zur Genesis am Ende des Geschichtsprozesses anbringen und erhielt die Note 2.

V

Danach ging ich nach Berlin. Bloch schrieb mir zum Abschied aus Leipzig einen Brief, in dem er aussprach, er habe schon lange das Gefühl, in mir jemanden zu haben, der wisse, wohin bei ihm der Hase laufe, und ich sei ein homo religiosus. In den Jahren 1952 bis 1956 war die Verbindung zwischen uns nicht eng. 1954 heiratete ich, und diese Ehe ist das Beste in meinem ganzen Leben. In Ostberlin arbeitete ich im Dietz Verlag, dem Parteiverlag der SED, und redigierte dort irgendwelche politischen Broschüren, die zu Dutzenden auf den Markt geworfen wurden. Nach vier Jahren wechselte ich in die Deutsche Akademie der Wissenschaften an eine Arbeitsstelle für ein Marx-Engels-Wörterbuch über. Acht Jahre lang machte ich ein hartes »Parteileben« mit. Jede Woche gab es mindestens eine Versammlung, entweder in der Partei oder in der Gewerkschaft. Die Themen waren aber stets die gleichen. Sodann gab es das »Parteilehrjahr«, d. h. nach dem Kenntnisstand der Schüler abgestufte Kurse, die sich jeweils über neun Monate hinzogen und in denen Aberwitz und Unsinn gelehrt wurde.

Der einfachste Kursus hatte die Biographie Stalins zum Gegenstand, der nächsthöhere die Geschichte der KPdSU für Anfänger, es folgte die Geschichte der KPdSU für Fortgeschrittene und zuletzt politische Ökonomie für die am weitesten Fortgeschrittenen. Hinzu kamen Wahlversammlungen, wieder entweder in der Partei oder in der Gewerkschaft. Dabei standen die Gewählten in der Regel von vornherein fest, und die Redebeiträge zum jeweiligen Rechenschaftsbericht waren vorher ausgemacht. Auf der Tagesordnung fast jeder größeren Versammlung erschien der Punkt »Kritik und Selbstkritik«. Da wurde irgendeine arme Seele, die sich nicht »parteigemäß« verhalten hatte, so lange gepeinigt, bis sie sich schuldig bekannte und Besserung gelobte. Solche Versammlungen waren Schauprozesse en miniature. Manchmal streiften die Versammlungen auch das Absurde. Wir mußten einmal mehrere Wochen lang über »Offenställe« diskutieren, eine Errungenschaft der sowjetischen Landwirtschaft, bei der das Rindvieh in Ställen mit nur zwei Wänden stand. Das sollte sehr gesund für die Tiere sein, die allerdings dabei zu Tausenden verendeten. Aber die Offenställe sollten auch in der DDR eingerichtet werden.

Wir einfachen Parteimitglieder mußten unter der Bevölkerung »Agitationsarbeit« leisten. In den zerbombten Häusern Berlins, die nicht repariert wurden, mußten wir »Hausgemeinschaften« gründen und bei der »Straßenagitation« den Leuten Flugblätter in die Hand drücken, die sie uns manchmal vor die Füße warfen. Bei den »Friedenswahlen« hatten wir als Wahlschlepper zu dienen. Außerdem gab es ungezählte »Aufbaueinsätze«, »Kartoffeleinsätze«, »Ernteeinsätze«, für die Männer Mitarbeit auf den Großbaustellen. So hat mein Mann 1960 in Schwedt an der Oder noch ein bißchen das Eisenbiegen gelernt. Und dann die vielen Aufmärsche in Kolonnen mit den Fahnen voran, zum 1. Mai, zum 7. Oktober, dem Staatsgründungstag, zum 15. Januar, dem Jahrestag der Ermordung von Karl Liebknecht und Rosa Luxemburg, an dem Ulbricht gemeinsam mit dem Politbüro auf einer Tribüne, von der die Gräber verdeckt wurden, einen Huldigungsmarsch abnahm, bei ununterbrochenem Abspielen der Hymne »Unsterbliche Opfer, ihr sanket dahin«.

Spätestens 1952 wußte ich über die Partei vollkommen Bescheid. Ich hatte im Dietz Verlag aus der Sowjetunion zurückgekehrte kommunistische Emigrantinnen kennengelernt, deren Männer in Stalins Konzentrationslagern umgekommen waren. Zwar vollkommen gebrochene Menschen, klammerten sie sich doch an die Partei. Zur Zeit des Slánský-Prozesses, eines Schauprozesses gegen die höchsten Führer unserer tschechischen »Bruderpartei«, saß ich schweigend in den Haßversammlungen, die denen bei Orwell nahekamen. Niemand kann sagen, er habe nicht gewußt, welche Verbrechen Stalin beging. Es ist genauso eine nichtswürdige Ausrede wie die von Millionen Deutschen, sie hätten von Hitlers Judenverfolgung nichts gewußt. Ich bemerkte nun auch den kommunistischen Antisemitismus. 11 der 14 der in Prag zum Tode durch den Strang oder zu höchsten Zuchthausstrafen Verurteilten waren Juden. Im Dietz Verlag mußten sich unsere jüdischen Genossen vor dem Verlagsleiter Fritz Schälike rechtfertigen, wann oder warum nicht oder warum so spät sie sich vom »Zionismus« losgesagt hätten.

Den Arbeiteraufstand vom 17. Juni 1953 erlebte ich im Zentrum von Berlin mit. Das Schicksal hat es mir vergönnt, eine Volkserhebung mit angesehen zu haben, die Anfänge einer echten Revolution. Ich weiß, was man eine »kochende Volksseele« nennen darf. Von den Ereignissen waren im Verlag alle überrascht. Am Vormittag wurde uns mitgeteilt, Provokateure führten Kolonnen auf den Alexanderplatz, und wir bekamen den Befehl, unser Parteiabzeichen aus dem Knopfloch zu entfernen und am Alexanderplatz »die Massen zu beruhigen und zu zerstreuen«. Dort hatten sich Tausende versammelt. Unser Parteisekretär, ein ehrlicher alter Kommunist, fing mit den Leuten zu diskutieren an, aber er kam nicht weit, seine Worte gingen in dem Lärm unter. Die Massen skandierten: »Nieder mit dem Kommunismus! Nieder mit der Regierung! Der Spitzbart muß weg! Nieder! Nieder! Nieder!« Rund um den Alexanderplatz marschierten Arbeiter in Zwölferreihen und trugen Transparente mit sich, auf denen die Namen ihrer Betriebe standen und die sie bei den parteioffiziellen Demonstrationen mit sich tragen mußten. Man las also: VEB Gerätebau, RAW Rummelsburg, Kabelwerk Oberspree. Bald aber wurden den Zügen Transparente mit der Aufschrift »Freie Wahlen!« vorangetragen. Gegen Mittag rollten sowjetische Panzer über den Alexanderplatz. Das Toben der Massen steigerte sich zur Raserei. Unvergeßlich ist mir eine ältere dicke Frau, die ihren Schirm gegen die Panzer schwang und aus Leibeskräften schrie: »Pfui! Pfui! Pfui!« In den Straßen jagten sowjetische Soldaten mit Maschinengewehren in den Händen die Menge auseinander. Am Abend war das Regime in Ostberlin wieder Herr der Lage. Ohne die sowjetischen Panzer hätte es den nächsten Tag nicht überlebt. Jeder, der behauptet, die Amerikaner hätten am 17. Juni einen faschistischen Putsch angezettelt, ist entweder ein Dummkopf oder ein Lügner.

Von dem Arbeiteraufstand hatte Bloch in seiner Leipziger Vorstadt kaum etwas bemerkt, und er wußte auch sonst wenig davon, was sich außerhalb seines Hörsaales und seines Hauses abspielte und wie die »Proleten« wirklich dachten. Er hat nie ein Parteileben mitgemacht, nie eine Straßenagitation, er ist in der DDR nie in Reih und Glied auf den Straßen marschiert. Ja, er wußte nicht, was das für ein Land war, in das er gekommen war. Dafür spricht folgendes Erlebnis, das er Ende der fünfziger Jahre erzählte: »Werner Krauss, der als orthodoxer Genosse galt, schimpfte im Privatgespräch viel auf »diese Nazis«. Es dauerte eine Weile, bis Bloch begriff, daß Krauss von den in der DDR regierenden Kommunisten sprach. Als Bloch, Krauss und Markov einmal zu dritt zusammengesessen hatten und sich trennen wollten, fragte Markov: »Und worüber haben wir geredet?« Bloch, ahnungslos in Konspiration, verstand die Frage nicht. Es ging darum, daß Markov und Krauss es für nötig hielten, sich für den Fall polizeilicher Verhöre auf ein Thema festzulegen.

Bloch kam bald in Konflikt mit der Partei, aber er hat ihr nur auf Gebieten widersprochen, von denen er etwas verstand. In seine Beurteilung des Expressionismus und Hegels ließ er sich von niemandem hineinreden, doch die politischen Doktrinen der Kommunisten vertrat er in orthodoxer Weise. Die Revolutionen *gegen* den Sozialismus hat er als Revolutionen nicht erkannt und nicht anerkannt. Er glaubte, Revolutionen könnten nur *für* den Sozialismus stattfinden.

1956 war im Ostblock ein unruhiges Jahr. Im Februar enthüllte Chruschtschow auf dem XX. Parteitag der KPdSU einen Teil der grauenhaften Verbrechen Stalins und stürzte den »Vater der Völker« und »Genius der Menschheit« vom Sockel. Im Sommer traten polnische Arbeiter in den Streik, im Oktober brach in Ungarn ein Aufstand aus, der von den einmarschierenden sowjetischen Truppen blutig niedergeschlagen wurde. In der DDR kam es nicht zu einer revolutionären Situation, aber die Intellektuellen muckten auf. Bloch stand seit Jahren in zunehmender Konfrontation zu dem philosophischen »Schmalspurstudium«, bei dem die marxistische Lehre wie zu einer Gebetsmühle heruntergeleiert wurde. Die offizielle Lehre des Diamat hatte zum Beispiel dahin geführt, daß Studenten in einem Tutorium bei der Behandlung Spinozas nur die »materialistischen« Gedanken dieses Philosophen besprechen, die »idealistischen« aber nicht einmal anhören wollten.

Im März organisierte Bloch in der Akademie der Wissenschaften zu Berlin, deren philosophische Sektion er leitete, eine Konferenz zu dem Thema »Das Problem der Freiheit im Lichte des wissenschaftlichen Sozialismus«, zu der sich die marxistische Elite aus vielen Ländern Europas einfand. Es wurden viele parteikonforme Vorträge zum Verhältnis von Freiheit und Notwendigkeit, von Staat und Freiheit, von Diktatur des Proletariats und Freiheit gehalten, aber es gab doch auch Hinweise auf Freiheitskonflikte im sozialistischen Leben, vorgebracht von dem jungen polnischen Philosophen Leszek Kolakowski. Kolakowski, heute in Großbritannien in der Emigration und einer der glänzendsten Kritiker des Marxismus und des Kommunismus, wurde damals von den Konferenzteilnehmern mit großem Beifall empfangen. Die gesamte Konferenz muß der SED später so gefährlich erschienen sein, daß sie das gedruckte Protokoll zurückzog. Es ist heute eine große Kostbarkeit. Bloch nahm die Entstalinisierung ernst und hielt im November eine Gedenkrede zum 125. Todestag Hegels, in der er die »roten Oberlehrer« brandmarkte und die inzwischen berühmt gewordene Formulierung gebrauchte, es müsse nun statt Mühle endlich Schach gespielt werden.

Wolfgang Harich, Cheflektor im Aufbau-Verlag, Anhänger und Kollege Blochs, mit dem zusammen er die »Deutsche Zeitschrift für Philosophie« herausgab, trug sich mit Plänen zur Absetzung Ulbrichts und knüpfte Beziehungen zur SPD in der Bundesrepublik an. Er wurde verhaftet und Anfang 1957 zu zehn Jahren Zuchthaus verurteilt. Viele Menschen, Journalisten, Hochschullehrer und auch Schüler Blochs, wurden damals verhaftet und bekamen hohe Zuchthausstrafen oder flohen in den Westen. Eine Terrorwelle durchlief die Republik. Bloch hatte mit den Umsturzplänen Harichs nichts zu tun. Aber das Philosophische Seminar in der Leipziger Universität mit ihm als Direktor wurde von der Partei als ein Zentrum des Revisionismus »entlarvt«. Ulbricht und andere hohe SED-Funktionäre entrüsteten sich in Reden und Zeitungsartikeln darüber, daß in Leipzig die studierende Jugend verführt und der Partei entfremdet worden sei. Bloch wurde emeritiert und durfte das Philosophische Seminar nicht mehr betreten. Danach setzte es die Partei an der Leipziger Universität durch, daß nur noch Parteigenossen Philosophie studierern durften. So sehr mißtraute sie selbst der Überzeugungskraft der »siegreichen Lehre des Marxismus«.

Bloch erfuhr das Schicksal des Ketzers. Seine stoische Lebensmaxime: »Siedle dich nie in der Nähe von Verhältnissen an, über die du keine Macht hast«, hat ihn davor nicht bewahrt, konnte es auch nicht, da sie sinnlos ist, gerade für einen Philosophen, der soziale Verhältnisse so stark in sein Denken einbezieht. Er bekam sein Gehalt weiter, lebte in seinem Hause isoliert, aber im wesentlichen unangefochten, wenn auch nie ohne Furcht, und durfte reisen.

Eine Flut von Verdächtigungen und Beschimpfungen ergoß sich nun über ihn. Aus den Zeitungen habe ich damals mehr als fünf Dutzend Adjektive gesammelt, die ihn und seine Lehre diskriminieren sollten. Davon hier eine kleine Auswahl: idealistisch, mystisch, unwissenschaftlich, pseudowissenschaftlich, wissenschaftsfeindlich, antiwissenschaftlich, pseudomarxistisch, metaphysisch, undialektisch, vitalistisch, voluntaristisch, teleologisch, subjektivistisch, individualistisch, existentialistisch, nihilistisch, demagogisch, irrationalistisch, kleinbürgerlich, konterrevolutionär, revisionistisch. Nicht wenige von diesen Begriffen gehörten auch zum Vokabular Blochs, er hat mit ihnen Gegner des Marxismus oder einfach auch nur Nichtmarxisten belegt. Zu Blochs 70. Geburtstag 1955 war in Ostberlin eine Festschrift mit Lobsprüchen auf den Humanisten und progressiven Denker erschienen. Zwei Jahre später kam eine Schmähschrift heraus. Sechs Beiträger äußerten sich in beiden, vorher für Bloch, nachher gegen ihn. Leute, die nie einen eigenen Gedanken gehabt oder einen klugen Satz niedergeschrieben hatten, verfaßten jetzt giftige Zeitungsartikel gegen ihn. Nun wurde auch dem stummen Buhr die Zunge gelöst. Er besann sich plötzlich, daß Blochs Philosophie romantisch, bürgerlich, mystisch und idealistisch sei, und er schrieb zur Verbreitung dieser Erkenntnisse, zu denen er offenbar acht Jahre gebraucht hatte, mehrere Artikel. Als ich ihm deswegen Vorhaltungen machte, gebrauchte er das Argument aller Opportunisten: »Wenn ich es nicht getan hätte, dann hätte es ein anderer getan, und dann wäre es noch viel schlimmer geworden.«

VI

1957 begannen drei Jahre Hoch-Zeit meines Lebens, die Zeit enger Freundschaft mit Bloch. Ich benutze dieses hohe Wort, weil Bloch und seine Frau es in bezug auf mich jahrelang und bis zuletzt gebraucht haben. Freundschaft kann es eigentlich nur zwischen Gleichrangigen geben, aber den tieferen Rang machte ich durch grenzenlose Ergebenheit wett. Ich sandte ihm sofort nach seinem Sturz Briefe voller leidenschaftlicher Entrüstung über die elenden Kreaturen. Er schrieb mir: »Ich bin glücklich über Ihre Treue und Liebe.« Am 3. Mai 1957 machte er mir den Vorschlag, seine Vorlesungen zur Geschichte der Philosophie von der Antike bis zur Gegenwart durchzuarbeiten und in ein satzfertiges Manuskript umzugießen. Ich willigte nach kurzer Durchsicht des vorhandenen Typoskripts ein. Diese Vorlesungen hatte Bloch von 1952 bis 1956 gehalten. Ich kannte den Inhalt aus früheren Zyklen und hatte manche Sätze bis hin zum Tonfall im Ohr. Er hat über die Vorlesungen immer gesagt, in ihnen sei von ihm selbst am wenigsten enthalten, er gebe ja nur fremde Gedanken wieder. In Wahrheit sind sie so frei von Subjektivem nicht; die Art der Darstellung, die Auswahl, Wiedergabe und Kommentierung fremder Gedanken ist ganz blochisch, und die Erzählung ist ohnehin faszinierend. Sie waren während des mündlichen Vortrages auf Band aufgenommen, danach von einer Sekretärin, die von dem Stoff nichts verstand, niedergeschrieben worden, wobei sich absonderliche Hörfehler und Mißverständnisse eingestellt hatten. Diese waren leicht zu verbessern. Eine kleine Blütenlese: Sonnenbulisches (Somnambulisches), Hegels Ruf nach einem deutschen Willen (Macchiavelli), der Yorick der Welt (Demiurg), Brüsselsche Phänomenologie (Husserlsche), der Kadettsche Prinz (Kartätschenprinz), Seligkeit des Tiefschlages in Indien (Tiefschlafes). Weltzungenblut (Wälsungenblut), sitzt Maria (Sils-Maria), Wischnuschieber (Wischnu und Schiwa), Hölderlins Imperium (Hyperion), wo Kaiser Julian Apostel war (Julian Apostata). Schlimmer waren durch Rauschen oder Ausfall des Bandes bedingte Lücken. Ich korrigierte das Typoskript mit der Hand, strich redundante Passagen heraus, glättete die Ausdrucksweise, schlug sämtliche Zitate, Schreibungen und Daten nach, denn Bloch unterliefen kleinere Irrtümer, und ließ dann das durchkorrigierte Exemplar wieder abschreiben. Viele Stellen mußten mit Bloch besprochen werden, und deshalb fuhr ich häufig zu ihm nach Leipzig. Ich verbrauchte für diese Arbeit meine gesamte Freizeit von drei Jahren und stellte einen Text von 2.674 Schreibmaschinenseiten her. Es war ein großes Opfer an Zeit und Kraft, das ich Bloch brachte. Die Belohnung war unermeßlich.

Ich kam samstags nachmittags an und fuhr montags wieder ab. Nach dem Essen wurde der Tisch in der Veranda abgeräumt – Bloch verfehlte nicht, zu bemerken, es sei wie bei armen Leuten –, und ich begann mit meinen Fragen: Was soll das heißen, was meinen Sie hier, haben Sie das wirklich gesagt, usw. Zeigte ich mich bei unklaren Stellen begriffsstutzig, so gebrauchte er die Worte des Großinquisitors in jeweils abgewandelter Form: »Muß ich die Elemente der Kategorienlehre mit meiner Schülerin überhören?« Es brach der Abend herein, es brach die Nacht herein, und wir redeten und redeten, das heißt, natürlich redete er, und natürlich perorierte er zauberhaft. Wir ließen die Vorlesungen liegen und kamen vom Hundertsten ins Tausendste, aber was dieses Instausendstekommen bei einem Mann wie Bloch bedeutete, kann meine arme Feder nicht schildern. Mir wurde in Verstand und Gefühl das Unterste zuoberst und das Oberste zuunterst gekehrt. Die Unterhaltungen zogen sich bis zu zehn Stunden hin. Das darf man sich aber nicht so vorstellen, daß er äußerlich dominierend, ohne Punkt und Komma gesprochen oder daß er einen lehrhaften Ton angeschlagen hätte. Nein, er war von innen heraus dominierend. Er machte die Menschen zu ergriffenen Zuhörern, denen Hören und Sehen verging, die Dinge und Zusammenhänge erfuhren, auch die berühmten Querverbindungen dieses Denkers in Philosophie, Literatur und Kunst, von denen sie sich nichts hatten träumen lassen. Wenn solche Sitzungen im Sommer stattfanden, wurden sie durch Spaziergänge in der Gegend oder im Garten unterbrochen, auch wurden die Sitzplätze gewechselt, es ging von einem Zimmer in das andere oder auch hinauf in die Bibliothek. Häufig standen wir zur Erholung an den Fenstern oder am Flügel oder an den Bücherregalen, wenn vielleicht eine Textstelle herangezogen werden mußte. Erholung von den anstrengenden Gesprächen gab es durch weniger anstrengende Gespräche, aber nur durch Gespräche. Karola war manchmal zugegen, ging aber zu einer menschlichen Zeit zu Bett, während Bloch ein Nachtmensch war. Die Rede- und Denkorgien dauerten in der Regel bis in den Morgen. Wenn der Morgen graute, beschloß auch er, zu Bett zu gehen. Wir hörten im Sommer jedesmal das Erwachen der Vögel.

Ich fiel dann in einen unruhigen Schlaf, der mich nicht erfrischte. Ich mußte das Gehörte überdenken und auch darüber nachsinnen, wie ich am Morgen meine Korrekturen anbrächte. Er kümmerte sich nicht darum, wie ich seine Vorlesungen korrigierte, vertraute mir völlig. Gänzlich um den Schlaf gebracht war ich, wenn ich den Rest der Nacht im Arbeitszimmer, umgeben von den Philosophen und dem alten Krug, der im »Geist der Utopie« beschrieben ist, auf einem Sofa direkt hinter seinem Schreibtisch verbrachte, der seine Pfeifenbatterien trug. Ich stand viel früher auf als er, frühstückte mit Karola. Er kam gegen 10, 11 Uhr herunter, strahlend, erholt und zitierte: »Des Lebens Pulse schlagen frisch-lebendig, ätherische Dämmerung milde zu begrüßen«, frühstückte allein – »ich bin ein Mann des Frühstücks!« –, sah in die Zeitungen und wandte sich der Welt wieder zu. Es ging weiter.

Wie erwähnt, brauchte Bloch nur ein bißchen Anteilnahme, um im Gespräch in Fahrt zu kommen. Ich war damals wohl nicht ganz auf den Kopf gefallen. Es war die Zeit außerordentlicher weltanschaulicher Gärung in meinem Leben und außerordentlichen politischen Druckes im Sozialismus der DDR. Die Konvulsionen eines enttäuschten Glaubens nahmen mich mit und machten mich beredt. Es kommt noch etwas hinzu: Bloch holte aus den Menschen das Letzte heraus, er ließ sie über sich hinauswachsen. Er hatte stets, in den Vorlesungen wie im Gespräch unter vier Augen, die Gabe, im Zuhörer das Gefühl des »tua res agitur« zu erzeugen. Jedenfalls ergriff er oft nach einer langen Diskussion meine Hände, drückte sie, sah mir ins Gesicht und sagte: »Welch ein Genuß ist es doch, sich mit einem klugen Menschen zu unterhalten.«

Die Inhalte philosophischer Gespräche sind von anderen beschrieben worden. Ich will hier einiges Nichtphilosophische rekapitulieren, was mir im Gedächtnis geblieben ist. Viel sprach er über seine erste Frau Else von Stritzky. Er leitete die Erzählungen eines Abends damit ein, daß er fragte: »Habe ich Ihnen schon von dem größten Ereignis meines Daseins erzählt?« Auf mein fragendes Gesicht hin begann er: Er hatte Else 1911 in Baiersbronn kennengelernt, sie hatte mit ihrer Schwester in einem Bauernhof gesessen, und als Bloch hineintrat, stob eine gackernde Hühnerschar auseinander. Er sagte zu Else: »Hühner sind nicht gerade ein treffendes Abbild des Weibes.« Else war Malerin und Tochter eines Kammerherrn des Zaren in Riga. Die Familie war sehr reich. Er und Else hatten Tee von eigenen Plantagen getrunken. Ich staunte über seinen unverkennbaren Stolz auf solche sozialen Verhältnisse, das paßte doch nicht zu einem Sozialisten. In den letzten Jahren habe ich aus Blochs Briefen an Lukács erfahren, daß Elses Vater ein Bierbrauer war, daß sich Bloch innig für den Versand von Porter interessierte und sich vom Fall Przemysls im Ersten Weltkrieg eine Steigerung des Bierkonsums versprach. Else war eine tiefgläubige Katholikin, und zeitweise bestärkte Bloch sie noch in ihrem Glauben. Sie hegte größte Ehrfurcht vor dem Volk des Herrn und hatte als Kind an den Sabbatabenden in den Rigaer Gassen den Juden bei ihrer heiligen Feier durch die Fenster zugesehen. »Und dann traf sie mich! Verwandt mit Maria!« 1921 war sie gestorben. Er brach stets in Tränen aus, wenn er von ihr sprach.

Ein andermal fing er so an: »Ruth, waren sie je reich und sind über Nacht arm geworden?« Ich stotterte, solches hätte ich nie erlebt, aber ich hätte in meiner Jugend bittere Armut erduldet. Er winkte ab. »Das meine ich nicht. Ich meine, ob Sie über Nacht arm geworden sind?« Und dann erzählte er, wie er und Else 1914 von einem Tag auf den anderen durch das Ausbleiben der Geldsendungen aus Rußland in bittere Not gestürzt worden seien. Oder er fragte in tiefer Nacht: »Glauben Sie an Engel?« Ich gab zu verstehen, daß ich vieles für möglich hielte, denn wir hatten uns darauf verständigt, daß, wie Dortchen im »Grünen Heinrich« sagt, bei Gott vieles möglich ist, selbst daß er existiert. Daraufhin vertraute er mir seinen Glauben an, Else sei ein Engel gewesen und warte im Jenseits auf ihn. »Diese Seele ist nicht vergangen. Ich freue mich auf den Tod, und wenn es das Nichts ist, ich kann ihr nur gleich werden.« Diesmal schluchzte er und vermißte ein Taschentuch. Ich war tief erschüttert und gab ihm mechanisch das meine. Durch ein solches Vertrauen fühlte ich mich über alle Maßen ausgezeichnet und hätte diese Herzensergießungen nie jemandem weitererzählt. Wie vom Donner gerührt war ich daher, als mich in der Akademie der Wissenschaften in Berlin eines Tages eine Kollegin fragte, ob ich wisse, daß Bloch der Meinung sei, seine Frau sei ein Engel gewesen und warte im Jenseits auf ihn. Sie hatte das nicht von ihm persönlich, sondern es schien Stadtgespräch unter den Intellektuellen von Leipzig und Berlin zu sein.

Viel Wesens machte er von einem Gedenkbuch für Else. Niemand kenne es und niemand bekomme es je zu lesen. Ich war weit davon entfernt, auf das Buch Neugierde zu empfinden oder mich in Blochs Vertrauen zu schleichen. Jürgen Teller, einer seiner Schüler, durfte es lesen. Teller war mit ihm in Leipzig bis 1957 eng verbunden und hatte der Aufforderung der Partei, Bloch abzuschwören, widerstanden. Zur Strafe wurde er »in die Produktion geschickt«. Spöttisch sagte man in der DDR dazu: strafversetzt zur herrschenden Klasse. Teller wurde von einer Maschine erfaßt, und die riß ihm einen Arm ab. Bloch besuchte ihn im Krankenhaus und glaubte ihn dadurch zu erfreuen, daß er ihm das Gedenkbuch für Else zu lesen gab. Inzwischen ist dieses Gedenkbuch in Blochs Gesamtausgabe erschienen, und jeder Tropf kann es lesen. Es steht im übrigen nichts darin, was er nicht in den Gesprächen über Else schon erzählt hätte. Karola Bloch ging in ihrer Selbstlosigkeit so weit, daß sie mich nach dem Erscheinen fragte, ob ich das Gedenkbuch auch so schön und bedeutend fände wie sie.

Hier zeigt sich das Phänomen der Selbstinszenierung und einer gewissen Schamlosigkeit, ohne die höhere geistige Existenzen offenbar nicht auskommen. Zum Beispiel könnte ja kein Dichter lyrische Gedichte veröffentlichen, wenn er nicht ohne Scham wäre. Bloch verfügte über ein hinreichendes Talent zur Selbstinszenierung. Fast alles, was vorkam, hatte er besser, schlimmer oder tiefer oder einfach interessanter erlebt. Als ich eine Nagelbettentzündung an einem Finger hatte, wusch mir Karola rührend die Hände. Ich erzählte, daß mir eine rohe Krankenschwester brutal den Verband vom Finger gerissen hatte und ich dabei das einzige Mal in meinem Leben – bis heute übrigens – einer Ohnmacht nahe gekommen war. Das war aber nichts gegen das, was Bloch einst zugestoßen war. Ein Arzt hatte ihm in einem gleichen Fall den Finger nur berührt, und er war mit der Faust auf ihn losgegangen. Als ich über die Partei sagte, sie betreibe Vulgäridealismus – eine Kontrastbildung zu dem Schmähwort *Vulgärmaterialismus*, womit ich meinte, daß sie immer nur an den Idealismus der Bürger appelliere, ohne ihnen etwas zu geben –, freuten sich Bloch und seine Frau außerordentlich über dieses Bonmot, aber Bloch setzte sofort hinzu, auch er habe früher schon einmal diese Formulierung gebraucht. Für übertrieben halte ich seine Schilderung des Verhältnisses zu den Eltern, die viele seiner Freunde für bare Münze nehmen. Natürlich mußte er sich von ihnen unverstanden fühlen; welcher kluge Mensch tut das nicht in kleinen Verhältnissen, die einen hochfliegenden Geist durch Dumpfheit und Unempfindlichkeit niederdrücken. Aber so schlimm, wie er es immer hinstellt, konnte es nicht gewesen sein. Es gibt Schlimmeres, und ich weiß, wovon ich rede. Er gab wieder, wie sein Vater einmal zu ihm gesagt hatte: »Du wirst noch einmal froh sein, wenn du wenigstens Kartoffeln zu essen hast.« Das, gab Bloch zu, war eine richtige Prophezeiung gewesen.

Bloch hörte sich von anderen Menschen kaum Erzählungen an, erzählte aber auch wenig aus seinem Leben. Alles Biographische, pflegte er zu sagen, sei nur Klatsch. Das hinderte ihn aber nicht, die Philosophie von Jaspers mit dessen Herkunft aus Oldenburg zu erklären und im Seminar Amerikas Minderwertigkeit daran zu exemplifizieren, daß Frau Roosevelt homosexuell gewesen sei. So hat er sich nie nach meinen Bewandtnissen erkundigt und von ihnen auch nichts erfahren. Er fragte nicht, wie es in der Partei zugehe oder wie eine Kindheit im Nationalsozialismus verlaufen sei, zeigte wenig Neugier auf soziale Erfahrungen anderer. Als ein junger Mann, mit dem er in Verlagsverbindung stand, ihm die Geburt einer Tochter anzeigte, wurde er schneidend. »Was bildet der sich eigentlich ein!« Auf der anderen Seite ging er in einer Art, wie ich sie nie bei einem anderen Menschen erlebt habe, auf sein Gegenüber ein: Wir saßen im kleineren Zimmer vor einem Teppich, den er Anfang der zwanziger Jahre gekauft hatte. Plötzlich wandte er sich mir voll zu und fragte: »Wo waren Sie damals, Ruth?« Oder: Ich erzählte nun doch etwas von der Bombennacht in Dresden, wie ich um ein Haar dabei ums Leben gekommen wäre und über Leichen gestiegen war. Er hörte aufmerksam zu und kam dann auf einen amerikanischen Flugzeugträger zu sprechen, den er in jener Zeit, eben Anfang 1945, in einem Hafen der Ostküste der Vereinigten Staaten besichtigt hatte. Die amerikanischen Soldaten hatten ihn mit den Worten »Come and see, it's your ship« auf das Schiff genötigt und ihm vieles gezeigt. Dann brach er ab und sagte mit Emphase: »Vielleicht war das eines der Schiffe, die die Bombenflugzeuge für Dresden transportiert haben.«

Es war eines der wenigen Male, daß er mit Hochachtung von Amerika sprach. Er hat sonst auf dieses Land, das ihm und seiner Familie das Leben gerettet und ihn zu seinem Staatsbürger gemacht hatte, einen mich erschreckenden und mir unerklärlichen Haß gezeigt. Karola ging noch weiter als er. Sie verabscheute die Amerikaner regelrecht, und zwar nicht nur Nation und Volk, sondern auch einzelne. Wenn ich von meiner Sympathie für Amerika sprach, wollte sie mich sogar mit dem Argument, dort gebe es Antisemitismus, zu ihrer Ansicht bekehren. Ich dachte bei mir: Der Antisemitismus in der Sowjetunion ist ja doch wohl etwas schlimmer. Leider habe ich es nicht übers Herz gebracht, die beiden zu fragen, warum sie bei ihrer Liebe zur Sowjetunion nicht dorthin emigriert waren und warum sie dieses heilige Land, von dem Bloch sagte: »Ubi Lenin, ibi Jerusalem«, nicht wenigstens einmal besucht hatten.

In vielem war er hartnäckig unzugänglich und hörte auf kein Argument. Die Umweltverschmutzung zum Beispiel. Das sei ein Ablenkungsmanöver der Unternehmer in Westdeutschland, um die Arbeiter vom Klassenkampf abzuhalten. Ich wandte ein, daß die doch das größte Interesse daran hätten, die Umweltverschmutzung zu leugnen, aber er blieb bei seiner Meinung. Er stellte die Umweltverschmutzung als ein längst bekanntes und harmloses Phänomen hin. »Als ich ein Junge war, floß stets aus einem Kanal eine rotgelbe Brühe in den Rhein.« Damit war das Thema abgetan. Ich bohrte weiter: In Japan sei durch Vergiftung des Wassers die schreckliche Aua-Aua-Krankheit aufgetreten, bei der die Menschen zusammenschrumpften und vor Schmerzen immer nur *aua, aua* schrien. Er amüsierte sich bei dem Gedanken, daß doch die Japaner ohnehin so klein seien. Auch ein tadelnder Hinweis auf die Unangemessenheit seiner Reaktion hielt ihn nicht vom Lachen ab.

Von der Raumfahrt hielt er nichts. Was sei denn auf dem Mond oder anderen Planeten zu holen, es sei doch bekannt, daß dort rein nichts sei. Meine Entgegnung, das könne man nicht wissen und es gebe doch die von ihm so oft beschworene Kategorie Novum, verfing nicht. Er hatte ein unerschütterliches geozentrisches Weltbild.

In sexuellen Dingen war er wenig großzügig, so machte er boshafte Bemerkungen über Mayers Homosexualität. Sein Verhältnis zu Frauen war konventionell, »chauvinistisch«, wie es heute die emanzipierten Frauen nennen. »Die Frau liegt von Natur aus unten«, pflegte er zu sagen. Wenn ich für Gleichberechtigung und Gleichwertigkeit plädierte, hielt er mir entgegen, daß ein Wesen wie »die Frau«, das in allen Schattierungen zwischen Maria und der Hure erscheine, durch die Anerkennung dieser Seinsskala genug gewürdigt sei. Er entrüstete sich über eine Studentin, die mit sämtlichen männlichen Teilnehmern eines Seminars ins Bett ging. Ein Student hatte mit anderen eine Wette abgeschlossen, daß auch er es schaffe, und diese Wette gewonnen. Den Studenten tadelte er mitnichten. Ich bereue, daß ich mir das stumm angehört habe.

Die Bayern liebte er, aber die Engländer mochte er nicht, die englische empiristische Philosophie war ihm ein Graus. Daß ich Bertrand Russell verehrte, verschwieg ich ihm nicht, und es war ihm nicht recht. Er erzählte, daß er sich in Amerika jahrelang geweigert habe, die Sprache dieser Koofmichs zu erlernen. Ich hatte aber den Eindruck, daß er das Englische ganz gut beherrschte. Von Jaspers sagte er, seine Philosophie sei zu tadeln, aber sein Charakter zu loben, bei Heidegger sei es umgekehrt. »Heidegger ist der einzige Philosoph der Gegenwart, bei dem es knistert.« Bloch hielt eine Philosophie für ideal, wenn sich ihr Grundgedanke auf einer halben Seite ausdrücken läßt. Als junger Mann hatte er einer Freundin die Schopenhauersche Philosophie auf einer halben Schulheftseite dargelegt. Sein Lehrer Külpe war verzweifelt, als er seine Grundgedanken für ein Kompendium zusammenfassen sollte. »Und nun stellen Sie sich vor, man würde Wundt auffordern, seine Philosophie auf einer halben Seite vorzutragen!« Er war stolz darauf, daß seine eigene Philosophie nicht einmal eine halbe Seite, sondern nur einen einzigen Satz benötigte: »S ist noch nicht P«, das heißt: »Subjekt ist noch nicht Prädikat.« Stark zog mich an Bloch an, daß er den von mir früh geliebten Nietzsche, der nun in der DDR verfemt war, hoch schätzte. Ich erzählte ihm, daß ich von Leipzig aus nach Röcken hinausgefahren war und einen Blumenstrauß auf Nietzsches Grab gelegt hatte. Er war ganz ergriffen, kam auf mich zu, schloß mich die Arme und sagte: »Dafür muß ich Sie küssen!« Er küßte leicht und gern, er war überhaupt ein Mensch des Augenblicks. Manchmal, wenn ich mich nach besonders intensiven Tagen von ihm verabschiedete, hatte er Tränen der Rührung in den Augen, und seine Wangen zitterten leicht.

In der Liebe zur Literatur differierten wir zuweilen beträchtlich. Als ich Thomas Mann erwähnte, den ich über alles liebe, sagte er: »Ich lese das Zeug nicht.« Nur den »Doktor Faustus« ließ er gelten. Thomas Mann war Bloch zu bürgerlich, zu etepetete, was Wunder. Er hatte ihn staksig ins Meer baden gehen sehen, spottete über die Wendung »von Burg zu Burg«, die Thomas Mann in einem Brief an ihn gebraucht hatte. An solchen Nebensächlichkeiten hielt er sich bei der Beurteilung dieses großen Dichters auf. Theodor Lessing, dessen Autobiographie mich ergriffen hatte, nannte er eine Ratte. Brecht sei einer der größten Dichter, aber sonst ein Dummkopf. Was habe Galilei mit der Atombombe zu tun? Bei Heine schloß er sich dem Urteil von Karl Kraus an, daß er die deutsche Sprache der Journaille gefügig gemacht habe. Lediglich die Gedichte aus der Matratzengruft bestanden vor ihm. Walter Benjamin habe genauso gedacht wie er, ihm beschämt gestanden, daß seine Mutter eine geborene van Geldern war. Johannes R. Becher verabscheute er. Becher starb im Oktober 1958. Am gleichen Tag traf ich Bloch in Berlin und teilte ihm das mit. »Ist der Kerl endlich abgestanden!« war seine Reaktion.

Bloch war ein exzellenter Schauspieler, imstande, mich weit nach Mitternacht in die gesamte Handlung von »Hoffmanns Erzählungen« einzuführen, die Texte vorzusprechen und die Melodien vorzusingen, bedauernd, daß er wegen der vorgerückten Stunde sich nicht ans Klavier setzen konnte. Er spielte mir die Oper geradezu vor. Er erzählte auch ganze Märchen, besonders hatte es ihm Tiecks »Blonder Eckbert« angetan und die Stelle, wo der Freund Walther Bertha den Namen des kleinen Hundes, Strohmian, nennt. Ich habe viel Literatur auf Empfehlung Blochs gelesen, so den »Datterich« von Niebergall. Er nannte dieses herrliche Stück seinen Faust und zitierte ganze Passagen und besonders Datterichs Redensarten auswendig. Das habe ich von ihm übernommen. Auch Hauff gehörte zum darstellenden Repertoire. Er liebte die orientalische Szenerie von Hauffs Märchen, und wir begrüßten uns mit Floskeln wie: »Zaleukos, so empfängst du deinen Gastfreund?« Ich nannte ihn: »Herr des Westens, Stern der Gerechtigkeit, Spiegel der Wahrheit, Abgrund der Weisheit! Edler Räuber Orbasan!« Einen Brief richtete ich »An den Heimatforscher Ernst Bloch«, so etwas erfreute ihn jugendlich.

Seine Kenntnis der Literatur war atemberaubend. Mit Mayer spielte er ein Spiel, in dem sie sich gegenseitig entlegene Motive oder Namen aus der Literatur abfragten. Mein Mann gab mir die Frage mit: Welches Werk der deutschen Literatur endet mit den Worten »und so weiter«? Ich stellte ihm diese Frage in Berlin Unter den Linden. Bloch verhielt einen Augenblick im Gehen, dachte wenige Sekunden nach und sagte dann: »Lenaus Albigenser«. Mit einem Jubelruf fiel ich ihm um den Hals.

Er spielte auch auf dem Flügel und erwartete dann, daß ich ihm die Noten umwendete. Da einer der größten Mängel meiner barbarischen Erziehung darin besteht, daß mir die Musik fremd geblieben ist, konnte ich ihm aber nur auf Treff Trumpf behilflich sein. Er öffnete mir die Augen für Wagner. Als junger Mann hatte er Wagner nicht leiden mögen, bis ihm die Größe auffiel und er sich sagte: Was groß ist, muß anerkannt werden. Wir sprachen viel über eine Aufführung des »Ringes der Nibelungen«, die ich in der Ostberliner Staatsoper besuchte. Er war erfreut, daß ich die sächsische *Klinze* im »Rheingold« entdeckt hatte. Doch viel konnte er mir in der Musik nicht vermitteln. Als sich einmal das Ehepaar Bloch im Wohnzimmer ein Lied Wagners anhörte und ganz entzückt war, saß ich stumm dabei. Ich fand es greulich.

Daß Bloch Jude war, machte ich mir lange Zeit nicht klar. Meine Herkunft hat den großen Vorteil, daß ich nie ein abfälliges Wort über die Juden zu hören bekam, denn in der Schicht, der ich entstamme, gibt es keinen Antisemitismus. Mir ist im Gegenteil im Gedächtnis, daß meine Mutter und meine Großmutter eines Tages über den Brand eines jüdischen Gotteshauses entrüstet sprachen und daß sie später, als ich schon mehr denken konnte, den gelben Stern, den die Juden tragen mußten, ablehnten. Woher den gänzlich unpolitischen Frauen so viel Einsicht gekommen war, habe ich nie ergründet. Jedenfalls hatte ich bis zu der Bekanntschaft mit Bloch noch nie mit einem Juden zu tun gehabt. Bloch erfuhr, daß Wilhelm Girnus, der Staatssekretär für Hochschulfragen, gesagt hatte: »Bloch steht unter meinem persönlichen Schutz.« »Ich bin kein Schutzjude«, brauste Bloch auf, als er die Sache berichtete. Bei einer Auseinandersetzung im Kulturbund hatte sich Bloch verteidigt und mehrfach, aber nur zitatweise, das Wort des Patriarchen im »Nathan« zitiert: »Tut nichts, der Jude wird verbrannt.« Die Leute erstarrten, weil sie glaubten, Bloch fühle sich als Jude verfolgt. Da ich nie darauf achte, ob ein Mensch, mit dem ich spreche, Jude ist, wußte ich auch nicht, daß Karola Bloch aus einer polnischen jüdischen Familie stammt. Als sich meine Unkenntnis herausstellte, war Karola beinahe beleidigt, als hätte ich etwas Ehrenrühriges gesagt. Ihre Familie ist in Auschwitz ermordet worden.

VII

Die Jahre seiner Kaltstellung in der DDR hat Bloch relativ gut überstanden. Sie waren gelassen und gehörten nicht zu den schlechtesten in seinem Leben. Er schrieb weiter an seinem Werk. In der Veranda stand ein kleines Täfelchen mit den Worten »Mein Glück ist meine Ehre«, das heißt, es war ihm eine Ehrensache, über sein Glück selbst zu entscheiden. Karola litt damals vielleicht mehr als er. Die Partei hatte sie ausgeschlossen, ohne jeden Grund, sozusagen in Sippenhaft. Sie war davon tief getroffen und erzählte, was alles sie seit ihrer Jugend für die Partei getan hatte. Ich versuchte, ihr die Vorteile dieses Ausschlusses, um den ich sie glühend beneidete, klarzumachen. Aber sie fand keinen Trost. Aus der SED konnte man damals nur herauskommen, wenn man ausgeschlossen wurde, einen freiwilligen Parteiaustritt sah das Pateistatut nicht vor. In der Zeit zwischen 1957 und 1960 stand Bloch der SED mit erheblicher Reserve gegenüber wie wohl niemals vorher und nachher.

Unsere Gespräche drehten sich nicht enden wollend um die »Fehler« des Kommunismus, den »Irrweg der Revolution«, die Unsinnigkeiten der Lehre, die Fehlentwicklung des Sozialismus, die Brutalität der Parteiherrschaft und die Borniertheit der Funktionäre. Bloch dachte jetzt anders als noch vor ein paar Jahren, da er mich so schnöde abgewiesen hatte, was er im nachhinein gar nicht glauben wollte. Er formulierte seine Einwände mit großer Schärfe, fuhr aber auch fort, Fragen zu stellen, auf die er sich nicht entschließen konnte eine Antwort zu geben. Er fragte: Warum muß der Prolet bei uns an die Unendlichkeit des Weltalls glauben, bevor er eine warme Suppe bekommt? Wie kommt es, daß wir im Sozialismus den Feudalismus wiederherstellen? Kommt durch die List der bösen Vernunft das Gegenteil des Gewollten heraus? Steckt der Fehler im System, ist er schon bei Marx angelegt? Natürlich ist er das, hätte ich antworten sollen. Stalin beschuldigte er des größten Revisionismus, weil dieser die These vom Sozialismus in einem Lande verkündet und die Sprache aus dem Überbau herausgenommen hatte. Er war auch ein feiner Sprachexeget. Über die bis zum Überdruß gebrauchte Wendung der Kommunisten, ihr System sei »zutiefst humanistisch«, höhnte er: »Ja, wenn man ganz tief gräbt, findet man vielleicht noch eine Spur von Humanität.« Er sah ein, daß die kommunistischen Herren sich an die Stelle der alten Herren gesetzt hatten. Der Leipziger Erste Bezirkssekretär Paul Fröhlich war eines Winterabends lange bei ihnen zu Besuch. Als er gehen wollte, fragten ihn Blochs, ob sie ihm ein Taxi rufen sollten. »Nein«, sagte dieser sozialistische Humanist, er habe draußen seinen Wagen mit Fahrer stehen. Blochs waren entsetzt. Er kam auch wieder auf die schon erwähnte Therese mit ihrem Satz: »Ja, die Theorie ist ganz gut, aber die Praxis ist schlecht«, zu sprechen und leistete ihr sozusagen vor mir Abbitte. Mit Scham gestand er mir einmal zu fortgeschrittener Stunde, als wir über die Greuel Stalins sprachen: »Und ich habe die Moskauer Prozesse verteidigt!« Ich nahm es hin, ohne weiter zu fragen. Seine Artikel aus den dreißiger Jahren über jene Mordprozesse, das Schmachvollste, was er je geschrieben hat, konnte ich damals nicht kennen.

Die deutschen Kommunisten hielt Bloch für ganz besonders stupide. Er hatte erlebt, wie geistreich der polnische Ministerpräsident Cyrankiewicz war. Bloch hatte bei einem Empfang zu ihm gesagt, auf die endlosen Reden anspielend: »Sie haben Gott sei Dank *DDR* gesagt und nicht *Deutsche Demokratische Republik*.« Darauf Cyrankiewicz: »Ja, wie gut, daß der Kommunismus so geringe Fortschritte macht. Denken Sie, wenn ich auch noch alle mittel- und südamerikanischen Staaten hätte erwähnen müssen.«

Bloch muß damals schwer auf mir gelastet haben. Ich träumte einen Traum, einen der wenigen, die ich nicht vergessen habe. Bloch und der Rechtsphilosoph Arthur Baumgarten, der an Schüttellähmung litt und sich auf einen Stock stützte, kamen im Traum auf mich zu, und ich sagte zu den beiden: »Kerls, wollt ihr denn ewig leben?« Ich erzählte den Traum Bloch, er trug es mit Fassung, kam aber später noch einmal darauf, und ich spürte doch einen leisen Vorwurf.

Ich war in diesen vier Jahren, die mich Bloch am nächsten brachten, weder Marxistin noch Kommunistin mehr, webte aber noch lange in Träumen von einer besseren Welt. Diesen Träumen habe ich auch heute nicht abgeschworen, weiß jedoch, daß sie nicht auf sozialistischem Wege verwirklicht werden können. Über Blochs politische Grundüberzeugung befand ich mich jedoch in einem tiefen Irrtum. Ich glaubte, er löse sich ebenfalls vom Marxismus und von der »konkreten Utopie« des Sozialismus ab. Bei mehr Menschenkenntnis hätte ich gewußt, daß er das gar nicht mehr konnte. Er gebrauchte die alten philosophisch-politischen Termini unverändert weiter: *Basis, Überbau, ökonomische Stufen, verfaulender Kapitalismus, Klassenkampf, Dialektik des Geschichtsprozesses*. Ich merkte auch nichts bei einem Streit um Arthur Koestler. Koestler hatte sowohl die Sowjetunion als auch in Spanien die mörderische Tätigkeit der GPU hinter den republikanischen Linien kennengelernt – Erfahrungen, die Bloch fehlten – und sich Ende der dreißiger Jahre vom Kommunismus losgesagt. Ich sprach mit warmen Worten von ihm. Bloch fuhr auf und zischte geradezu das Wort heraus, das er wohl für das allerärgste politische Schimpfwort hielt: »Dieser Renegat!« Ich reagierte, mein selbst und allen Respekts vergessend, sehr heftig und widersprach. Es war der heftigste Streit, den ich mit Bloch je gehabt habe. Wie tief er noch immer mit der Partei verbunden war, zeigt ein Brief, den Bloch im Januar 1957 an die Parteileitung der SED am Philosophischen Institut gerichtet hat und der erst 1983 bekannt wurde. Darin rühmt er sich folgender Treueakte gegenüber der Partei: Er habe als Direktor des Philosophischen Seminars Assistentenstellen ausschließlich an Parteimitglieder vergeben, bei der Aufnahme von Philosophiestudenten Mitglieder der SED »besonders beachtet«, den Einmarsch der Roten Armee 1956 in Ungarn herbeigewünscht und schließlich schon in den dreißiger Jahren, in der Zeit der Prozesse, Moskau die Treue gehalten und als Arzt gegen die »Seuche des Trotzkismus« gewirkt. Diesen Brief kannte ich nicht, und er hat ihn nie erwähnt.

In dieser Zeit, da ich ihm so nahestand, merkte ich endgültig, daß er von der Realität keine Ahnung hatte und daß er mit ihr auch nichts zu tun haben wollte. Vor allem kannte er die von der Geschichte angeblich zur Erlösung der Menschheit auserkorene Klasse, das Proletariat, überhaupt nicht. Er gebrauchte peinlicherweise stets das obsolete Wort *Prolet*, wenn er Arbeiter meinte. In den zwanziger Jahren mochte das angängig gewesen sein, aber er benutzte es noch in seinen letzten Lebensjahren. Auch das Wort *bürgerlich* hatte bei ihm und bei Karola stets negative Konnotationen. Es ist eines der höchstfrequenten Schimpfwörter von Marxisten. Ich habe keine besondere Affinität zum Bürgertum, aber ich werde doch nie vergessen, daß es der Menschheit zwei kostbare Geschenke gemacht hat: die bürgerliche Demokratie und die Menschenrechte.

Inzwischen habe ich erkannt, daß einige Verhaltensweisen von Ernst und Karola Bloch für Kommunisten typisch sind. Erstens: Die Genossen mit und ohne Parteibuch akzeptieren, ohne mit der Wimper zu zucken, den Terror als Bestandteil kommunistischer Theorie und Praxis. Sie machen alles mit, solange sich der Terror gegen andere richtet, sind aber überrascht, wenn er sie selbst trifft. So war es anscheinend auch bei den prominentesten bolschewistischen Opfern der Großen Säuberung. Zweitens: Der einzig richtige Zeitpunkt für Einsicht in die Fehler und Verbrechen der Partei ist der eigene. Wer eher etwas gemerkt hat, ist ein Verräter oder ein Renegat.

So war es auch bei einem kommunistischen Paar, mit dem wir viele Jahre befreundet waren. Da sie jetzt tot sind, kann ich die Geschichte in einem kleinen Exkurs erzählen. Elisabeth war in der Sowjetunion in der Emigration gewesen und hatte unter Stalin ein Jahr im Gefängnis gesessen, als Agentin, Diversantin oder unzuverlässiges Element, was immer. Es ist die Frau, die Susanne Leonhard in ihrem Buch »Gestohlenes Leben« erwähnt, eine junge Genossin, die in einer strahlend weißen Bluse in die total überfüllte Frauenzelle hereingebracht wird. Ihr späterer Mann, Rudolf, war ein tapferer Häftling in dem Konzentrationslager Sachsenhausen gewesen, der sich stets für andere eingesetzt hatte. So hatte er, der geschworene Atheist, eingekerkerten Pastoren

Bibeln beschafft. Nach dem Kriege arbeitete er im Ostberliner »Komitee der antifaschistischen Widerstandskämpfer«, betreute alte Genossen und kümmerte sich hauptsächlich um Gedenkstätten, ehemalige Gefängnisse und Konzentrationslager. 1970 wurde der 25. Jahrestag der Befreiung des Zuchthauses Brandenburg gefeiert, in dem sowohl Honecker als auch Robert Havemann gesessen hatten. Havemann war von den Nazis zunächst zum Tode verurteilt, die Hinrichtung war aber, weil er Physiker war, aufgeschoben worden. 1970 saß Havemann, von der SED drangsaliert, vom Staatssicherheitsdienst Tag und Nacht bewacht, in seinem Häuschen in Grünheide. Er hätte niemals zu dieser Feier eine Eintrittskarte bekommen. Er wandte sich an Rudolf, und dieser verschaffte ihm sofort eine. Als Honecker und die anderen Parteigrößen bei der Feier Havemanns ansichtig wurden, gerieten sie außer sich. Sie ordneten eine scharfe Untersuchung an, wie Havemann hatte auf die Feier gelangen können. Alles kam heraus. Rudolf wurde sofort von seinem Posten im Komitee entfernt, ihm wurde fristlos gekündigt, und er sollte aus der Partei ausgeschlossen werden. Er kam aber mit einer Strengen Rüge, der höchsten Parteistrafe vor dem Ausschluß, davon. Erst nun, als es ihn selbst erwischte, gingen unserem Freund und seiner Frau die Augen nicht nur über, sondern auch auf. Er wurde ein erbitterter Feind des Regimes und sagte den furchbaren Satz: »Ich kann froh sein, daß ich in Sachsenhausen war, die Sowjetunion hätte ich nicht überlebt.«

Bloch »merkte« es auch erst richtig, als die Partei ihn verstieß, aber er zog keine Konsequenzen daraus und schon gar nicht so radikale wie unser Freund. Bald schon würde er die Erfahrungen mit der DDR, die nur eine Episode in seinem langen Leben war, langsam vergessen und zu seiner altgewohnten Denk- und Lebensform zurückkehren: in einem bürgerlich-kapitalistischen Staat, der ihm alle Freiheiten bot, am Schreibtisch und am Teetisch den Sozialismus herbeizuwünschen.

VIII

In die letzte Zeit unseres Lebens in der DDR fällt eine Mittelmeerreise, die wir im Mai 1959 zusammen mit Ernst und Karola Bloch machten. Es war ein großer Zufall, daß mein Mann und ich auf dem rumänischen Schiff Transsilvania mit durchs Mittelmeer reisen durften. An sich waren solche Reisen Hochprivilegierten vorbehalten. Diese erste Auslandsreise war für uns ein großes Erlebnis, noch dazu in solcher Gesellschaft. Bloch lernte auf dem Schiff nun auch meinen Mann näher kennen und charakterisierte ihn mit einem Wort des expressionistischen Dichters Ernst Blass: »Wo er hintritt, wächst Gras.« Das Schiff legte in Konstanza am Schwarzen Meer ab. Blochs kamen mit dem Flugzeug. Wir hatten nicht so viel Geld und fuhren drei Tage mit der Eisenbahn durch den Balkan. In Konstanza trafen wir sie, Bloch saß, uns erwartend, auf einem Mäuerchen und rauchte Pfeife. Wir betraten das Schiff, es legte ab, alles stand an der Reling, Bloch klopfte seine Pfeife am Geländer aus, und glühende Funken und Asche wurden den unter uns Stehenden auf die Köpfe geweht. Sie blickten anklagend nach oben, und ich machte ihn darauf aufmerksam. Aber er liebte Ermahnungen nicht und machte einfach weiter.

Das Schiff war für meine Begriffe recht luxuriös. Mein Mann und ich wohnten in der zweiten Klasse, Blochs in der ersten. Wir konnten aber mit ihnen in der ersten Klasse essen. Wir fuhren durch den Bosporus nach Istanbul, unserer ersten Station. Bloch stand mit auf Deck, um den Anblick zu genießen. Nun konnte er ja so schlecht sehen, und ich fragte ihn, wie er denn die Welt auf dieser Reise aufnähme. Es ginge, sagte er, er habe da so einen gewissen Empfindungsapparat. Die Reise war ziemlich strapaziös, und Bloch war 73 Jahre alt. Er hat alle Anstrengungen wunderbar überstanden. Die Blicke von uns dreien waren immer auf ihn gerichtet, wie es ihm ginge. Nach dem Besuch der wichtigsten Sehenswürdigkeiten konnten wir uns selbständig machen. Wir gingen zu viert stundenlang durch die Stadt und vergaßen doch längere Zeit der Rücksicht auf ihn. Plötzlich meldete er sich wütend, er ginge nicht einen Schritt weiter, wenn wir nicht bald ein Café fänden, in dem er sich ausruhen könnte. Wir drei waren sehr erschrocken, und nach wenigen Minuten hatten wir tatsächlich in der Nähe des Beyazid-Platzes eine Kellerhöhle ausfindig gemacht, in der es Kaffee gab. Nachdem er zehn Minuten gesessen und den starken Kaffee getrunken hatte, war er wieder der alte und fuhr in seinen heiteren Gesprächen fort. Ich habe dieses kleine Café bei mehreren späteren Aufenthalten in Istanbul nicht wieder gefunden.

Die ganze Reise war von Leichtigkeit und Heiterkeit erfüllt, doch blieb sein Unmut in Istanbul nicht der einzige. Nach einem Abstecher auf Rhodos nahm das Schiff Kurs auf Nordafrika, und durch den Lautsprecher kam die Erläuterung, wir beträten nun bald den Schwarzen Kontinent. Bloch ärgerte sich über diesen Kolonialausdruck auf einem sozialistischen Schiff. Das Schiff legte in Alexandria an, ich stand auf Deck und sah einen Lotsen an Bord kommen. Aufgeregt lief ich zu den anderen und berichtete wie ein Kind: »Eben ist ein Mann in einem ganz langen Gewand an Bord gekommen!« Bloch lachte und sagte: »Das Gewand heißt Galabija, meine liebe Ruth.« Wir fuhren durch Alexandria mit der Pferdekutsche, und am nächsten Morgen transportierte uns ein eiskalter, klappriger Bus in aller Herrgottsfrühe nach Gizeh. Hier gingen ihm die Teilnehmer der Reisegruppe auf die Nerven. Er war düster und abweisend, wurde ganz einsilbig, weil er den einmaligen Anblick der Pyramiden in Gesellschaft dieser *Piefkes* und *Pachulkes* – wie er sich häufig etwas menschenverächterisch ausdrückte – erleben mußte. Es gibt Bilder, die zeigen, wie er mißmutig auf den Kalksteinblöcken sitzt und an seiner Pfeife saugt. Bloch wollte nicht fotografiert werden, aber mir sind doch trotz seines Drohens »Die knipst schon wieder!« einige Aufnahmen gelungen.

Nach dem Besuch der Pyramiden gingen wir auf die Zitadelle, ins Ägyptische Museum und danach in das nahe gelegene Hilton-Hotel, um uns mit Tee zu erfrischen. Das Hotel war gerade in modernem Stil erbaut worden, und nun fielen beide über uns her. Die Architektin Karola fand es herrlich, aber Bloch sagte verächtlich: »Dieses Aschinger! Wir sinken von Stufe zu Stufe!« Beide bestanden darauf, daß wir ihre Meinung teilten. Wie wir uns aus der Affäre gezogen haben, weiß ich nicht mehr. Solche Situationen waren nicht selten. Die stundenlange Fahrt nach Alexandria überstand er wieder glänzend; er saß mit meinem Mann und mir noch bis in die Nacht in der Schiffsbar, rauchte seine Pfeife, trank Bier und war vollkommen zufrieden. Karola war längst in ihrer Kabine, aber er dachte nicht daran, zu Bett zu gehen, bis mein Mann und ich, damals kurz über dreißig, uns todmüde von ihm verabschiedeten.

Ich glaube, niemand auf dem Schiff wurde so exquisit unterhalten wie wir drei von ihm. Bei einer Ausschiffung, die wegen der vollen Auslastung des Schiffes etwas Zeit in Anspruch nahm, stand ich neben ihm, und er wiederholte mir die schon oft von ihm vernommene Geschichte, was der Messias bei seinem Kommen tun werde. Er würde nicht alles umstürzen, sondern die Dinge nur ein bißchen zurechtrücken, das eine Ding nach links, das andere nach rechts, und Bloch schob, sich von der unruhigen Situation völlig lösend, seine Pfeife und die Streichholzschachtel auf dem Schiffsgeländer hin und her. Ich dachte bei mir, daß wohl niemand auf dem Schiff zu diesem Zeitpunkt sich den Kopf darüber zerbräche, was der Messias bei seinem Kommen tun werde.

Das Schiff legte in Piräus an. Von dort fuhren wir mit der U-Bahn nach Athen. Bloch saß mit einer Tragetasche darin, eine Mütze auf dem Kopf, und starrte vor sich hin. Er sah aus wie ein einheimischer Bauer, der seine Erzeugnisse zu Markte bringt. Wir erstiegen die Akropolis, Bloch immer kräftig, unbeirrt und ohne Stütze. Ich sagte ihm, was ich gelesen hatte, daß nämlich der Aufweg zu den Tempeln deshalb Querrillen habe, damit die Opfertiere nicht stürzten. »Wie rücksichtsvoll«, antwortete er. Die Gruppe fuhr nach dem Prinzip »Schön ist es auch anderswo, und hier bin ich sowieso« weiter an den Kanal von Korinth, aber wir beschlossen, den Nachmittag auf der Akropolis zu verbringen. Wir vier saßen, ohne viel zu reden, stundenlang auf den Stufen des Parthenons, danach wechselten wir in das Erechtheion und setzten uns dort auf den Boden. Es war sehr heiß, und Bloch fragte uns mehrmals, wie einem bei einer solchen Hitze auch nur ein philosophischer Gedanke einfallen könne. In einer Ecke des Erechtheions kauerte ein schäbig aussehendes Individuum, offensichtlich ein Einheimischer, und schlief. »Ja, der gehört hierher, der hat hier Heimatrecht«, konstatierte Bloch. Es zog ein kleines Gewitter auf, und wir waren uns alle einig, daß es ein vornehmer Tod wäre, auf der Akropolis vom Blitz erschlagen zu werden. Zeus hatte aber nicht diese Absicht. Danach suchten wir uns ein Lokal zum Essen, und die polyglotte Karola, die mindestens sechs Sprachen beherrschte, besonders slawische, und die deshalb stets geführt hatte, bestellte zu unser aller Erheiterung »une soupe de fish«. Beim Schlendern beobachteten wir zwei Jungen, die einen Fahrradreifen flickten. »Ataraxia«, herrschte der größere den kleineren an. Bloch war begeistert. Wir alle hatten nicht geahnt, daß dieser alte demokritische Begriff, der »Unerschütterlichkeit« bedeutet, in der Umgangssprache noch existiert. Am späten Abend saßen wir in einem Café auf dem Syntagma-Platz. Mit unserer schlechten Währung waren wir ständig in Geldschwierigkeiten, niemand hätte uns für unser Ostgeld auch nur eine Drachme gegeben. Wir bekamen für jedes Land abgezählte Beträge in der Landeswährung. Bloch wunderte sich über meinen Mann, der in seinen Taschen noch ein paar Drachmen fand, um den Kaffee zu bezahlen und auch noch Trinkgeld zu geben, und verglich ihn mit einem Pantoffeltierchen, das in einem Wassertropfen sein Universum findet. Hier war es, daß Bloch gegen die DDR den schönen antiken Ausspruch zitierte: »Es ist gut, Bürger eines guten Staates zu sein.«

Wir zeigten uns in den Jahren der Ächtung offen mit den Blochs, auch hier, und sie waren uns wohl sogar ein bißchen dankbar dafür. Das war in keiner Weise gefährlich, und es soll nicht etwa als Widerstandsakt hingestellt werden. Auch in Berlin ging ich, wenn die Akademiesitzungen hinter ihm lagen, mit ihm in dieses oder jenes Restaurant, wo manchmal schon meine Genossen saßen und mich anglotzten. Auf dem Schiff war im übrigen genau bekannt, wer Parteigenosse war. Unser Reiseleiter, ein gemäßigter und sympathischer Mann, stellte sich meinem Mann und mir als Genosse vor, also hatte er wohl die Listen der Staatssicherheit studiert. Er fragte uns einmal, ob der Bloch, mit dem wir immer zusammen seien, *der* Bloch sei, und wir antworteten: »Ja, es ist *der* Bloch.« Er sagte nichts weiter. Unterwegs beklagte sich bei mir eine Frau, Bloch habe sie getreten und sich nicht einmal entschuldigt. Sie schloß die Frage an: »Ist er Jude?« Ich bejahte. Sie antwortete mit dem Ausdruck einer gewissen Befriedigung im Gesicht: »Aha!« Sie war sicherlich davon überzeugt, daß den Juden nur recht geschehen sei. Ich erzählte es ihm, und er gestand, und ganz ohne Reue, daß er sie absichtlich getreten hätte.

Wir näherten uns Jugoslawien. Das Land war 1948 von Stalin aus dem Kominform, einer Nachfolgeorganisation der Kommunistischen Internationale, ausgeschlossen worden, und Tito galt als der Gottseibeiuns. 1955 hatte es eine oberflächliche Versöhnung mit der Sowjetunion gegeben. Aber noch immer hielten es die Funktionäre für nötig, den Passagieren in einer Versammlung vorzuschreiben, was sie von Jugoslawien zu halten hätten. Durch den Lautsprecher wurden wir aufgefordert, uns zur Entgegennahme wichtiger Informationen in einem Salon zu versammeln. Karola war in ihrer Kabine. Bloch, mein Mann und ich erhoben uns sofort und gingen ostentativ auf das Oberdeck. Auch das kann nicht als eine mutige Handlung gelten. Wir waren nur nicht ganz so hündisch feige, wie es wohl die meisten Menschen sind. Am besten paßt auf uns eine Fabel, die Alfred Kantorowicz über den kraftlosen Widerstand vieler Intellektueller unter dem Kommunismus erzählt: Die Juden in Rußland erleben ein Pogrom. Der Mob befiehlt einem Juden, sich in einen Kreidekreis zu stellen und sich nicht von der Stelle zu rühren. Während sein Haus verwüstet wird, seine Frau und seine Töchter vergewaltigt werden, streckt er den Fuß ein bißchen über die Kreidelinie hinaus und sagt leise zu sich: Ätsch, ich habe doch nicht stillgehalten.

In Dubrovnik saßen wir in dem wunderbaren Hafen, der gern auf Postkarten abgebildet wird. Bloch verlangte die »Frankfurter Allgemeine« zu kaufen, die es natürlich dort nicht gab. Danach suchte er lange nach einem Biergarten auf den Höhen um die Stadt, den er aus den zwanziger Jahren kannte. Als wir ihn gefunden hatten, sagte er: »Hier hab' ich so manches liebe Mal mit meiner Laute gesessen.« Niemand wird sich vorstellen können, daß wir darüber laut lachen mußten. Blochs Witz kam häufig in passend angebrachten Zitaten zum Ausdruck. Ebenfalls in Dubrovnik kam die Straßenbahn eine abschüssige Straße heruntergerasselt und gelangte unten in ihre Endposition. Nach einigen Sekunden des Schweigens und Zuguckens sagte Bloch gedankenverloren: »Und ihre vorgeschriebne Reise vollendet sie mit Donnergang.« Als den Passagieren gegen Ende der Reise ein Gästebuch gereicht wurde, ergingen wir uns übermütig in Vorschlägen, was man Groteskes hineinschreiben könne. Mein Mann schlug vor: Die Wahrheit ist immer konkret, ich: An diesem, woran dem Geiste genügt, ist die Größe seines Verlustes zu ermessen, Bloch: Die Natur ist die Ilias, die Kultur die Odyssee des Geistes. Karola erklärte uns für übergeschnappt und schrieb dann irgendeine Höflichkeit hinein.

IX

Ich habe Bloch viele Briefe geschrieben. Er sagte mir oft, von niemandem bekäme er so schöne Briefe wie von mir. Sie sind verloren, und das kam durch ein unheimliches Ereignis. Ich war wieder einmal in Leipzig. Beide Blochs äußerten ihre Befürchtung, die Briefe könnten bei einer Hausdurchsuchung gefunden werden und uns alle belasten. Der Inhalt war zwar nicht gänzlich offen, aber hinreichend verräterisch. Blochs waren jahrelang auf Hausdurchsuchung und auch Verhaftung gefaßt. Bloch bekam einen tiefen Schreck, als er vor seinem Haus auf und ab ging und ein Polizist auf ihn zutrat. Jetzt ist es soweit, sagte er sich. Aber der Polizist bat den Herrn Professor nur höflich darum, die über den Zaun hängenden Sträucher beschneiden zu lassen. Ich nahm also die Briefe mit, legte sie in mein Köfferchen zu den anderen Vorlesungsunterlagen und fuhr mit dem Schnellzug wie immer nach Berlin zurück. Ich las. Nie war ich von den ständig im Zug patrouillierenden

Polizisten kontrolliert worden. Auch dieses Mal tat sich lange nichts. Etwa eine halbe Stunde vor der Ankunft in Berlin betraten zwei junge Polizisten das Abteil und gingen stracks auf mich zu, befragten mich nach dem Woher und Wohin und begehrten, mein Gepäck zu sehen. Ich überließ ihnen alles zum Durchwühlen, nahm aber die Briefe, eingerollt, an mich und behielt sie in der Hand. Sie durchsuchten alles gründlich und wollten am Schluß das sehen, was ich in der Hand hielt. Das verweigerte ich, es seien persönliche Papiere, »und dazu haben Sie kein Recht«. Einer sagte zu mir einen mir unvergeßlichen Satz, der das ganze Regime charakterisiert: »Wir haben jedes Recht, gute Frau.« Ich weigerte mich immer noch, also führten sie mich ab, ich sei vorläufig festgenommen. An einem Bahnhof führten sie mich aus dem Zug über die Bahnsteige zur S-Bahn. Die Polizisten wurden mit mir von dem S-Bahn-Schaffner ohne weiteres in sein Dienstabteil hineingelassen. Ich trug mein Gepäck und die Briefrolle. Für alle Passanten war ganz offenbar, daß ich verdächtig und verhaftet war. Mir fiel auf, daß kein Mensch davon Notiz nahm, alle schauten weg und gingen schnell an der Dreiergruppe vorüber. Am Ostbahnhof ging es in der gleichen Manier über die Bahnsteige und auf die Straße. Es war inzwischen völlig dunkel. Die Bewaffneten führten mich in ein unscheinbares Haus in einer Seitenstraße, das keinerlei Hinweis auf seine Bestimmung trug, in einen dunklen Flur und eine Treppe hinauf. Da schossen mir viele Bilder durch den Kopf, wie es wohl für die Millionen von der Gestapo und der GPU Verhafteten gewesen sein mußte, wenn sie von den Schergen ins Gefängnis und ins Lager gebracht wurden. Ich fürchtete mich, aber auch wieder nicht zu sehr, denn im Grunde wußte ich, daß es in der DDR nicht ganz so schlimm kommen konnte wie 1933 in Berlin und 1937 in Moskau. Die beiden Uniformierten übergaben mich in einem Bürozimmer einem Mann von etwa 45 Jahren, der in Zivil an einem Schreibtisch saß. Sie machten mit der Hand an der Mütze und mit zusammengerissenen Hacken die Meldung, sie hätten eine verdächtige Person usw., usw., und verschwanden. Der Zivile verlangte nun die Papierrolle zu sehen, und ich gab sie ihm. Vielleicht hätte ich mich noch weiter wehren sollen, aber bekommen hätte er sie schließlich doch. Er verschwand mit den Briefen im Nebenzimmer, kam bald zurück und fragte, an wen die Briefe gerichtet seien. Das ging aus den Briefen nicht ohne weiteres hervor, sie enthielten keine Namen und begannen mit der Anrede »Hochverehrter, lieber Herr Professor«. Ich erfand ein albernes Märchen von einem Professor, der jüngst verstorben sei und zu dem ich in einem näheren Verhältnis gestanden hätte. Ein Leipziger

Professor war tatsächlich gerade jüngst gestorben. Nach einer abermaligen längeren Pause kam der Mann zurück, hielt mir einen Briefumschlag, auf dem der volle Name und die volle Adresse von Bloch standen, vor die Augen und fragte mich: »Sind die Briefe an diesen Professor gerichtet?« Ich nickte stumm. Er ging wieder in das Nebenzimmer, kam nach kurzer Zeit mit den Briefen zurück, übergab sie mir, sagte kein erklärendes Wort und hieß mich gehen. Um Mitternacht stand ich neben dem Ostbahnhof, fuhr nach Hause, weckte meinen Mann und berichtete ihm, was geschehen war. Wir verbrannten die ganze Nacht über die Briefe an Bloch, andere Briefe und irgendwelche anderen harmlosen Aufzeichnungen und waren überzeugt, daß ich oder Bloch oder beide nun verhaftet würden. Aber nichts geschah. Ich ging weiter meiner Arbeit nach, mein Mann der seinen, und wir haben nie wieder etwas von der Sache gehört. Auch Bloch, den sofort zu warnen wir keine Gelegenheit sahen, ist nie auf die Sache hin angesprochen worden. Wieso ausgerechnet ich und ausgerechnet, als ich die Briefe bei mir hatte, kontrolliert worden bin, weiß ich nicht. Jenem Mann von der Staatssicherheit, der mich hat gehen lassen, sei die Erde leicht.

1960 gab es noch zwei tiefgreifende Erlebnisse für mich. Im Mai besuchte Chruschtschow Ostberlin und wurde in einer gewaltigen Demonstration gefeiert. Wir wurden wie üblich als Jubelmasse an die Straßenränder gestellt. Im stillen sagte ich mir ununterbrochen die Faust-Worte vor: »Ich muß erleben, daß man die frechen Mörder lobt.« Plötzlich sah ich in einem Meer von riesigen roten Fahnen meinen Mann unter der Last einer drei Meter hohen Fahne daherschwanken. Er mußte mit seinem Betrieb demonstrieren und war zum Fahnenträger bestimmt worden.

Das andere Erlebnis war die Kollektivierung des Bauernlandes im Sommer. Die SED ging dabei nicht so brutal vor wie Stalin, der die sogenannten Kulaken teils in die Lager, teils direkt in die unendliche, weg- und steglose Taiga deportierte, wo sie zu Millionen umkamen. Unsere Bauern wurden »nur« durch psychischen Druck in die Landwirtschaftlichen Produktionsgenossenschaften getrieben. Vor ihren Häusern standen Lautsprecher, die sie Tag und Nacht mit Propaganda überschütteten. Zehntausende flüchteten damals in den Westen, viele auch in den Tod. Wir Parteileute aus der Akademie der Wissenschaften wurden nach Thüringen geschickt, um die Agitation zu unterstützen. Ich wurde bei einer guten alten Frau einquartiert, bei der ich mit am Tische saß und mit der ich mich viel unterhielt. Der Pfarrer des Dorfes und einige bescheidene Honoratioren verkehrten bei ihr und fürchteten sich in Maßen vor mir. Ich wollte diesen Leuten gegenüber nun aber auch nicht allzu deutlich werden, um in ihnen nicht den Verdacht zu wecken, ich sei ein agent provocateur. Ich machte für die Kollektivierung nicht einen Finger krumm, sondern räumte ein bißchen die Dorfbibliothek auf und ging in der schönen Landschaft spazieren. Die Atmosphäre war so hektisch, daß das niemand bemerkte. Für die eigentlichen Aufgaben hatte die Partei ohnehin Genossen anderen Kalibers aufs Land geschickt. Bei diesem Einsatz wollte mich die Partei zum ersten Mal zur direkten Komplizin eines Verbrechens machen. Es war die tiefste Erniedrigung meines Lebens. Auf der Rückfahrt besuchte ich Bloch. Von meinem schändlichen Auftrag zeigte er sich ganz unbeeindruckt.

Nun dachten mein Mann und ich ernsthaft an Flucht.

Im Sommer des Jahres 1960 kamen Gerüchte auf, die DDR werde den ständig wachsenden Flüchtlingsstrom gewaltsam eindämmen. Der Gedanke, für den Rest unseres Lebens eingeschlossen zu werden, versetzte uns in Panik. Wir waren inzwischen so weit, daß wir sagten: Alles, alles ist besser als das hier, und fürchteten ernsthaften Schaden für Geist und Seele. Wir waren bereit, zu jedem Preis zu gehen, auch den des Verlustes unserer bescheidenen Habe und ohne Aussicht auf eine Berufslaufbahn. Schließlich waren wir schon über dreißig. Am 4. Oktober 1960 nahmen wir die S-Bahn von Ost- nach Westberlin, unkontrolliert, die Polizei stand auf dem Bahnsteig, kam aber nicht in die Abteile hinein. Wir verließen die Deutsche Demokratische Republik unbehelligt. Nie wieder haben wir eine Fahne besessen oder auch nur angerührt oder gar getragen, nie wieder hat uns an einem Ersten Mai frühmorgens ein Hausobmann herausgeklingelt und beschimpft, weil wir noch nicht geflaggt hatten. Einer der ersten Beamten, auf die wir in der Bundesrepublik trafen, war nun in der Tat ein kleiner Nazi. Er fragte uns, ob wir denn in der Ostzone das Deutschtum hochgehalten hätten. Das war allerdings unsere geringste Sorge gewesen.

X

In der Bundesrepublik war ich zuerst extrem »links«. Es dauerte Jahre, bis ich diesen Staat schätzen lernte. Seit langem aber weiß ich, daß ich die glücklichste Zeit meines Lebens hier verbringen durfte. Ich kenne jetzt Toleranz und Pluralismus; ich habe erfahren, was Freiheit ist.

Im Sommer 1961 stiegen die täglichen Flüchtlingszahlen auf 3.000. Am 13. August kam der Schlag, das Undenkbare geschah, die DDR errichtete in Berlin eine unüberwindliche Mauer. Am 24. August erreichte uns ein Brief von Karola, sie seien zufällig gerade in Westdeutschland und wüßten nicht, ob sie zurückkehren sollten. Ich riet ihnen dringend, hierzubleiben, Bloch würde in der DDR zu ewigem Schweigen verurteilt sein. Sie blieben. Das haben ihnen sicherlich alle geraten, die sie gefragt haben. Das Haus und die Manuskripte waren verloren, Blochs waren mit kleinem Reisegepäck hier. Ein mutiger Mann ging wenige Tage nach dem Entschluß in das Haus, holte einen Koffer mit Manuskripten heraus und brachte sie mit Glück in die Bundesrepublik. Wir waren räumlich weit voneinander getrennt; Blochs lebten in Tübingen, ich in Bonn, wo ich mich an der Universität jahrelang auf eine Hochschullehrertätigkeit vorbereitete. Es dauerte sechs Jahre, bis wir uns wiedersahen. Mehrere Treffen fanden in Düsseldorf und Köln statt, wo Bloch bis in die siebziger Jahre stark besuchte und mit großem Beifall bedachte Vorträge hielt. Die Akademie der Wissenschaften in Ostberlin hatte ihn 1961 sofort ausgeschlossen.

Für Bloch begann nun die eigentliche Wirkungszeit seines langen Lebens. Die Universität Tübingen richtete ihm einen Sonderlehrstuhl ein; seine Bücher, schon längere Zeit im Westen gedruckt, kamen nach und nach in einer Gesamtausgabe heraus, die Studierenden liefen ihm in Scharen zu, die Medien machten ihn und seine Philosophie bekannt, und er wurde vielfach öffentlich geehrt und ausgezeichnet.

Zu meiner Überraschung fuhr Bloch in der Bundesrepublik fort, den Marxismus und den Sozialismus als das »eine, was not tut«, zu predigen, so, als ob er keinerlei bittere Erfahrungen mit dem real existierenden Sozialismus gemacht hätte. Er attackierte den Staat, der ihm die größte Meinungsfreiheit gewährte, und schloß bruchlos an seine Haltung in der Weimarer Republik an. Unfähig, sich von seiner Utopie zu lösen oder sie zu revidieren, führte er häufig, und nicht nur im Scherz, das Hegel-Wort »um so schlimmer für die Tatsachen« im Munde.

Ich habe den Eindruck, daß Bloch die Wirklichkeit nicht richtig wahrnahm, und zwar in zweierlei Hinsicht. Er nahm nicht davon Notiz, daß sich der Kapitalismus in den westeuropäischen Ländern verändert hatte, daß er nicht mehr als der blutsaugerische Moloch auftrat, der er einmal gewesen war, sondern daß ihm von starken Gegenkräften soziale Sicherungen abgetrotzt worden waren, die kein anderes politisches und wirtschaftliches System kennt. Die bürgerliche Demokratie mit ihren bürgerlichen Freiheiten hielt er zeitlebens für ein Täuschungsmanöver der besitzenden Klassen. Auf der anderen Seite lebte er bis zu seinem Ende in Illusionen über die sozialistischen Staaten. Er glaubte, sie seien wenigstens eine anfängliche Verwirklichung der jahrtausendealten Träume von einer gerechten, freiheitlichen, klassenlosen und menschenwürdigen Welt, und begriff nicht, daß sie die Verwirklichung des Gegenteils davon sind. Er hatte einst den Satz gesprochen: »Im Citoyen steckte der Bourgeois; gnade uns Gott, was im Genossen steckt!« Als sich dann der Genosse zu erkennen gab, stellte der Greis hilflose Fragen: »Waren die Vorgänge in der Tschechoslowakei, in Polen und Ungarn denn nötig? Ist es denn nötig, daß die DDR an der Mauer schießt? Sie stärkt doch damit nur die Feinde des Sozialismus im Westen!«

Bloch hatte stets Angst vor dem »Beifall von der falschen Seite« und sagte und schrieb häufig den merkwürdigen Satz, es dürfe nicht sein, daß die falschen Leute aus den falschen Gründen recht bekämen. Dieser Satz ist eines wahrheitsuchenden Philosophen nicht würdig. Man stelle sich ihn bei Kant oder Schopenhauer vor.

Er und Karola waren stets auf der Suche nach einem Land, in dem sich ein »Sozialismus mit menschlichem Anlitz« verwirklichen könnte. Sie blickten seit 1959 gebannt nach Kuba, 1968 nach Prag, 1970 nach Polen, 1974 nach Portugal. Nach Blochs Tode setzte Karola dann auf Nicaragua. Sie gaben zu unzähligen linken Bewegungen, Protestaktionen und Abrüstungskampagnen, die sich natürlich ausschließlich gegen die westliche Rüstung richteten, ihre Unterschrift, ja die Organisatoren solcher Kampagnen hatten Blankovollmacht darüber. In den letzten Jahren steigerte sich Bloch. Er hob öffentlich die geballte Faust zum kommunistischen Gruß, hantierte mit den Schlagwörtern *Isolationsfolter* und *Berufsverbot*, formulierte eine Parole vom »Gewaltrecht des Guten«, distanzierte sich zwar vom Bombenwerfen, aber nur mit dem Argument, man könne in einem Warenhaus die eigenen Genossen treffen. Ganz folgerichtig kam es dann bei seinem Begräbnis zu den ruchlosen Ansprachen seines jugendlichen Freundes Dutschke, der den eben von Terroristen ermordeten Jürgen Ponto als »austauschbare Charaktermaske« bezeichnete, und einer Studentin, die den Toten als

»Genossen« anredete und die Bundesrepublik ein »System« nannte, dessen »Gewaltapparat seine Funktion in Unterdrückung und Tötung hat«.

In der Bundesrepublik stellte sich bei mir eine innere Distanz zu Bloch ein, von der er aber nichts spürte. Hinzu kamen zwei Axthiebe, die er dem Idealbild, das ich von ihm im Herzen trug, versetzte. Es gibt in den Vorlesungen sehr schöne Stellen, die von der moralischen und geistigen Verantwortung des Intellektuellen und des Religionsstifters handeln. Mir ging das Herz auf, wenn Bloch davon sprach, wie Jesus sich im Garten von Gethsemane »gestellt«, wie er »nicht gekniffen« hatte. »Jesus spricht zu ihnen: Ich bin's!« Ich hielt es für selbstverständlich, daß man sich stellt. Aber Bloch hat sich nicht gestellt. Als er in der Bundesrepublik darauf angesprochen wurde, daß er doch auch einige Jahre einem schlechten politischen System gedient hatte – es war Joseph Caspar Witsch, der es auf einem Symposion tat –, wurde er grob und erklärte dergleichen Reden für privaten Klatsch. Es war also eine Privatangelegenheit dieses öffentlich lehrenden Philosophen, Liebhabers der Weisheit, daß er 1951 in der DDR, auf dem Höhepunkt des Stalinismus und des Personenkultes, unaufgefordert, freiwillig und enthusiastisch in einem Essay »Über den Begriff Weisheit« dem Massenmörder Stalin als einem Weisen, einem »Meister einer neuen Sophrosyne« und einem Mann »ohne alle Szenerie« gehuldigt hatte.

Der zweite Schlag waren seine Textfälschungen. Er gab 1970 politische Aufsätze aus den vergangenen Jahrzehnten heraus, hatte jedoch die Originaltexte stillschweigend geändert, ohne darüber Rechenschaft zu geben. Ein junger Philologe entdeckte das, wurde aber von Bloch selbst und seinem engsten Kreis der Beckmesserei und des Mangels an Anstand geziehen. Bloch hatte ganze Passagen neu formuliert, und vor allem hatte er in seinem Lob der Sowjetunion stets den Namen *Stalin* durch *Lenin* ersetzt. Das tat er auch in dem Essay über die Weisheit, der gedanklich und stilistisch vollständig auf Stalin hin geschrieben ist. Bloch hat seine eigenen Texte nicht ernst genommen.

Zu einem inneren und äußeren Abschluß gelangte mein Verhältnis zu Bloch mit dem Erscheinen der Vorlesungen. Es war mir vergönnt, sie zu bearbeiten, auch, sie materialiter zu retten, indem ich die fünf schweren Leitz-Ordner mit in die Bundesrepublik schleppte, nicht ahnend, daß es eine Rettung war, und schließlich sie der Öffentlichkeit zu übergeben. Zu seinen Lebzeiten edierte Bloch nur einen kleinen Teil davon. Sein Tübinger Assistent half dem Blinden dabei. Bloch sagte zu mir: »Es ist Dein Buch, aber ohne Schmidt hätte ich es nicht herausgeben können, also werde ich das Buch Euch beiden widmen.« In seinem Todesjahr ist der Band »Zwischenwelten in der Philosophiegeschichte« mit der schönen Zueignung erschienen: »In Treue Ruth Römer und Burghart Schmidt, meinem langjährigen Assistenten, gewidmet.« 1985 durfte ich dann die gesamten »Leipziger Vorlesungen zur Geschichte der Philosophie« in vier Separatbänden in Händen halten, in der Fassung, die ich ihnen einst gegeben hatte.

Ich habe Ernst Bloch zuletzt 1973 in Tübingen gesehen. Er war etwas müder, aber sonst wie immer voller Geist und Charme und Charisma. Nach einigen Stunden fühlte ich bei mir aufs neue das Wirken seines Zaubers, den fast luziferischen Glanz. Er ergriff mich beinahe körperlich wie eine von ihm ausgehende Aura. Nach dem Abschied war ich wieder frei davon. 1981 sah ich Karola noch einmal in Tübingen und war an seinem Grab. Bald darauf aber schrieb sie mir nicht mehr. Die Gründe können Alter und Mühsal sein. Ich gedenke ihrer mit Herzlichkeit. Sie hat mir einst in glücklichen Tagen einen von ihr selbst entworfenen Ring geschenkt, einen schwarzen Onyx in Goldfassung, und ich halte ihn in hohen Ehren.

Es kann keinen Menschen geben, der Bloch mehr verehrt hätte als ich. Er hat mein Leben unendlich bereichert, und ich trage ihm Dank bis zu meinem letzten Atemzug. Aber ich habe mich längst von ihm gelöst. Der Kommunismus, in seinen Augen Summum bonum, Ultimum, Humanum, Eschaton, bricht gerade jetzt in Europa zusammen, nachdem er entsetzliches Elend über die Völker gebracht hat. Der Geist der Utopie war ein Trug, die blinde Hoffnung ist gescheitert. Das eine, was not tut, ist für alle Zeiten die Hinwendung zum real existierenden Menschen.

Ein Ferienfoto – Bloch an den Pyramiden von Gizeh im Mai 1959
(Foto: Ruth Römer [Bloch-Archiv Inv.-Nr. 9–22/85)

BIBLIOGRAPHISCHE MITTEILUNGEN AUS DEM BLOCH-ARCHIV LUDWIGSHAFEN (TEIL 7):

NACHTRAG ZUR SEKUNDÄRLITERATUR-BIBLIOGRAPHIE DER AUFSÄTZE

Zusammengestellt von Karlheinz Weigand

Die in den Bloch-Almanachen 3 (1983), 6 (1986) und 7 (1987) vorgelegte Sekundärliteratur-Bibliographie ist um die nachstehend aufgeführten Titel zu ergänzen:

Abosch, Heinz: Ernst Blochs Schweizer Jahre. In: Neue Zürcher Zeitung 10. 5. 1986.
Ders.: Hoffnung und Wahrheit. Ernst Blochs Philosophie in der Praxis. In: Neue Zürcher Zeitung 3. 5. 1986.
Ders.: Von der Volksfront zu den Moskauer Prozessen. In: Exilforschung 1 (1983), S. 27–44 (zu Bloch S. 41).
Adriaanse, H. J.: Utopie en eschatologie bij en nav Ernst Bloch. Kan een marxist het christendom beërven? In: Wijsgerig Perspectief (Amsterdam) 23 (1982/83), S. 101–107.
Alperson, Philip: Ernst Bloch: »Essays on the philosophy of music« (Rez.). In: Canadian Philosophical Review 6 (1986), S. 464–467.
(bei Améry: »Als Ernst Bloch uns verließ . . .« ergänzen:)
ebenso u. d. T.: Nachruf auf Ernst Bloch in: Améry, J.: Der integrale Humanismus. Aufsätze 1966–1978. Hrsg. von H. Heißenbüttel. Stuttgart 1985, S. 64–68.
Anders, Günther: (Ernst Bloch). Aus: Gespräch mit Fritz J. Raddatz. In: Zeit 22. 3. 1985, S. 65.
Anonymus: Bloch in der DDR. In: Information Philosophie 13 (1985), Nr. 5, S. 56 f.
Anonymus: Concrete utopianism. Ernst Bloch: Atheismus im Christentum (Rez.). In: The Times Literary Supplement 11. 12. 1969, S. 1422.
Anonymus: Ernst Bloch in der Arena. In: Civis (Bonn) 8 (1961), Nr. 82/83 (November), S. 139.
Anonymus: »Ernst Bloch und die spätbürgerliche Philosophie« (Kongreß in Leipzig 1986). In: Information Philosophie 15 (1987), H. 1 (März), S. 75 f.
Anonymus: Der gesamtdeutsche Bloch-Krimi: In: taz 11. 5. 1985, 18. 5. 1985, 30. 5. 1985, 22. 6. 1985, 3. 7. 1985, 8. 7. 1985, 17. 7. 1985, 24. 7. 1985.
Anonymus: Sein in unserer Zeit. Ernst-Bloch-Nachruf. In: MSZ – Marxistische Studentenzeitung (München) 26. 10. 1977, S. 13–15.
Anonymus: Unbeschwerte Dämonie (Blochs Briefe). In: Spiegel 39 (1985), Nr. 27, S. 143 f.
Anonymus: Der verborgene Mensch vor dem verborgenen Gott. Zum 100. Geburtstag von Ernst Bloch. In: Christ in der Gegenwart 37 (1985), Nr. 27, S. 219 f.
Aranitović, Dobrilo: Bibliografija prevoda dela i članaka Ernsta Blocha. In: Ideje (Belgrad) Jg. 1982, H. 1, S. 149–159.
Arénilla, Louis: Bloch, Lukásc et le marxisme (Colloque Goethe Institut, Paris 1985). In: La quinzaine littéraire 1987, Nr. 480, S. 19 f.
Arntzen, Helmut: Philosophie als Literatur: Kurze Prosa von Lichtenberg bis Bloch. In: Bennett, Benjamin, u. a. (Hrsg.): Probleme der Moderne. Studien zur deutschen Literatur von Nietzsche bis Brecht. Festschrift für Walter Sokel. Tübingen 1983, S. 51–66.

Asperen, Geertruida Maartje van: Metafysica en sociale filosofie (Ernst Bloch). In: Peursen, C. A. van/E. J. Petersma (Hrsg.): Metafysica. De geschiedenis van een begrip. Meppel, Amsterdam 1981, S. 129–155.

Avanzini, Federico: Filosofia pratica, etica ed economia nel marxismo: Ernst Bloch e Mao Zedong. In: Fenomenologia e Societá (Mailand) 1984, Nr. 1, S. 70–99.

Bahr, Ehrhard: The Literature of Hope: Ernst Bloch's Philosophy and its Impact on the Literature of the German Democratic Republic. In: Birnbaum, Henrik/Thomas Eekman (Hrsg.): Fiction and Drama in Eastern and Southeastern Europe. Columbus/Ohio 1980, S. 11–26.

Bahr, Hans-Dieter: Das Ding und das Fremde. Ernst Bloch zu bedenken. In: Spuren 1985, Nr. 11/12 (Mai–August), S. 53–56.

Bahr, Hermann: Tagebuch 4. August (1918). In: Neues Wiener Journal 18. 8. 1918. Auch in: Bahr, H.: Tagebücher 2. Innsbruck 1919, S. 233–239 (über »Geist der Utopie«). Wieder (Auszug) in: Materialien, S. 61.

Barth, Hannes: Die Wahrheit bricht sich nicht selber Bahn. Verleihung des Bloch-Preises an Sternberger. In: Rheinpfalz 25. 6. 1985.

Basta, Danilo: Blohov zbornik. Bloch-Almanach 9 (Rez.). In: Gledišta (Belgrad) 1989, Nr. 7–9, S. 187–189.

Ders.: Ernst Bloch und die Moral als Erbschaft. Zur moralischen Dimension der Hoffnungsphilosophie. In: Bloch-Almanach 6 (1986), S. 49–63.

Ders.: Ist Bloch »der deutsche Philosoph der Oktoberrevolution«? In: Synthesis philosophica (Zagreb) 4 (1987), H. 2, S. 503–517.

Ders.: Iz novije literature o filozofu nade. In: Theoria (Belgrad) 1985, Nr. 3–4, S. 181–188.

Ders.: Sa Blohom, bez Lukača. In: Književne novine 17. 12. 1981, S. 16.

Baum, Karl-Heinz: Mit dem in Ungnade gefallenen Philosophen quält sich die DDR. Zum 100. Geburtstag Ernst Blochs der Versuch einer Rehabilitierung im Zickzackkurs. In: Frankfurter Rundschau 16. 7. 1985.

Baumann, Hans-Heinrich: Fabel vom Eros und verbotene Tagträume. Kleiner Doppelkursus über Hofmannsthals »Reitergeschichte«. In: Bürger, Christa (Hrsg.): »Zerstörung, Rettung des Mythos durch Licht«. Frankfurt a. M. 1986, S. 69–85 (zu Bloch S. 69 f., 72 f., 77 f.).

Bayer, József: Utopie, Utopismus von heute und das Werk Ernst Blochs. In: Kumpf, Richard (Hrsg.): Das Werk und Wirken von Georg Lukács / Zur marxistischen Einschätzung des Werkes und Wirkens von Ernst Bloch. Wuppertal 1985, S. 97–105.

Behnke, Thomas: Ernst Bloch: Geist der Utopie. Hauptseminararbeit Univ. Mainz Wintersemester 1983/84. 23 gez. Bl.

Benseler, Frank: Unkonstruierbare Fragen: Literatur als Geschichte, Überbau als Basis? In: Etudes Germaniques 41 (1986), Heft 3, S. 327–340.

Berg, Helmut: Eine eigene Ansicht über das Utopische. Zur Bedeutung Ernst Blochs. Gespräch mit Eberhard Fromm. In: Konsequent (Berlin) 15 (1985), H. 3, S. 55–59.

Berg, Hermann von: Bruch mit der SED – warum? Auszüge aus einem Rundfunkgespräch 3. 7. 1986. In: Deutschlandfunk. Programm und Information 1986, Heft September, 2 unpagin. S. (dabei zu Bloch).

Berghahn, Klaus L.: »L'art pour l'espoir«. Literatur als ästhetische Utopie bei Ernst Bloch. In: Arnold, Heinz Ludwig (Hrsg.): Ernst Bloch. München 1985, S. 5–20.

Ders.: Die real existierende Utopie im Sozialismus. In: Berghahn, K. L./H. U. Seeber (Hrsg.): Literarische Utopien von Morus bis zur Gegenwart. Königstein/Ts. 1983, S. 275–297 (zu Bloch passim).

Berto, Graziella: La finestra rossa. Nota su Lévinas e Bloch. In: aut- aut (Firenze) 1985, Nr. 209–210, S. 254–261.

Bertrand, Michèle: La question de la croyance: de Marx à Ernst Bloch. In: Réification et utopie. E. Bloch et G. Lukács un siècle après. Actes du colloque de Paris 1985. Arles 1986, S. 185–196.

Bescond, Lucien: Ernst Bloch et Eric Weil. A propos de Marx et du Marxisme. In: Quillien, Jean (Hrsg.): Eric Weil. L'avenir de la philosophie. Violence et langage. Huit études sur Eric Weil. Lille 1987, S. 123–141.

Beyer, Wilhelm Raimund: »Marxistische Ontologie« – eine idealistische Modeschöpfung. In: Deutsche Zeitschrift für Philosophie 1969, S. 1310–1331 (zu Bloch S. 1321).

Biedrzynski, Richard: Ein aufgeklärter Mystiker. Ernst Bloch vor der Bibliotheksgesellschaft (Stuttgart). In: Stuttgarter Zeitung 3. 6. 1960.

Ders.: Ein energischer Schwärmer. Zur Begegnung mit Ernst Bloch im Frankfurter Cantate-Saal. In: Stuttgarter Zeitung 11. 3. 1960.

Bielmeier, Stefanie: Etwas Wichtiges fehlt. Zu Blochs Interpretation von Watteaus »Einschiffung nach Kythera«. In: Bloch-Almanach 8 (1988), S. 143–148.

Biermann, Wolf: Über meine Beziehung zu Ernst Bloch. In: Bloch-Almanach 6 (1986), S. 137–145.

Binder, Friedrich: Zur Verleihung des Friedenspreises des Deutschen Buchhandels an Ernst Bloch. In: Der junge Buchhandel 20 (1967), H. 10, S. 137–139.

Binder, Klaus: »Es kommt darauf an, das Hoffen zu lernen«. Ernst Bloch zum 100. Geburtstag. In: Börsenblatt für den deutschen Buchhandel 41 (1985), S. 1785–1788.

Ders.: Nachträglichkeit und Antizipation. Zeitstrukturen lebendiger Erfahrung nach Ernst Bloch. In: Heinemann, Gottfried (Hrsg.): Zeitbegriffe. Freiburg 1986, S. 95–111.

Bleichert, Günter: Was uns andere über Jesus sagen – z. B. Ernst Bloch. Sende-Ms. Kath. Morgenfeier am 10. 7. 1983 im SDR I. 6 gez. Bl.

Bloch, Jan Robert: Dreams of a better life. Zum Exil Ernst Blochs in den USA. In: Flego, Gvozden/Wolfdietrich Schmied-Kowarzik (Hrsg.): Bloch-Lukács-Symposium 1985 in Dubrovnik. Bd. 2. Bochum 1986, S. 13–21. Auch in: Anstöße (Hofgeismar) 33 (1986), S. 121–126.

Ders.: Die Gesichter der Kristalle. Ernst Bloch und Georg Lukács zum Jahr 1985. In: Spuren 1985, Nr. 10, S. 35 f. Auch in: Löwy, Michael, u. a. (Hrsg.): Verdinglichung und Utopie: Ernst Bloch und Georg Lukács zum

100. Geburtstag. Beiträge des internationalen Kolloquiums in Paris, März 1985. Frankfurt a. M. 1987, S. 281–285.

Ders.: Wie können wir verstehen, daß zum aufrechten Gang Verbeugungen gehörten? In: Bloch-Almanach 9 (1989), S. 73–113.

Bloch, Jan Robert/Hans-Joachim Langer/Jan Philipp Reemtsma: Objektive Phantasie, System und Metapher (Interview anläßlich des Hamburger Bloch-Symposiums). In: taz 2. 10. 1985.

Bodei, Remo: Darf man noch hoffen? Utopie und Vernunft bei Ernst Bloch. In: Löwy, Michael, u. a. (Hrsg.): Verdinglichung und Utopie: Ernst Bloch und Georg Lukács zum 100. Geburtstag. Beiträge des internationalen Kolloquiums in Paris, März 1985. Frankfurt a. M. 1987, S. 206–218.

Ders.: La fe en el futuro. Dimension utopica y dimension religiosa en Ernst Bloch. In: Revista de Filosofia (Mexico) 21 (1988), S. 361–372.

Ders.: Hoffnung: Auftriebswind. Ernst Bloch in Italien. In: Frankfurter Rundschau 20. 6. 1985.

Bodenstein, Walter: Die Deutung Hiobs bei Bloch und Kafka. In: Die Spur (Berlin) 11 (1971), S. 89–96.

Böhler, Dietrich: Zu einer historisch-dialektischen Rekonstruktion des bürgerlichen Rechts – Probleme einer Rechts- und Sozialphilosophie nach Marx. In: Rottleuthner, Hubert (Hrsg.): Probleme der marxistischen Rechtstheorie. Frankfurt a. M. 1975, S. 92–158 (darin zu Bloch S. 93 f. u. 155).

Boella, Laura: Quadro con cornice mobile e quadro ad arco. Pensare per immagini e utopia in Ernst Bloch. In: Fenomenologia e società (Mailand) 9 (1986), S. 77–102. Französ. u. d. T.: Tableau avec cadre tournant et tableau circulaire. Pensée par images et utopie chez Ernst Bloch. In: Raulet, Gérard/Josef Fürnkäs (Hrsg.), Weimar. Le tournant esthétique. Actes du colloque du Cerisy-La-Salle. Paris 1988, S. 247–272.

Dies.: Transparenz und Latenz in der Konstitution des antizipierenden Bewußtseins in »Das Prinzip Hoffnung« von Ernst Bloch. In: Flego, Gvozden/Wolfdietrich Schmied-Kowarzik (Hrsg.): Bloch-Lukács-Symposium 1985 in Dubrovnik. Bd. 2. Bochum 1986, S. 153–170.

Dies.: Die utopische Funktion in Sperrgut: Die Bloch-Diskussion in Italien jetzt (Beitrag zum Wiener Bloch-Kolloquium 14.–16. 11. 1985). Ms. 23 gez. Bl.

Dies.: Wirklichkeit und Verwirklichung. Die Bedeutung der Verdinglichungskritik Lukács' für die Wendung Blochs in den Zwanziger Jahren. In: Löwy, Michael, u. a. (Hrsg.): Verdinglichung und Utopie: Ernst Bloch und Georg Lukács zum 100. Geburtstag. Beiträge des internationalen Kolloquiums in Paris, März 1985. Frankfurt a. M. 1987, S. 307–325.

Bothner, Roland: Ästhetische Reflexion als Ontologie des Noch-Nicht-Seins. In: Löwy, Michael, u. a. (Hrsg.): Verdinglichung und Utopie. Ernst Bloch und Georg Lukács zum 100. Geburtstag. Beiträge des internationalen Kolloquiums in Paris, März 1985. Frankfurt a. M. 1987, S. 269–279.

Bouchard, Guy: Marx, Bloch et l'utopie. In: philosophiques (Montréal) 10 (1983), S. 265–288.

Brand-Smitmans, Barbara: Die doppelte Helena. Alltag und Utopie zwischen Krieg und Frieden in Blochs Philosophie. In: Arnold, Heinz Ludwig (Hrsg.): Ernst Bloch. München 1985, S. 222–238. Auch in: Flego, Gvozden/Wolfdietrich Schmied-Kowarzik (Hrsg.): Bloch-Lukács-Symposium 1985 in Dubrovnik. Bd. 2. Bochum 1986, S. 259–273.

Braschos, Erdmann: Es blocht. Die Spuren Ernst Blochs im gegenwärtigen philosophischen Diskurs (zum Bloch-Symposion Hamburg 7.–10. 10. 1985). In: Impression (München) 1985, Nr. 20, S. 7–12.

Braun, Eberhard: Bloch und die Linke. In: Strohmaier, Jürgen (Hrsg.): Utopie und Hoffnung. Mössingen-Talheim 1989, S. 163–170.

Ders.: Geist der Utopie (zum 100. Geburtstag Ernst Blochs). In: Evangelische Kommentare 18 (1985), S. 416 f.

Ders.: Hoffnung und konkrete Utopie. Ernst Blochs Grundlegung der Philosophie (Vortrag Universität Freiburg 5. 11. 1984). In: Ernst Bloch 1885–1977. Ausstellung des Bloch-Archivs der Stadtbibliothek Ludwigshafen zum 100. Geburtstag. Ludwigshafen 1985, S. 47–58.

Ders.: ». . . und worin noch niemand war: Heimat.« Zum Finale furioso von Blochs »Prinzip Hoffnung«. In: Bloch-Almanach 8 (1988), S. 137–142.

Ders.: Utopische Metaphysik des Experiments Welt. Zum Problem des Ursprungs der Kategorie in Ernst Blochs letztem systematischen Werk. In: Synthesis philosophica (Zagreb) 4 (1987), H. 2, S. 563–569.

Bremer, Thomas: Blochs Augenblicke. Anmerkungen zum Zusammenhang von Zeiterfahrung, Geschichtsphilosophie und Ästhetik. In: Arnold, Heinz Ludwig (Hrsg.): Ernst Bloch. München 1985, S. 76–97.

Breslin, Charles F.: Bloch, Ernst: The Utopian Function of Art and Literature (Rez.). In: Canadian Philosophical Reviews 8 (1988), S. 423–425.

Brissa, Ettore: Ernst Bloch e l'invenzione della città natale. In: Nuova Rivista Europea (Mailand) 1985, Nr. 10, S. 63–65.

Broch, Hermann: Ernst Bloch: »Das Prinzip Hoffnung« (Gutachten für den Pantheon-Verlag, entstanden 1947, bisher unveröff., Orig. in Yale University Library). In: Broch, H.: Kommentierte Werkausgabe. Bd. 10, 1: Philosophische Schriften 1: Kritik. Frankfurt a. M. 1977, S. 279 f.

Brode, Hanspeter: Ernst-Bloch-Preis für Dolf Sternberger. In: Frankfurter Allgemeine 28. 6. 1985.

Bronner, Stephen Eric: Expressionism and Marxism: Towards an Aesthetic of Emancipation. In: Bronner, Stephen Eric/Douglas Kellner (Hrsg.): Passion and Rebellion. The Expressionist Heritage. South Hadley, Mass. 1983, S. 411–453.

Brumlik, Micha: Ernst Blochs »Erbschaft dieser Zeit« – eine politische Fehldiagnose? In: Links (Offenbach) 1985, Heft 10, S. 23–26.

Bucher, Ephrem: Ernst Bloch: Von den politischen Utopien zum »utopischen Bewußtsein«. In: Franziskanische Studien 1985, S. 166–184.

Buhr, Manfred: Sieben Bemerkungen zur Philosophie Ernst Blochs. In: Ernst Bloch und die spätbürgerliche Philosophie. Wissenschaftliches Kolloqium der Sektion Marxistisch-Leninistische Philosophie am 28. Juni 1985. Leipzig: Karl-Marx-Universität 1985, S. 69–87. Auch in: Kumpf, Richard

(Hrsg.): Das Werk und Wirken von Georg Lukács / Zur marxistischen Einschätzung des Werkes und Wirkens von Ernst Bloch. Wuppertal 1985, S. 60–73. Wieder in: Buhr, M.: Eingriffe, Stellungnahmen, Äußerungen. Zur Geschichte und gesellschaftlichen Funktion von Philosophie und Wissenschaft. Berlin 1987, S. 282–300.

Burger, Hotimir: Blochs Widerstand gegen den Nihilismus. Das Nichts als eine der Grundkategorien der Ontologie des Noch-Nicht-Seins. In: Flego, Gvozden/Wolfdietrich Schmied-Kowarzik (Hrsg.): Bloch-Lukács-Symposium 1985 in Dubrovnik. Bd. 2. Bochum 1986, S. 171–179.

Burisch, Wolfram: Herausforderung an das philosophische Handeln. Was uns Ernst Bloch heute – zehn Jahre nach seinem Tod – zu sagen hat. In: Tages-Anzeiger (Zürich) 11. 8. 1987.

Burschell, Friedrich: »Revolution« und »Neue Erde«. In: Raabe, Paul (Hrsg.): Expressionismus. Aufzeichnungen und Erinnerungen der Zeitgenossen. Olten, Freiburg 1965, S. 251–257 (zu Bloch S. 254).

Ders.: Zwischen München und Berlin. In: Deutsche Rundschau 89 (1963), S. 31–39 (S. 37 f.: Bloch in Berlin 1910).

Cacciatore, Giuseppe: Economia e base materiale nell'utopia concreta di Ernst Bloch. In: La dimensione dell'economico. Atti del 2° Convegno tra studiosi di Filosofia Morale (Teolo, 18–20 maggio 1978). Padua 1979, S. 439–466.

Ders.: Marxismo e utopia negli anni venti: Bloch e Lukács. In: L'utopia. Messina 1984, S. 31–68.

Čačinovič-Puhovski, Nadežda: Od monograma do hijeroglifa – napomene o Blochovoj interpretaciji umjetnosti. In: Kulturni radnik (Zagreb) 31 (1978), H. 5, S. 111–124. Auch in: Dossier o Blochu. Zagreb 1979, S. 44–58.

Camartin, Iso: »Die nie gekühlten Wünsche . . .« Zum gegenwärtigen Utopiebedarf. In: Neue Zürcher Zeitung 25. 10. 1987 (zum Verhältnis Bloch / Jonas).

Cangiotti, Marco: Diritto naturale e dignità dell'uomo in Ernst Bloch. In: Rivista di Filosofia Neo-Scolastica 75 (1983), S. 87–109.

Chirpaz, François: Ernst Bloch und die Rebellion Ijobs. In: Concilium 19 (1983), S. 686–692.

Christensen, Ralph: Blochs Kritik an der marxistisch-leninistischen Funktionsbestimmung des subjektiven Rechts. In: Bloch-Almanach 4 (1984), S. 115–157.

Ders.: Recht und Moral in Ernst Blochs Kritik der marxistisch-leninistischen Rechtstheorie. In: Recht in Ost und West 30 (1986), H. 5, S. 299–304.

Ders.: Der Stellenwert des Rechtsstaatsgedankens bei Bloch. Erläuterungen zum Rundfunkvortrag »Naturrecht und menschliche Würde«. In: Bloch-Almanach 5 (1985), S. 179–198.

Ders.: Über das Naturrecht sich vom Schicksal zu befreien. In: Anachronistische Hefte (Karlsruhe) Nr. 5 (1985), S. 4–17.

Cipolletta, Patrizia: Ernst Bloch. Note a margine di un convegno (Milano 28–30 novembre 1985). In: Paradigmi 4 (1986), S. 584–591.

Claussen, Detlev: Spannung des Begriffs. Eine politisch-philosophische Freundschaft: Ernst Bloch und Georg Lukács. In: Vorgänge 26 (1987), H. 2, S. 22–31.

Cöster, Henry: Das Reich der Freiheit gehört der Wirklichkeit. In: Deuser, Hermann/Peter Steinacker (Hrsg.): Ernst Blochs Vermittlungen zur Theologie. München, Mainz 1983, S. 45–60.

Comin, Alfonso Carlos: Contra el »marxismo frio«. En la muerte de Ernst Bloch. In: Cuadernos para el diálogo (Madrid) 1977, Nr. 225 (20. August), S. 46 f.

Coppellotti, Francesco: Ernst Blochs Religionskritik zwischen Macchiavellismus und Katholizismus (Bloch in Italien). In: Schmidt, Burghart: Ernst Bloch. Stuttgart 1985, S. 153–158.

Cunico, Gerardo: Grundbestimmungen der utopischen Ontologie bei Ernst Bloch. In: Flego, Gvozden/Wolfdietrich Schmied-Kowarzik (Hrsg.): Bloch-Lukács- Symposium 1985 in Dubrovnik. Bd. 2. Bochum 1986, S. 95–114.

Czajka, Anna: Doświadczenie podstawowe: ciemność chwili, Która żyjemy. In: Literatura na Świecie (Warschau) 1985, Heft 6 = Nr. 167, S. 295–318.

Dies.: Dunkel des gelebten Augenblicks. Ernst Blochs philosophische Anthropologie in nuce. In: Flego, Gvozden/Wolfdietrich Schmied-Kowarzik (Hrsg.): Bloch-Lukács-Symposium 1985 in Dubrovnik. Bd. 2. Bochum 1986, S. 141–151.

Dies.: Mit Ernst Bloch auf der Suche nach der Heimat. In: Bloch- Almanach 8 (1988), S. 33–38.

Dies.: Wspolczesna mysl filozoficzna, antropologia filozoficzna Bloch. In: Studia filozoficzne 1984, Nr. 8, S. 77–102.

(bei Dahlhaus, Carl: »Ernst Blochs Philosophie der Musik Wagners« ergänzen:) auch in: Dahlhaus, Carl: Klassische und romantische Musikästhetik. Laaber 1988, S. 483–494.

Denis, Marie/Françoise Wuilmart: »Je vibre«, dit Ernst Bloch. In: La Revue Nouvelle (Brüssel) 39 (1983), Heft 3, S. 296–305.

Despoix, Philippe: Mystique et tragédie. La rencontre des mondes spirituels de E. Bloch et G. Lukács 1910–1918. In: Réification et utopie. E. Bloch et G. Lukács un siècle après. Actes du colloque de Paris 1985. Arles 1986, S. 24–36.

Deuser, Hermann: Dialektisches Denken – das Beispiel der Philosophie Ernst Blochs (Vortrag vor der Gesellschaft für Philosophie und Psychologie in Kopenhagen am 9. 4. 1981). In: Deuser, Hermann/Peter Steinacker (Hrsg.): Ernst Blochs Vermittlungen zur Theologie. München, Mainz 1983, S. 30–44.

Diaz, Eligio: Cuando las utopias se encuentran: Ernst Bloch. In: Enrahonar (Barcelona) 1984, Nr. 9, S. 85–89.

Dickinson, John K.: Ernst Bloch, Empiricism, and I. In: Free Inquiry in Creative Sociology (Norman, Oklahoma) 12 (1984), Nr. 2, S. 190–192.

Ders.: Ernst Bloch – Theology of Atheism (ca. 1983). Ms. 46 S.

Ders.: The Marxism of Ernst Bloch. Vision or Revision? (1985). Ms. 29 S.

Ders.: A Meditation on the Life and Work of Ernst Bloch (1985). Ms. 42 S.

Ders.: A Note on Bloch's Practice of Using Untranslated English Words and Phrases in the German Original of »Das Prinzip Hoffnung« and the Inadequate Treatment of this Practice in the Premier English Translation of the Work (1986). Ms. 25 S.

Ders.: A Note on the English translation of Bloch's »Das Prinzip Hoffnung«. In: Bloch-Almanach 7 (1987), S. 143–160.

Diehl, Jörg: »Dies septimus nos ipsi erimus«. Versuch einer kritischen Würdigung der Augustin-Rezeption Blochs. In: Bloch-Almanach 6 (1986), S. 99–120.

Dieckmann, Friedrich: Motive des weißen Zaubers. Zu Ernst Blochs »Spuren« (Verlagsgutachten 30. 8. 1989). Typoskr. 10 gez. Bl.

Dietschy, Beat: Ausbruch aus dem ehernen Gehäuse: Ein Kongreß zum 100. Geburtstag von Georg Lukács und Ernst Bloch in Paris. In: Frankfurter Rundschau 12. 4. 1985.

Ders: Die Inkorporation der Häresie ins Dogma. José Carlos Mariátegui und Ernst Bloch. In: Concordia (Franfurt a. M.) 1987, Nr. 11, S. 24–39.

Ders.: »Jetzt, meine lieben Eidgenossen, ist die Sache veraltet«. Der Philosoph Ernst Bloch würde am Montag 100 Jahre alt. In: Berner Zeitung 6. 7. 1985.

Ders.: Ein marxistischer Heimatdenker: Der Philosoph Ernst Bloch (Sende-Ms. Radio-Studio Basel 8. 7. 1985). 21 S.

Ders.: Ungleichzeitigkeit und nationaler Traum. Eine Kategorie Ernst Blochs – in neuem Kontext. In: Löwy, Michael, u. a. (Hrsg.): Verdinglichung und Utopie: Ernst Bloch und Georg Lukács zum 100. Geburtstag. Beiträge des internationalen Kolloquiums in Paris, März 1985. Frankfurt a. M. 1987, S. 180–194.

Ders.: Weder ein Bein in Moskau noch eins in Peking. Ernst Bloch: ein sozialistischer deutscher Philosoph ohne Heimatland. In: Weltwoche 4. 7. 1985.

Ders.: Zum 100. Geburtstag von Ernst Bloch (Sende-Ms. Radio-Studio Basel 2. 7. 1985). 13 S.

Dietz, Heinrich: Blaue Blume am roten Revers. In: Kaltenbrunner, Gerd-Klaus (Hrsg.): Das Geschäft der Tröster. Freiburg 1980, S. 41–59 (zu Bloch S. 47 ff.).

Ders.: Die Krise der Hoffnungsutopien. In: Neue Deutsche Hefte 21 (1974), Nr. 143, S. 679–697 (zu Bloch S. 694 f.).

Disse, Jörg.: Le fondement de l'espérance chez Ernst Bloch. In: Freiburger Zeitschrift für Philosophie und Theologie 34 (1987), S. 185–203.

Döbert, Brigitte: »Philosophie des aufrechten Gangs«. Internationales Bloch-Symposium in Zagreb am 29./30. Mai 1987. In: Bloch-Almanach 8 (1988), S. 149–155.

Dognin, Paul: Le marxisme comme doctrine de salut chez Ernst Bloch. In: Nova et Vetera (Genève) 1981, Nr. 4, S. 241–260.

Donaldson, Aidan: Bloch, Ernst: Natural Law and Human Dignity (Rez.). In: Irish Philosophical Journal 5 (1988), S. 126–130.

Dornuf, Stefan: Verdinglichung und Utopie: Ernst Bloch und Georg Lukács 100 Jahre danach. Kolloquium im Goethe-Institut Paris 26.–29. 3 1985. In: Argument 27 (1985), S. 583 f.

Drewitz, Ingeborg: Ernst Bloch und meine Wirklichkeit. In: Die Neue Gesellschaft/Frankfurter Hefte 32 (1985), S. 874–877.
Dies.: Spiegel des Jahrhunderts. Die Erinnerungen von Karola Bloch. In: Nürnberger Nachrichten 28. 5. 1982.
(bei Dutschke: »Im gleichen Gang und Feldzugsplan« ergänzen:)
ebenso in: Dutschke, R.: Mein langer Marsch. Reinbek 1980, S. 154–157.
ferner in: Dutschke, R.: Die Revolte. Reinbek 1983, S. 222–227.
Dutschke, Rudi: Spaziergänge mit den Blochs: Notizen (August 1971). In: Dutschke, R.: Die Revolte. Reinbek 1983, S. 234–242.
Ebeling, Hans: Prinzip ohne Hoffnung? Zu Blochs und neuerer Utopie des Widerstandes. In: Zeitschrift für Didaktik der Philosophie 7 (1985), H. 2, S. 71–74.
Eckert, Michael: Zukunft als Transzendenz. In: Deuser, Hermann/Peter Steinacker (Hrsg.): Ernst Blochs Vermittlungen zur Theologie. München, Mainz 1983, S. 128–143.
Eichler, Klaus-Dieter: Größe und Grenzen einer Philosophie. Zum 100. Geburtstag Ernst Blochs. In: Leipziger Volkszeitung 6. 7. 1985.
Emmrich, Wolfgang: ›Massenfaschismus‹ und die Rolle des Ästhetischen. Faschismustheorie bei Ernst Bloch, Walter Benjamin, Bertolt Brecht. In: Winckler, Lutz (Hrsg.): Antifaschistische Literatur: Programme, Autoren, Werke. Bd. 1. Kronberg/Ts. 1977, S. 223–290.
(bei Endres, Elisabeth: »Die Hoffnung ist rot« ergänzen:)
auch in: Engelmann, Bernt (Hrsg.): VS vertraulich. IV. Schriftstellerkongreß Dortmund und die Folgen. München 1978, S. 45–49.
Enzensberger, Hans Magnus: Gangarten. Ein Nachtrag zur Utopie. In: Kursbuch 1990, H. 100, S. 1–10.
Euchner, Walter: Marxistische Luther-Interpretationen. In: Geschichte in Wissenschaft und Unterricht 36 (1985), S. 831–847 (zu Bloch S. 840 f.).
Fahrenbach, Helmut: Befreiung als praktisches Problem der Freiheit. Über die Notwendigkeit einer kritisch-utopischen Philosophie emanzipatorischer Praxis. In: Simon, Josef (Hrsg.): Freiheit. Theoretische und praktische Aspekte des Problems. Freiburg 1977, S. 137–170.
Ders.: Kierkegaards untergründige Wirkungsgeschichte (zur Kierkegaardrezeption bei Wittgenstein, Bloch und Marcuse). In: Anz, Heinrich (Hrsg.): Die Rezeption Søren Kierkegaards in der deutschen und dänischen Philosophie und Theologie. Kopenhagen, München 1983, S. 30–69.
Ders.: Marxismus und Existentialismus – im Bezugsfeld zwischen Lukács, Sartre und Bloch. In: Löwy, Michael, u. a. (Hrsg.): Verdinglichung und Utopie: Ernst Bloch und Georg Lukács zum 100. Geburtstag. Beiträge des internationalen Kolloquiums in Paris, März 1985. Frankfurt a. M. 1987, S. 326–344. Auch in: Flego, Gvozden/Wolfdietrich Schmied-Kowarzik (Hrsg.): Bloch-Lukács-Symposium 1985 in Dubrovnik. Bd. 2. Bochum 1986, S. 45–69.
Ders.: Der Mensch – ein utopisches Wesen? Die anthropologische Frage in der Philosophie Ernst Blochs. In: Laboratorium salutis. Beiträge zu Weg, Werk und Wirkung des Philosophen Ernst Bloch. Stuttgart 1985, S. 27–51.

Fehér, Ferenc/Agnes Heller: Der Marxismus als kulturelle Bewegung. In: Neidhardt, Friedhelm, u. a. (Hrsg.): Kultur und Gesellschaft. René König zum 80. Geburtstag. Köln 1986 (Kölner Zeitschr. f. Soziologie, Sonderheft 27), S. 302–313 (zu Bloch bes. S. 306).

(bei Fetscher, Iring: »Unzeitgemäß und spekulativ« ergänzen:)
auch in: Helbling, Hanno/Martin Meyer (Hrsg.): Querschnitt. Kulturelle Erscheinungen unserer Zeit. Zürich 1982, S. 269–272.

Fetscher, Iring: Die Vereinbarkeit des »Prinzip Hoffnung« mit dem »Prinzip Verantwortung«. Zu Hans Jonas' Kritik an Bloch. In: Löwy, Michael (Hrsg.): Verdinglichung und Utopie: Ernst Bloch und Georg Lukács zum 100. Geburtstag. Beiträge des internationalen Kolloquiums in Paris, März 1985, Frankfurt a. M. 1987, S. 219–225.

Finci, Predrag: Politička mjerenja Ernsta Blocha (zu »Politische Messungen«). In: Dijalog (Sarajewo) 1979, H. 4, S. 336–338.

Fink-Eitel, Hinrich: Das rote Fenster. Fragen nach dem Prinzip der Philosophie von Ernst Bloch. In: Philosophisches Jahrbuch 95 (1988), 2. Halbbd., S. 320–337.

Fiorenza, Francis: Religion und Gesellschaft: Legitimation, Rationalisation oder Kulturerbe? In: Concilium (Zürich) 15 (1979), S. 281–286 (zu Bloch S. 283–285).

Fogarasi, Béla: Utopistischer Kommunismus. Ernst Bloch: »Thomas Müntzer« (Rez.). In: Die Rote Fahne (Berlin) 5. 5. 1922. Wieder in: Fogarasi, B.: Parallele und Divergenz (Ausgewählte Schriften). Hrsg. v. Eva Karádi. Budapest 1988, S. 110–112.

Folkers, Horst: Zur Heimat Blochschen Denkens in der Hegelschen Dialektik und der Schellingschen Spätphilosophie. In: Bloch-Almanach 9 (1989), S. 123–145.

Fox, Matthew: Meister Eckhart and Karl Marx: the mystic as political theologian. In: Listening (Oak Park, Illinois) 13 (Fall 1978), S. 233–257 (zu Bloch S. 234 f. u. 246).

Franz, Trautje: Philosophie als revolutionäre Praxis. Zur Apologie und Kritik des Sowjetsozialismus. In: Arnold, Heinz Ludwig (Hrsg.): Ernst Bloch. München 1985, S. 239–273.

Frei, Bruno: Die deutsche antifaschistische literarische Emigration in Prag 1933–1936. In: Goldstücker, Eduard (Hrsg.): Weltfreunde. Konferenz über die Prager deutsche Literatur. Prag, Neuwied 1967, S. 361–371.

Frenzel, Ivo: Fremdbegegnungen. Über Wirkungen des hundertjährigen Ernst Bloch. In: Süddeutsche Zeitung 8. 7. 1985.

Friedrich, Bruno: Die Utopie als Krankheit des Politischen. In: Geist und Tat 19 (1964), S. 308–312.

Fromm, Eberhard: Stichpunkte zum Thema: Bloch heute. In: Ernst Bloch und die spätbürgerliche Philosophie. Wissenschaftl. Kolloquium der Sektion Marxist.-Leninist. Philosophie am 28. Juni 1985. Leipzig: Karl-Marx-Universität 1985, S. 21–30.

Fromm, Eberhard/Marion Kunze: Hoffnung auf die »konkrete Utopie«. Zum 100. Geburtstag von Ernst Bloch. In: Deutsche Zeitschrift für Philosophie 33 (1985), S. 617–628.
Frommann, Anne: Fortschritt – heute. In: Strohmaier, Jürgen (Hrsg.): Utopie und Hoffnung. Mössingen-Talheim 1989, S. 137–162.
Garda, Michaela: La fenomenologia della coscienza musicale. Musica e utopia nello »Spirito dell' Utopia« di Ernst Bloch. In: Musica realtà (Mailand) 1983, S. 109–134.
Gekle, Hanna: Ernst Bloch. In: Gall, Lothar (Hrsg.): Die großen Deutschen unserer Epoche. Berlin 1985, S. 379–391.
Dies.: Utopie der Melancholie. In: Strohmaier, Jürgen (Hrsg.): Utopie und Hoffnung. Mössingen-Talheim 1989, S. 23–45.
Dies.: Utopie der Negativität. In: Flego, Gvozden/Wolfdietrich Schmied-Kowarzik (Hrsg.): Bloch-Lukács-Symposium 1985 in Dubrovnik. Bd. 2. Bochum 1986, S. 181–201.
Gimbernat, José Antonio: Hilfreiche Grenzgängerei. Ernst Bloch in Spanien. In: Frankfurter Rundschau 20. 6. 1985.
Ders.: Utopia y religion en la filosofia de Ernst Bloch. In: Razón y fe (Madrid) 1985, Nr. 1041, S. 535–544.
Girardi, Giulio: Säkularisation, Klassenkampf und Eschatologie. Zur Hermeneutik der Rede von der Eschatologie. In: Dexinger, Ferdinand (Hrsg.): Tod, Hoffnung, Jenseits. Wien 1983, S. 107–128 (zu Bloch S. 109 ff., 126 f.).
Giroux, France: Manque et pulsion selon Ernst Bloch. In: phi zéro, revue d'études philosophiques (Montréal, Canada) 7 (1979), Nr. 2, S. 12–43.
Givsan, Hassan: Die Möglichkeit des aufrechten Gangs oder die Wahrheit der Ontologie des Noch-Nicht-Seins. In: Synthesis philosophica (Zagreb) 4 (1987), H. 2, S. 551–562.
Goldbaek, Henning: Ernst Bloch: en utålmodig Kulturkritiker. In: Bloch, Ernst: Spor (= Spuren, dänisch, übers. von Henning Goldbaek u. a.) Kopenhagen o. J., S. 207–221.
Gómez Caffarena, José: Ernst Bloch, profeta de la razón utópica. In: El Pais (Madrid) 10. 8. 1977.
Gotovac, Vlado: Jedna stvaralačka interpretacija. Ernst Bloch: Subjekt–Objekt (Rez.). In: Knjizevnost, umjetnost, kultura (Zagreb) 2 (1960), H. 9, S. 119 f.
Grabner-Haider, Anton: Auszug aus Gott? (Rez. zu »Atheismus im Christentum«). In: Wort und Wahrheit 24 (1969), S. 372–374.
Graetz, Michael: Jüdischer Messianimus in der Neuzeit. In: Falaturi, Abdoldjavad, u. a. (Hrsg.): Zukunftshoffnung und Heilserwartung in den monotheistischen Religionen. Freiburg 1983, S. 167–188 (zu Bloch S. 185 f.).
Graf, Friedrich Wilhelm: Ernst Bloch, Briefe (Rez.). In: Philosophisches Jahrbuch (Freiburg) 95 (1988), 1. Halbbd., S. 214–216.
Grahovac, Željko: Zbilja i realno-mogući utopikum (zu »Philosophische Grundfragen«). In: Dijalog (Sarajevo) 1979, H. 4, S. 332–336.
Gramer, Wolfgang: Musikalische Utopie. Ein Gespräch zwischen Adornos und Blochs Denken. In: Bloch-Almanach 4 (1984), S. 175–190.

Grebing, Helga: Die intellektuelle Opposition in der DDR seit 1956. Ernst Bloch, Wolfgang Harich, Robert Havemann. In: Aus Politik und Zeitgeschichte B 45/77 (12. Nov. 1977), S. 3–19.

Greisch, Jean: Bloch et Hegel – pensée dialectique et transcendance. Exposé fait à la session »Critique de la religion et critique par la religion dans l'œuvre d'Ernst Bloch«, tenue au Centre Thomas More les 12–13 février 1977. In: Recherches et Documents du Centre Thomas More (L'Arbresle) 5 (1978), Nr. 17, S. 13–24.

Grill, Bartholomäus: In den Schluchten der Hoffnung (zum 100. Geburtstag). In: Deutsches Allgemeines Sonntagsblatt 7. 7. 1985.

Gründel, Johannes: Über das »Prinzip Hoffnung«. In: Friedrich, Heinz (Hrsg.): Leben ohne Zukunft? Gedanken über die Hoffnung. München 1987, S. 38–50.

Grünewald, Michel: Literaturkritik in Exilzeitschriften: »Die neue Weltbühne«. In: Exilforschung 7 (1989), S. 136–154 (zu Bloch bes. S. 149 f.).

Gudopp, Gottlieb: Fragmentarisches anläßlich des Nachdenkens über Bloch, Utopie, Geschichte und Zukunft. In: Kumpf, Richard (Hrsg.): Das Werk und Wirken von Georg Lukács / Zur Einschätzung des Werkes und Wirkens von Ernst Bloch. Wuppertal 1985, S. 106–111.

Günther, Joachim: Ernst Bloch: Thomas Münzer (Rez). In: Neue Deutsche Hefte 10 (1963), Nr. 92, S. 155–157.

Ders.: Der hundertjährige Ernst Bloch. In: Neue Deutsche Hefte 32 (1985), Nr. 187, S. 670 f.

Ders.: Religiöser Futurismus? Ernst Bloch: Atheismus im Christentum (Rez.). In: Neue Deutsche Hefte 16 (1969), Nr. 124, S. 128–132. Wieder (u. d. T.: Ernst Blochs religiöser Futurismus) in: Günther, J.: Das sehr ernste Märchen von Gott. Zwischenfragen an Theologie und Kirche. Witten, Berlin 1971, S. 47–52.

Gumnior, Helmut: »Träume der Mühseligen und Beladenen«. Über Ernst Blochs Rehabilitierung in der DDR. In: Spiegel 39 (1985), Nr. 22, S. 192 f.

Gunnarsson, Gunnar: Hoppets filosofi. In: Gunnarsson, G.: Dikten och demonerna. Staffanstorp 1969, S. 243–267.

(bei Habermas: »Ein marxistischer Schelling« ergänzen:)
auch in: Über E. B., S. 61–81.

Haffner, Peter: Die Verweltlichung des Reiches Gottes. Die Selbsttäuschungen der Philosophie des »Noch-Nicht« und einiges über den Ungeist der Utopie. In: Basler Zeitung 26. 10. 1985.

Hager, Kurt: Die Zeit, in der wir leben und kämpfen. Aus dem Diskussionsbeitrag auf der Kulturkonferenz. In: Sonntag (Ostberlin) 3. 11. 1957, S. 10 f. (darin zu Bloch).

Halder, Alois: Wissenschaft und Glaube. Zum gewandelten Religionsverständnis in der neomarxistischen Religionskritik. In: Ziegenaus, Anton (Hrsg.): Zukunft der Menschen. Was dürfen wir hoffen? Donauwörth 1979, S. 7–33 (zu Bloch S. 20 ff.).

Harth, Dietrich: Gesellschaftsdämmerung in Heidelberg. Zur Kritik der Moderne in Lukács' und Blochs Frühschriften. In: Buselmeier, Karin, u. a.

(Hrsg.): Auch eine Geschichte der Universität Heidelberg. Mannheim 1985, S. 251–269.

Hartmann, Horst: Stets geistiges Dynamit im Gepäck. Eine Ausstellung Blochs in Ludwigshafen. In: Vorwärts 13. 7. 1985.

Haslinger, Josef: Das Paradigmatische der Kunst im Denken von Ernst Bloch. In: Flego Gvozden/Wolfdietrich Schmied-Kowarzik (Hrsg.): Bloch-Lukács-Symposium 1985 in Dubrovnik. Bd. 2. Bochum 1986, S. 239–246.

Haubrich, Joachim: Die Weisheit, das Leben zu lernen. Ausstellung zum 100. Geburtstag Ernst Blochs in der Stadtbibliothek (Mainz). In: Mainzer Allgemeine 12. 12. 1985.

Haug, Wolfgang Fritz: »... und nur der Marxismus ist wie der Detektiv, so der Befreier ...« Zum 100. Geburtstag von Ernst Bloch. In: Das Argument 27 (1985), S. 643–646.

Heidelberger-Leonard, Irène: L'œuvre d'art comme anticipation d'un monde meilleur: une nouvelle lecture de Alfred Andersch à travers l'esthétique de Ernst Bloch. In: Recherches Germaniques 18 (1988), S. 89–101.

Heider, Martin: Incipit vita nova – über den Anfang in der Philosophie. Blochsche Texte in einem philosophischen Einführungskurs. In: Zeitschrift für Didaktik der Philosophie 7 (1985), H. 2, S. 95–98.

Heller, Heinz-B.: ›Ungleichzeitigkeiten‹. Anmerkungen zu Ernst Blochs Kritik des ›Massenfaschismus‹ in »Erbschaft dieser Zeit«. In: Exilforschung 1 (1983), S. 343–358.

Hempel, Hans-Peter: Das Sein- und Zeit-Verständnis Ernst Blochs. In: Bloch-Almanach 6 (1986), S. 11–29.

Ders.: Zur Ontologie des Noch-Nicht-Seins – Kann das Prinzip Hoffnung scheitern? Zum 100. Geburtstag von Ernst Bloch. In: Kassandra (Berlin) 1 (1985), Nr. 3, S. 51–56.

Herden, Werner: Literatur auf Vorrat – Auskünfte über den Aurora-Verlag. In: Weimarer Beiträge 32 (1986), S. 555–569.

Hernadi, Paul: Don Juan, Faust und das Prinzip Hoffnung. In: Salzburger Nachrichten 3. 10. 1962.

Herrenknecht, Albert: »Die nicht-vergessene Provinz« – Gedanken zu Ernst Blochs Theorieansatz der Ungleichzeitigkeit. In: Herrenknecht, A.: Provinzleben. Aufsätze über ein politisches Neuland. Frankfurt a. M. 1977, S. 115–119.

Heubrock, Dietmar: »Von Schnecken ist keine Utopie zu erwarten«. In: Psychologie heute 11 (1984), H. 3, S. 62–64 (zu Blochs Utopie-Verständnis).

Ders.: Zur Bloch-Rezeption in der Psychologie. In: Bloch-Almanach 4 (1984), S. 159–174.

Hillach, Ansgar: Wer ist das Subjekt einer Hoffnung, die nicht enttäuscht werden kann? In: Arnold, Heinz Ludwig (Hrsg.): Ernst Bloch. München 1985, S. 208–221.

Hörisch, Jochen: Stimme und Spur. Wunschpolitik nach Ernst Bloch. In: zeitmitschrift 1987, Nr. 3, S. 106–123.

Hoffmann, Rainer: Faschismus als Utopie. Zur Massenwirksamkeit der nationalsozialistischen Weltanschauung. In: 30. Januar. Materialistisches Gedenken zum 50. Jahrestag der faschistischen Diktatur. Freiburg 1983, S. 10–19 (darin mehrfach zu Blochs »Erbschaft dieser Zeit«).

Ders.: ». . . voll von Welt und kuriosen Sachen . . .« Blochs Briefe 1903–1975 (Rez.). In: Neue Zürcher Zeitung 6. 7. 1985.

Hofmann, Rupert: Die eschatologische Versuchung. Zur politischen Theologie nach Ernst Bloch. In: Die neue Ordnung 40 (1986), Nr. 1, S. 54–67.

Holz, Hans Heinz: Ernst Bloch – Denker der Zwischenwelten. In: Marxistische Blätter 1985, H. 4, S. 75–82. Auch in: Kumpf, Richard (Hrsg.): Das Werk und Wirken von Georg Lukács / Zur marxistischen Einschätzung des Werkes und Wirkens von Ernst Bloch. Wuppertal 1985, S. 74–89.

Ders.: Lukács und Bloch – Gemeinsamkeiten und Verschiedenheiten. In: Holz, H. H. (Hrsg.): Wahrheiten und Geschichten – Philosophie nach '45. Köln 1986, S. 192–205.

Howard, Dick: Bloch in den USA. In: Schmidt, Burghart: Ernst Bloch. Stuttgart 1985, S. 158–163.

Hudson, Wayne: Ernst Bloch: ›Ideology‹ and postmodern social philosophy. In: Canadian Journal of Political and Social Theory (Winnipeg) 7 (1983), S. 131–144.

Ders.: Getting over a stumbling Bloch. In: The Times Higher Education Supplement 4. 6. 1982, S. 15.

Ders.: Hope and Time. Introduction to Ernst Bloch. In: Fitzgerald, Ross (Hrsg.): The Sources of Hope. London 1979, S. 144–153.

Huyssen, Andreas: Auf den Spuren Ernst Blochs. Nachdenken über Christa Wolf. In: Basis. Jahrbuch für deutsche Gegenwartsliteratur 5 (1975), S. 100–116. Auch in: Behn, Manfred (Hrsg.): Wirkungsgeschichte von Christa Wolfs »Nachdenken über Christa T.«. Königstein/Ts. 1978, S. 147–155.

Ianosi, Janina: Ernst Bloch – o tentativa marxista de rehabilitare a utopiei. In: Revista de filosofie (Bukarest) 32 (1985), S. 233–240.

Irrlitz, Gerd: Ernst Bloch – der Philosophiehistoriker. In: Sinn und Form 37 (1985), S. 838–855.

Jäger, Alfred: Die Welt als Laboratorium salutis. Ernst Bloch 1985 nochmals gelesen. In: Laboratorium salutis. Stuttgart 1985, S. 53–63.

Jäger, Manfred: Die langsame Wiederkehr eines Verfemten. Zur Rezeption Ernst Blochs in der DDR seit dem Ende der siebziger Jahre. In: Deutschland-Archiv 18 (1985), S. 1084–1098.

Jay, Martin: Lukács, Bloch und der Kampf um eine marxistische Totalitätskonzeption. In: Löwy, Michael, u. a. (Hrsg.): Verdinglichung und Utopie: Ernst Bloch und Georg Lukács zum 100. Geburtstag. Beiträge des internat. Koll. Paris, März 1985. Frankfurt a. M. 1987, S. 298–306.

Jens, Walter: Laudatio (auf Hans Mayer). In: Bloch-Almanach 8 (1988), S. 13–22.

Jiménez, J.: Ernst Bloch y el espiritu de la utopia. In: Informaciónes (Madrid) 11. 8. 1977.

Jopke, Walter: Kierkegaard und Bloch. In: Ernst Bloch und die spätbürgerliche Philosophie. Wiss. Kolloquium d. Sektion Marxist.-Leninist. Philosophie am 28. Juni 1985. Leipzig: Karl-Marx-Univ. 1985, S. 41–47.

Jückstock, Lutz: Der menschliche Faktor in der Geschichte. Ernst Blochs Versuch einer neuen Theorie der Subjektivität. In: Bloch-Almanach 4 (1984), S. 97–114.

Jung, Werner: The early esthetic theories of Bloch and Lukács. In: new German critique (Milwaukee, Wisconsin) 1988, Nr. 45, S. 41–54.

Ders.: Prozesse und Tendenzen: Hartmann – Lukács – Bloch. Wege der Ontologie. In: Bloch-Almanach 7 (1987), S. 111–142.

Kätzel, Siegfried: Das Noch-Nicht-Bewußte und das Unbewußte. Ernst Blochs Verhältnis zu Sigmund Freud. In: Ernst Bloch und die spätbürgerliche Philosophie. Wiss. Kolloquium d. Sektion Marxist.-Leninist. Philosophie am 28. Juni 1985. Leipzig: Karl-Marx-Univ. 1985, S. 31–40.

Kahl, Joachim: Ernt Bloch als christlich-religiöser Denker. Kritische Überlegungen zu seinem Werk »Atheismus im Christentum«. In: Kumpf, Richard (Hrsg.): Das Werk und Wirken von Georg Lukács / Zur marxistischen Einschätzung des Werkes und Wirkens von Ernst Bloch. Wuppertal 1985, S. 90–96.

(bei Kantorowicz: »Wegweiser für die Wirklichkeit von morgen« ergänzen:) ferner in: Kantorowicz, A.: Die Geächteten der Republik. Berlin 1977, S. 72–74.

Karádi, Eva: Bloch und Lukács im Weber-Kreis. In: Löwy, Michael, u. a. (Hrsg.): Verdinglichung und Utopie: Ernst Bloch und Georg Lukács zum 100. Geburtstag. Beiträge des internationalen Kolloquiums in Paris, März 1985. Frankfurt a. M. 1987, S. 30–47. Umgearbeitet auch in: Mommsen, Wolfgang J./Wolfgang Schwentker (Hrsg.): Max Weber und seine Zeitgenossen. Göttingen 1988, S. 682–702.

Kemen, Karl Ludwig: Philosophie und Schule oder: Wie treibt man mit Bloch Philosophie? In: Bloch-Almanach 6 (1986), S. 147–165.

Kerstiens, Ferdinand: Hoffnung. In: Rahner, Karl (Hrsg.): Herders Theologisches Taschenlexikon. Bd. 3. Freiburg 1972, S. 298–305 (darin zu Bloch).

Kessler, Michael: »Dem Wahren treu, das noch nicht ist«. Das Gottesbild des Philosophen am Beispiel Ernst Bloch. In: Hoeren, Jürgen/Michael Kessler (Hrsg.): Gottesbilder. Die Rede von Gott zwischen Tradition und Moderne. Stuttgart 1988, S. 127–143.

Kim, Jin: Ernst Blochs Philosophie der utopischen Hoffnung und Religion im Erbe. Seminararbeit Univ. Bochum Wintersemester 1984/85. 14 gez. Bl.

Ders.: Ernst Blochs Philosophie der utopischen Hoffnung und seine Meta-Religion. In: Gidokkyo-Sasang (Seoul) 1986, August-Heft, S. 106–124.

Kimmerle, Heinz: Schein im Vor-Schein der Kunst. In: Löwy, Michael, u. a. (Hrsg.): Verdinglichung und Utopie: Ernst Bloch und Georg Lukács zum 100. Geburtstag. Beiträge des internationalen Koll. Paris, März 1985. Frankfurt a. M. 1987, S. 254–268.

Ders.: Spuren der Hoffnung. Religion in der Philosophie Ernst Blochs. In: Deuser, Hermann/Peter Steinacker (Hrsg.): Ernst Blochs Vermittlungen zur Theologie. München, Mainz 1983, S. 15–29.

Kinert-Bučan, Dora: Umjetnost kao pred-sjaj utopijskog u laboratoriju mogućeg spasa. Ernst Bloch: O umjetnosti. In: Kulturni radnik (Zagreb) 34 (1981), S. 216–224.

Kinzig, Wolfram: Den Hoffnungs-Philosophen weiterdenken. Podiumsdiskussion im Rahmen der ersten Tagung der Ernst-Bloch-Gesellschaft Ludwigshafen. In: Mannheimer Morgen 7. 6. 1988.

Kirchner, Hans-Martin: Bloch: »Thomas Münzer« (Rez.). In: Welt und Wort 16 (1961), S. 226.

Klatt, Gudrun: Leninist auf der Schaubühne und Philosoph ohne Bratenrock. Spuren zwischen Bertolt Brecht und Ernst Bloch. In: notate (Ostberlin) 9 (1986), H. 3 (Mai), S. 10–12.

Kluback, William: Bloch, Ernst: The Principle of Hope (Rez.). In: International Journal for Philosophy of Religion (Dordrecht) 23 (1988), S. 177–180.

Knüfermann, Volker: Hugo Ball und Ernst Bloch als Beiträger der »Freien Zeitung« Bern 1917–1919. In: Hugo-Ball-Almanach (Pirmasens) 12 (1988), S. 30–46.

Koch, Gerd: Kulturkreis oder Multiversum? Blochs Beitrag zur Multikultur. In: Kulturrevolution (Bochum) 1986, Nr. 12, S. 14 f.

Ders.: Naturallianz in meiner Alltäglichkeit. Pädagogische Überlegungen zu Ernst Bloch. Ms. (bisher unveröff.) 10 gez. Bl.

Koebner, Thomas: Vom ›Pazifismus‹ der dreißiger Jahre. Der Aktivismus deutscher Intellektueller im Exil (1933–1945). In: Aus Politik und Zeitgeschichte B 40–41/83 (8. Oktober 1983), S. 9–16 (zu Bloch S. 11 f., 14 f.).

Köhn, Lothar: »Montage höherer Ordnung«. Zur Struktur des Epochenbildes bei Bloch, Tucholsky und Broch. In: Literaturwissenschaft und Geistesgeschichte. Festschrift für Richard Brinkmann. Tübingen 1981, S. 585–616 (zu Bloch S. 585–593 u. ö.).

Kosian, Josef: Spinozas Affektenlehre und ihr Einfluß auf Bloch. In: Vernunft und Erbe. Festschrift zum 60. Geburtstag von Helmut Seidel. Berlin 1989, S. 102–108.

Koslowski, Peter: Die Krise des wissenschaftlichen Weltbildes und die Wiederkehr der spekulativen Philosophie. In: Bloch-Almanach 8 (1988), S. 115–135.

Kovačić, Marija: Ernst Bloch – utopijsko u povijesti filozofije. In: Filozofska istraživanja (Zagreb) 1985, H. 3, S. 417–425.

Kramer, Horst/Siegfried Kätzel: Ernst Bloch und die spätbürgerliche Philosophie, Kolloqium der Karl-Marx-Universität Leipzig 28. Juni 1985. In: Deutsche Zeitschrift für Philosophie 33 (1985), S. 1129–1133.

Kraus, Wolfgang: Der blinde Fleck der Gegenwart. Ein Vortrag Ernst Blochs im »Forum des Burgtheaters«. In: Die Presse (Wien) 2. 10. 1962.

Kreis, Gabriele: Frauen im Exil. In: Emma 1984, Nr. 10, S. 42–45 (zu Bloch S. 43).

Künzli, Arnold: Zur Befreiung der Emanzipation von der Hypothek der Erlösung. In: L'80. Zeitschr. f. Politik u. Literatur 1985, H. 35, S. 40–58.

Kunert, Günter: Auf der Suche nach dem verlorenen Halt. Die Mythen und die Wirklichkeit menschlicher Erfahrung. In: Frankfurter Allgemeine 9. 11. 1985 (darin zu Blochs »Spuren«).

Kunze, Marion: Die Bloch-Rezeption in der BRD in den 70er und 80er Jahren (Literaturbericht). In: Deutsche Zeitschrift für Philosophie 33 (1985), S. 1123–1128.

Lachaud, Jean-Marc: Bloch, Lukács: Regards sur l'expressionisme. In: Bloch-Almanach 8 (1988), S. 87–114.

L'80-Gespräch: Sisyphos und der Traum vom Gelingen (Gespräch über Ernst Bloch und Albert Camus als politische Denker – mit Günter Grass, Oskar Negt, Johano Strasser und Horst Wernicke im Juni 1985). In: L'80. Zeitschr. f. Politik u. Literatur 1985, H. 35, S. 19–36.

Lahanque, Reynald: Visages de l'utopie chez Ernst Bloch. In: Autrement dire (Nancy) Nr. 3–4 (1986–87) = Remy, Michel (Hrsg.): Discours et utopie: stratégies. Actes du Colloque du Centre de Recherches sur le discours et le texte (Nancy 1–4 mai 1986), S. 169–180.

Lamprecht, Helmut: Radio-Vortrag. In: La Roche, Walther von/Axel Buchholz (Hrsg.): Radio-Journalismus. München 1980, S. 88–90 (S. 89: Bloch 1966 im Radio Bremen).

(bei Landmann, Michael: »Ernst Bloch im Gespräch. In: Ernst Bloch zu ehren« ergänzen:)
Auszug u. d. T.: Ernst Bloch über Simmel. In: Böhringer, Hannes/Karlfried Gründer (Hrsg.): Ästhetik und Soziologie um die Jahrhundertwende: Georg Simmel. Frankfurt a. M. 1976, S. 269–271.

Landmann, Michael: Gespräch mit Ernst Bloch (Tübingen 22. 12. 1967). In: Bloch-Almanach 4 (1984), S. 15–40.

Lapide, Pinchas: Apokalypse als Hoffnungstheologie. In: Gassen, Richard W./ Bernhard Holeczek (Hrag.): Apokalypse – ein Prinzip Hoffnung? Ernst Bloch zum 100. Geburtstag. Wilhelm-Hack-Museum Ludwigshafen 8. 9.– 17. 11. 1985). Heidelberg 1985, S. 10–14.

Lavatelli, Piero: Ma la speranza è la prima a morire? Un convegno dedicato al filosofo Ernst Bloch. In: L'Unità 22. 11. 1984.

Leduc-Fayette, Denise: »L'athéisme dans le christianisme« d'Ernst Bloch ou l'espérance défigurée. In: International Studies in Philosophy (Binghamton, NY) 15 (1983), S. 45–54.

Leggewie, Claus: Bloch minus. Beobachtungen auf den 3. Tübinger Bloch-Tagen. In: Frankfurter Rundschau 14. 11. 1985.

Ders.: Mit Ernst Bloch unterwegs. Symposien und Ausstellungen zum 100. Geburtstag. In: Die Zeit 18. 10. 1985, S. 64.

Lehmann, Günther K.: Stramin und totale Form. Der Kunstphilosoph Georg Lukács und sein Verhältnis zu Ernst Blochs Ästhetik der Hoffnung. In: Weimarer Beiträge 31 (1985), S. 533–557.

Ders.: Zu Weite und Enge der Zentralkategoie Besonderheit in der Ästhetik v. Georg Lukács. In: Gerlach, Hans-Martin, u. a. (Hrsg.): Georg Lukács 1885–1971. Hallesche Tagung 1985 anläßl. d. 100. Wiederkehr d. Geburtstags v. G. Lukács. Halle 1986, S. 111–117.

Lehmann, Hans-Thies: »Sie werden lachen: es muß systematisch vorgegangen werden«. Brecht und Bloch. In: Arnold, Heinz Ludwig (Hrsg.): Ernst Bloch. München 1985, S. 135–139.

(bei Lévinas: »Sur la mort dans la pensée de Ernst Bloch« ergänzen:)
Auch in: Lévinas, Emmanuel: De Dieu qui vient à l'idée. Paris 1982, S. 62–76.

Levitas, Ruth: Marxism, Romanticism and Utopia: Ernst Bloch and William Morris. In: Radical Philosophy 51 (1989), S. 27–36.

Levy, Ze'ev: Die Bloch-Rezeption in Israel. In: Bloch-Almanach 5 (1985), S. 223–228.

Ders.: Utopie und Wirklichkeit in der Philosophie Ernst Blochs. In: Bloch-Almanach 7 (1987), S. 25–51.

Lieber, Hans-Joachim: Zu Ernst Blochs »Das Prinzip Hoffnung« (1960). In: Süß, Werner (Hrsg.): Übergänge. Zeitgeschichte zwischen Utopie und Machbarkeit. Hellmuth Bütow zum 65. Geburtstag. Berlin 1989, S. 57–70 (gekürzte Fass. einer Rez. von »Das Prinzip Hoffnung« im RIAS Berlin 1960).

Liessmann, Konrad: Wohnungsnöte auf der Erde. Über den Versuch, Bloch zu lesen. In: Zeitschrift für Didaktik der Philosophie 7 (1985), H. 2, S. 106–109.

Lobkowicz, Nikolaus/Henning Ottmann: Materialismus, Idealismus und christliches Weltverständnis. In: Christlicher Glaube in moderner Gesellschaft. Bd. 19. Freiburg 1981, S. 65–141 (darin S. 126–131: Neomarxismus und Christentum; dabei zu Bloch S. 128 ff.).

Lochman, Jan Milić: Die Hoffnung in der Welt der Menschen. Zum Motiv der Zukunft im christlich-marxistischen Verständnis. In: Stammler, Eberhard (Hrsg.): Wer ist das eigentlich – der Mensch? München 1973, S. 59–73.

Löw, Reinhard: Vom Prinzip Hoffnung zum Prinzip Verantwortung. In: Universitas 43 (1988), S. 727–731.

Loewy, Ernst: Ernst Bloch und Georg Lukács: 100. Geburtstag (Bericht über die Tagungen 1985). In: Nachrichtenbrief der Gesellschaft für Exilforschung Nr. 5–6, Dezember 1986, S. 36–40.

Löwy, Michael: Die revolutionäre Romantik von Bloch und Lukács. In: Löwy, Michael, u. a. (Hrsg.): Verdinglichung und Utopie: Ernst Bloch und Georg Lukács zum 100. Geburtstag. Beiträge des internationalen Kolloquiums in Paris, März 1985. Frankfurt a. M. 1987, S. 17–29.

Lohmann, Hans Martin: Stalinismus und Linksintelligenz. Anmerkungen zur politischen Biographie Ernst Blochs während der Emigration. In: Exil 1984, Nr. 1, S. 71–74.

Ders.: System ohne Welt. Ernst Blochs Briefe 1903–1975 (Rez.). In: Merkur 1985, S. 1089–1095. Auch in: Lohmann, H.-M.: Geisterfahrer. Blanqui, Marx, Adorno & Co. 22 Portraits der europäischen Linken. Hamburg 1989, S. 65–79 (u.d.T.: Der Philosoph und die Politik. Die Selbstenthüllungen Ernst Blochs).

(bei Lukács: Blochs »Erbschaft dieser Zeit« ergänzen:)
jetzt auch in: Archivumi Füzetek (Budapest) 4 (1984), S. 245–265.

Lukács, Georg: Kritik von rechts oder von links? (Antwort auf Bloch: »Der Nazi kocht im eigenen Saft«, geschrieben 1943), erstmals in: Archivumi Füzetek (Budapest) 4 (1984), S. 278–295.

Lukács, Georg: Wozu brauchen wir das klassische Erbe? (Antwort auf Bloch/Eisler: Die Kunst zu erben, entstanden 1938), erstmals in: Archivumi Füzetek (Budapest) 4 (1984), S. 266–273.

Luther, Andreas: Variationen über die Endzeit. Bloch kontra Benjamin. In: Bloch-Almanach 4 (1984), S. 57–73.

MacCann, Graham: Bloch: The utopian function of art and literature (Rez.). In: Radical philosophy 50 (Herbst 1988), S. 47 f.

Macho, Thomas: Anregungen zu einer Unterrichtsreihe über Ernst Blochs Naturphilosophie. In: Zeitschrift für Didaktik der Philosophie 7 (1985), H. 2, S. 98–106.

MacKinnon, John Edward: Bloch: The Utopian Function (Rez.). In: The British Journal of Aesthetics (Oxford) 29 (1989), S. 185 f.

Marković, Mihailo: Die Möglichkeit – eine Grundidee in der Philosophie von Ernst Bloch. In: Synthesis philosophica (Zagreb) 4 (1987), H. 2, S. 519–530.

Marx, Heike: Blochpreis für Blochs Weggefährten. Literaturwissenschaftler Hans Mayer und die Polin Anna Czajka Preisträger. In: Rheinpfalz 10. 6. 1988.

Dies.: Von der Verantwortbarkeit des Fortschritts. Naturwissenschaft und Philosophie im Dialog. Ernst-Bloch-Tagung in Ludwigshafen. In: Rheinpfalz 11. 6. 1988.

Mayer, Hans: Ernst Bloch in der Geschichte. In: Bloch-Almanach 8 (1988), S. 23–31.

(bei Hans Mayer: »Ernst Bloch oder die Selbstbegegnung« ergänzen:)
auch in: Mayer, H.: Augenblicke. Ein Lesebuch. Hrsg. v. Wolfgang Hofer u. Hans Dieter Zimmermann. Frankfurt a. M. 1987, S. 61–77 (vollst. Fass.).

Meidinger-Geise, Inge: Bloch: »Spuren« (Rez.). In: Welt und Wort 16 (1961), S. 25.

Mesterházi, Miklós: Ernst Bloch – az expresszionismus filozófusa. In: Világosság (Budapest) 1977, Nr. 6, S. 349–357.

Ders.: Korunk öröksege, avagy Ernst Bloch a »hanyatlás«-rol. In: Magyar Filozófiai Szemle (Budapest) 1985, S. 377–425.

Mohgler, Emil: Die Brauchbarkeit bürgerlicher Erbstücke. Zu Blochs Analyse einer ›Übergangszeit‹ in »Erbschaft dieser Zeit«. In: Bloch-Almanach 7 (1987), S. 81–109.

Moltmann, Jürgen: Messianic Atheism. In: Rouner, Leroy S. (Hrsg.): Knowing religiously. Notre Dame, Indiana 1985, S. 192–206.

Müller, Ernst: Jesuanische Metamorphosen in neue Sittlichkeit. Zu Ernst Blochs heroischem Atheismus. In: Tübinger Blätter 62 (1975), S. 18–26.

Müller-Schöll, Ulrich: Vernunft und Augenblick. Zur Binnenstruktur der Lebens-Welt bei Jürgen Habermas und Ernst Bloch. In: Bellut, Clemens/Ulrich Müller-Schöll (Hrsg.): Mensch und Moderne. Beiträge zur philosophischen Anthropologie und Gesellschaftskritik. Zum 60. Geburtstag von Helmut Fahrenbach. Würzburg 1989, S. 183–207.

Münster, Arno: Blochs spekulativer Materialismus. Ontologie des Noch-Nicht-Seins und Materiebegriff in Ernst Blochs marxistischer Philosophie. In: Synthesis philosophica (Zagreb) 4 (1987), H. 2, S. 571–580.

Ders.: Ernst Bloch – une esthétique de l'anticipation. In: Revue d'esthétique 1985, Nr. 8, S. 161–171.

Ders.: Messianisme juif et pensée utopique dans l'œuvre d'Ernst Bloch. In: Archives de Sciences Sociales des Religions (Paris) 57 (1984), S. 15–28.

Ders.: Le paradigme révolutionnaire français dans les »Passages Parisiens« de Walter Benjamin et dans la pensée d'Ernst Bloch. In: Wismann, Heinz (Hrsg.): Walter Benjamin et Paris. Colloque international 27–29 juin 1983. Paris 1986, S. 333–341.

Ders.: Positive Utopie versus negative Dialektik. Geschichtsphilosophie, Ethik, Utopie, Negativität im Denken von Adorno, Lukács und Bloch. In: Flego, Gvozden/Wolfdietrich Schmied-Kowarzik (Hrsg.): Bloch-Lukács-Symposium 1985 in Dubrovnik. Bd. 2, Bochum 1986, S. 71–85.

Ders.: Das Totenschiff der Philosophie? Ernst Bloch und Martin Heidegger. In: Löwy, Michael, u. a. (Hrsg.): Verdinglichung und Utopie: Ernst Bloch und Georg Lukács zum 100. Geburtstag. Beiträge des internat. Koll. Paris, März 1985. Frankfurt a. M. 1987, S. 161–179.

Ders.: Utopie, messianisme et »Experimentum mundi«. In: Le cahier du collège international de philosophie (Paris) 1987, Nr. 3, S. 155–158.

Muguerza, Javier: Razón, utopia y disutopia. In: Doxa. Cuadernos de filosofia del derecho 1986, H. 3, S. 159–190.

Negt, Oskar: Aufrechter Gang. In: Strohmaier, Jürgen (Hrsg.): Utopie und Hoffnung. Mössingen-Talheim 1989, S. 127–136.

Nowicki, Andrzej: Ontologiczny fundament ateizmu Ernsta Blocha. In: Euhemer (Warschau) 1983, Nr. 2, S. 63–73.

Oeing-Hanhoff, Ludger: Das Reich der Freiheit als absoluter Endzweck der Welt. Tübinger und weitere Perspektiven. In: Simon, Josef (Hrsg.): Freiheit, theoretische und praktische Aspekte des Problems. Freiburg 1977, S. 55–83.

Opolka, Uwe: Musique et esprit de l'utopie chez le jeune Bloch. In: Raulet, Gérard/Josef Fürnkäs (Hrsg.): Weimar. Le tournant esthétique. Actes du colloque de Cerisy-La-Salle. Paris 1988, S. 171–193.

Pacheco, Javier Hernández: Esperanza y temporalidad. La historia y el problema de la trascendencia en la filosofia de Ernst Bloch. In: Anuario filosófico (Pamplona) 1985, Nr. 2, S. 87–107.

Paetzold, Heinz: Symbolik als Konstitution von Gattungsbewußtsein und als utopische Subversion. Zu Georg Lukács' und Ernst Blochs Theorie des Symbolischen. In: Etudes Germaniques 41 (1986), Heft 3, S. 363–376.

Ders.: Die symbolisierende Funktion der Vernunft. Zu Ernst Blochs Philosophiekonzeption. In: Flego, Gvozden/Wolfdietrich Schmied-Kowarzik (Hrsg.): Bloch-Lukács-Symposium 1985 in Dubrovnik. Bd. 2. Bochum 1986, S. 127–140.

Palmier, Jean-Michel: En relisant »L'esprit de L'utopie« ou prière pour un bon usage d'Ernst Bloch. In: Réification et utopie. E. Bloch et G. Lukács un siècle après. Actes du colloque de Paris 1985. Arles 1986, S. 252–269.

(bei Pannenberg: »Der Gott der Hoffnung« ergänzen:)
auch in Pannenberg, Wolfhart: Grundfragen systematischer Theologie. Gesammelte Aufsätze. 3. Aufl. Göttingen 1979, S. 387–398.

Pehl, Thomas: Utopie, Wärmestrom und Ratlosigkeit. Über Ernst Blochs Philosophie in und nach der Studentenrevolte. In: Einundzwanzig (Marburg) 1979, H. 10, S. 96–107.

Pelletier, Lucien: Libération et salut d'après Ernst Bloch. In: Laval théologique et philosophique (Québec) 41 (1985), Nr. 2, S. 171–193; Nr. 3, S. 417–431.

Perels, Joachim: Perspektiven der Erniedrigten und Beleidigten. Zur politischen Philosophie Ernst Blochs. In: Anstöße (Hofgeismar) 33 (1986), S. 127–133.

Pérez Corral, Justo: Bloch: »Ateismo y cristianismo« (Rez.). In: Razón y Fe (Madrid) 1968, Nr. 851, S. 492–495.

Ders.: Ernst Bloch. In: Madrid. Diario de la noche (Madrid) 8. 7. 1970.

Petrović, Gajo: Naturalisierung des Menschen – Humanisierung der Natur? Eine kleine »Revision« von Marx und Bloch. In: Flego, Gvozden/Wolfdietrich Schmied-Kowarzik (Hrsg.): Bloch-Lukács-Symposium 1985 in Dubrovnik. Bd. 2. Bochum 1986, S. 203–217.

Pezold, Klaus: Zur Bedeutung des Blochschen Denkens für den Schriftsteller Martin Walser. In: Ernst Bloch und die spätbürgerliche Philosophie. Wiss. Kolloquium Sektion Marxist.-Leninist. Philosophie am 28. Juni 1985. Leipzig: Karl-Marx-Univ. 1985, S. 58–68.

Picard, Jacob: Ernst Blass, seine Umwelt in Heidelberg und »Die Argonauten«. In: Raabe, Paul (Hrsg.): Expressionismus. Aufzeichnungen und Erinnerungen der Zeitgenossen. Olten, Freiburg 1965, S. 137–145 (zu Bloch S. 144).

Pirola, Giuseppe: Utopia e distopia in Ernst Bloch. In: Colombo, Arrigo (Hrsg.): Utopia e distopia. Milano 1987, S. 353–363.

Pöltner, Günther: Atheismus als Prinzip menschlichen Handelns. Ernst Blochs Philosophie der Hoffnung. In: Wucherer-Huldenfeld, Augustinus Karl, u. a. (Hrsg.): Weltphänomen Atheismus. Wien 1979, S. 108–134.

Preve, Costanzo: L'amitié Bloch – Lukács (Colloque à Paris du 26 au 29 mars 1985). In: La quinzaine littéraire 1985, Nr. 439, S. 24 f.

Ders.: Hoffnung auf neue Allianzen? Aktualität und Entwicklungsmöglichkeiten des ontologischen Ansatzes von Bloch und Lukács. In: Löwy, Michael, u. a. (Hrsg.): Verdinglichung und Utopie: Ernst Bloch und Georg Lukács zum 100. Geburtstag. Beiträge des internationalen Koll. Paris, März 1985, S. 123–136.

Rabinbach, Anson: Between Enlightenment and Apocalypse. Benjamin, Bloch and Modern German Jewish Messianism. In: new German critique (Milwaukee, Wisconsin) 1985, Nr. 34, S. 78–124.

Rathmann, August: Geist und Ungeist der Utopie. In: Geist und Tat 20 (1965), S. 81–88 (zu Bloch S. 86 ff.).

Ders.: Die utopische Grundlage sozialistischer Politik. In: Geist und Tat 20 (1965), S. 143–151.

Raulet, Gérard: Blochs »Ontologie des Noch-Nicht-Seins«. In: Flego, Gvozden/Wolfdietrich Schmied-Kowarzik (Hrsg.): Bloch-Lukács-Symposium 1985 in Dubrovnik. Bd. 2. Bochum 1986, S. 115–126.

Ders.: Ernst Blochs Metapher des »aufrechten Gangs«. In: Synthesis philosophica (Zagreb) 4 (1987), H. 2, S. 531–549.

Ders.: Œuvre, totalité, histoire. Introduction du colloque »Histoire et littérature chez Ernst Bloch et Georg Lukács«. In: Etudes Germaniques 41 (1986), Heft 3, S. 267–277.

Ders.: L'utopie concrète à l'épreuve de la post-modernité, ou: Comment peut-on être blochien? In: Réification et utopie. Ernst Bloch et György Lukács un siècle après. Actes du colloque de Paris 1985. Arles 1986, S. 270–285.

Riedel, Manfred/Peter Zudeick: Orpheus in der Zwischenwelt, oder: Ernst Bloch in Leipzig. Ein Gespräch. In: L'80 (Köln) 1986, H. 37, S. 132–148.

Rochlitz, Rainer: Roman et philosophie de l'histoire chez Lukács et Bloch. In: Etudes Germaniques 41 (1986), H. 3, S. 278–287.

Ders.: L'exil et l'espérance. La correspondance d'Ernst Bloch (Rez.). In: Critique 42 (1986), S. 539–545.

Rohrbacher, Klaus: »Ernst Bloch heute«. Erste Tagung der Ernst-Bloch-Gesellschaft 3.–5. Juni 1988 in Ludwigshafen. In: Bloch-Almanach 8 (1988), Anhang.

S., Z.: Filozofia nadziei E. Blocha (über die Bloch-Tagung in Lublin 16. 3. 1985 mit Anna Czajka u. a.). In: Czlowiek i swiatopoglad (Warschau) 1985, S. 103–106.

Sauerland, Karol: Vom späten zum jungen Lukács und Bloch. In: Schweizer Monatshefte 68 (1988), S. 511–522.

Schiller, Hans-Ernst: Bloch, Ernst: Briefe (Rez.). In: Argument (Berlin) 27 (1985), Rezensions-Beiheft S. 160–163.

Ders.: Bloch, Ernst: Leipziger Vorlesungen (Rez.). In: Argument (Berlin) 28 (1986), Rezensions-Beiheft S. 55–59.

Ders.: Hoffnungsphilosophie und Willensmetaphysik. Ernst Blochs Beziehung zu Schopenhauer. In: Bloch-Almanach 8 (1988), S. 53–85.

Ders.: Ist Optimismus ruchlos? Zur Konfrontration Ernst Blochs mit Schopenhauer. In: taz 6. 5. 1988, S. 15 f.

Schmidt, Burghart: Ernst Bloch. In: Böhme, Gernot (Hrsg.): Klassiker der Naturphilosophie. München 1989, S. 345–356.

Ders.: Ernst Blochs offene Teleologie von unten im Paradigma seiner Naturansicht. In: Synthesis philosophica (Zagreb) 4 (1987), H. 2, S. 581–594.

Schmidt, Dennis J.: Kunst, Kritik und die Sprache der Philosophie. Zum Beitrag Blochs. In: Philosophische Rundschau 34 (1987), S. 299–305.

Schmied-Kowarzik, Wolfdietrich: Der aufrechte Gang wider die Barbarei und die Apokalypse. In: Synthesis philosophica (Zagreb) 4 (1987), H. 2, S. 489–501.

(bei Schmied-Kowarzik: »Ernst Bloch – Hoffnung auf eine Allianz von Geschichte und Natur« ergänzen:)
zuerst in: Zeitschrift für Didaktik der Philosophie 7 (1985), H. 2, S. 75–84.

Schmied-Kowarzik, Wolfdietrich: Ernst Bloch – Suche nach uns selbst ins Utopische. In: Fleischer, Margot (Hrsg.): Philosophen des 20. Jahrhunderts. Eine Einführung. Darmstadt 1990, S. 216–240.

Schoch, Bruno: Ernst Bloch: Hoffnung – aus Verzweiflung. In: Diner, Dan (Hrsg.): Zivilisationsbruch. Denken nach Auschwitz. Frankfurt a. M. 1988, S. 69–87.
Schröter, Welf: Atheist um Gottes willen (zum 10. Todestag Blochs). In: Evangelische Kommentare 20 (1987), S. 435 f.
Ders.: Rudis Weg zu Bloch. In: Strohmaier, Jürgen (Hrsg.): Utopie und Hoffnung. Mössingen-Talheim 1989, S. 57–70.
Schrott, Thomas: Austausch in Musik und Philosophie. Bloch-Archiv erwarb Briefe an Klemperer. In: Mannheimer Morgen 4. 1. 1990.
(bei Schweppenhäuser: »Reale Vergesellschaftung und soziale Utopie« ergänzen:)
auch in: Schweppenhäuser, Hermann: Vergegenwärtigungen zur Unzeit? Gesammelte Aufsätze und Vorträge. Lüneburg 1986, S. 206–221.
Seidel, Helmut: Metaphysik des »Noch-Nicht« – Kritische Bemerkungen zur Grundlage der Philosophie von Ernst Bloch. In: Ernst Bloch und die spätbürgerliche Philosophie. Wissenschaftliches Kolloquium der Sektion Marxistisch-Leninistische Philosophie am 28. Juni 1985. Leipzig: Karl-Marx-Universität 1985, S. 3–20.
Seifert, Eberhard: Spätfolgen Marxscher Probleme mit der Aristotelischen Gerechtigkeit. Das Beispiel Bloch. In: Bloch-Almanach 9 (1989), S. 147–166.
Škorić, Gordana: Začetak utopijske filozofije našeg vremena. In: Filozofska istraživanja (Zagreb) 1984, S. 583–589.
Stein, Rafaela: »Media vita in morte sumus«. Kalligraphie als Vermittler von Philosophie (über Silvia Izis Bloch-Arbeiten). In: Myosotis. Zeitschr. f. Buchwesen (Mainz) 1989, H. 1, S. 33–37.
Steinacker, Peter: »Wo Hoffnung ist, ist Religion«. Ernst Bloch und das Christentum. In: Anstöße (Hofgeismar) 33 (1986), S. 133–139.
(bei Sternberger, Dolf: »Laudatio auf Ernst Bloch« ergänzen:)
auch in: Sternberger, D.: Schriften Bd. VIII. Gang zwischen Meistern. Frankfurt a. M. 1987, S. 259–265.
Sternberger, Dolf: Rede zur Einführung von Ernst Bloch 1960, in: Sternberger, D.: Schriften Bd. VIII. Gang zwischen Meistern. Frankfurt a. M. 1987, S. 235–240 (Erstdruck).
(bei Sternberger, Dolf: »Vergiß das Beste nicht! Bemerkungen zu Ernst Blochs ›Prinzip Hoffnung‹« ergänzen:)
auch in: Sternberger, D.: Schriften Bd. VIII. Gang zwischen Meistern. Frankfurt a. M. 1987, S. 241–258.
Teichert, Franz: »I bin selber aaner«. Zum Leben und Werk Ernst Blochs. In: Leiziger Volkszeitung 28. 4. 1990.
Tertulian, Nicolas: Ernst Bloch – Gyorgy Lukács, une amitié de 60 ans. In: La quinzaine littéraire 1986, Nr. 455, S. 21 f.
Thom, Martina: Bemerkungen zu Ernst Blochs Utopie-Konzept. In: Ernst Bloch und die spätbürgerliche Philosophie. Wiss. Kolloquium der Sektion Marxist.-Leninist. Philosophie am 28. Juni 1985. Leipzig: Karl-Marx-Univ. 1985, S. 48–57.

Treptow, Rainer: Zeiterleben und Modernität. In: Strohmaier, Jürgen (Hrsg.): Utopie und Hoffnung. Mössingen-Talheim 1989, S. 89–121.
(bei Vattimo, Gianni: »Origine e significato del marxismo utopistico« ergänzen:)
   dt. Übers. u. d. T. »Ursprung und Bedeutung des utopischen Marxismus« in: Brodersen, Momme (Hrsg.): Benjamin auf italienisch. Aspekte einer Rezeption. Frankfurt a. M. 1982, S. 47–76.
Verkindt, Pierre-Yves: Le droit naturel chez Ernst Bloch. In: Cahiers de philosophie (Villeneuve d'Ascq) 1984/85, Nr. 1, S. 39–74.
Vilmar, Fritz: Die kommunistische Hoffnung. In: Radius 1960, S. 10–20 (zu Bloch S. 20).
Ders.: Messianischer Materialimus. In: Frankfurter Hefte 11 (1956), S. 624–632.
Völker, Klaus: Brecht und Lukács. Analyse einer Meinungsverschiedenheit. In: Alternative 12. Jg. (1969), H. 67/68, S. 134–147 (zu Bloch S. 144 f.).
Wandschneider, Dieter: Der Begriff der Materie im spekulativen Materialismus Ernst Blochs. In: Prima philosophia (Cuxhaven) 2 (1989), H. 1, S. 3–20.
Weigand, Karlheinz: Ein Brief Ernst Blochs an Erwin von Bendemann. Die neueste Erwerbung des Bloch-Archivs. In: Bloch-Almanach 8 (1988), S. 157–160.
Ders.: Zum Stand der Ernst-Bloch-Forschung (I). In: Bloch-Almanach 9 (1989), S. 167–196.
Weyembergh, Maurice: L'utopisme vu de droite. In: Tijdschrift voor de studie van de verlichting en van het vrije denken (Brüssel) 13 (1985), S. 235–296 (S. 270–288 über Schelskys Kritik an Bloch).
Wißkirchen, Hans: Die humane Kraft des Denkens. Zur frühen Philosophie Blochs und Benjamins. In: Bloch-Almanach 7 (1987), S.53–79.
Wolkowicz, Anna: Der hohe Ton. Über einige gemeinsame Motive im Frühwerk von Martin Buber und Ernst Bloch. In: Sauerland, Karol (Hrsg.): Melancholie und Enthusiasmus. Studien zur Literatur- und Geistesgeschichte der Jahrhundertwende. Frankfurt a. M., Bern 1988, S. 109–119.
Dies.: Sinnlichkeit und Erkenntnis der Utopie bei dem frühen Ernst Bloch. In: Sauerland, Karol (Hrsg.): Autorität und Sinnlichkeit. Studien zur Literatur- und Geistesgeschichte zwischen Nietzsche und Freud. Frankfurt a. M. 1986, S. 195–206.
Wurth, Marianne: »Luftschloß und Labyrinth« – Ernst Blochs Traum-Theorie. In: Psyche 41 (1987), S. 22–38.
Zehm, Günter: Kein Prinzip Hoffnung. Zur geistigen Situation der deutschen Sowjetzone. In: Forum (Wien) 9 (1962), S. 348–350.
Zimmermann, Jörg: Blochs Enthusiasmus, Wittgensteins Melancholie: Versuch einer physiognomischen Gegenüberstellung. In: Sauerland, Karol (Hrsg.): Melancholie und Enthusiasmus. Studien zur Literatur- und Geistesgeschichte der Jahrhundertwende. Frankfurt a. M., Bern 1988, S. 163–180.
Zingari, Guido: Il soggetto e l'ermeneutica del possibile in Ernst Bloch. In: Aquinas (Vatikanstadt) 29 (1986), S. 549–555.

(bei Zubke: »Ernst Bloch und Martin Buber aus pädagogischer Sicht« ergänzen:) auch in: Licharz, Werner (Hrsg.): Martin Bubers Erbe für unsere Zeit. Bd. 1. Frankfurt a. M. 1985, S. 185–222.

Zwerenz, Gerhard: Blochianer und Kleingroßbürgergenossen. In: taz 21. 9. 1985.

Ders.: Ernst Bloch als Nietzscheaner oder die Lust am erektiven Denken. In: Synthesis philosophica (Zagreb) 4 (1987), H. 2, S. 595–605.

CORRIGENDA

I. Zum Almanach 1988:

1. Auf S. 7 wird Ruth Römer fälschlich als »Blochs spätere Assistentin« bezeichnet. Frau Prof. Dr. Ruth Römer legt Wert auf die Feststellung, daß sie niemals in einem Assistenten- oder Angestelltenverhältnis zu Ernst Bloch gestanden und niemals anderslautende Informationen verbreitet hat. Der Herausgeber bittet, den Fehler zu entschuldigen.

2. Auf S. 53–85 waren im Aufsatz über Bloch und Schopenhauer vom Herausgeber redaktionelle Änderungen vorgenommen worden, die nicht mit dem Autor abgesprochen waren. Herr Dr. Hans-Ernst Schiller legt Wert auf die Feststellung, daß aus diesen Änderungen die Fehler resultierten, die im Almanach 9 (1989), S. 197, berichtigt wurden.

II. Zum Beitrag von Horst Folkers im Almanach 1989:

S. 126, 21. Zeile: nach: Schelling erg.: ‚besonders durch die letzten Schriften von Schelling

S. 128, 29. ” : nach Ruh erg.: ”
      31. ” : kreisend, recte: kreisrund

S. 130, 6. ” : als, recte: also

S. 132, 12. ” : späte, recte: spätere
      14. ” : existentiellen, recte: essentiellen
      21. ” : den Denkens, recte: des Denkens

S. 134, 10. ” : nicht auch eintritt, recte: auch eintritt

S. 143, 4. ” : erg. den Titel des Beitrags von Fritz Vilmar: Welt als Laboratorium Salutis